LA SEÑORITA DE TREVÉLEZ
LOS CACIQUES

clásicos castalia

CARLOS ARNICHES

LA SEÑORITA DE TREVÉLEZ
LOS CACIQUES

Edición,

introducción y notas

de

JUAN A. RÍOS CARRATALÁ

clásicos Castalia

Madrid

Copyright © Herderos de Carlos Arniches
© Editorial Castalia, S.A., 1997
Zurbano, 39 - 28010 Madrid - Tel. 319 89 40 - Fax 310 24 42

Cubierta de Víctor Sanz

Impreso en España - Printed in Spain

I.S.B.N.: 84-7039-763-X
Depósito Legal: M. 11.965-1997

SUMARIO

INTRODUCCIÓN
BIOGRÁFICA Y CRÍTICA

A mi padre.

Carlos Arniches (Alicante, 1866-Madrid, 1943) es un autor fundamental de la historia del teatro español. Desde que en 1888 estrenara su primera obra, escrita en colaboración con Gonzalo Cantó, hasta su muerte, transcurren cincuenta y cinco años de intensa actividad creativa. El resultado es abrumador. Son más de doscientas las obras escritas por este verdadero artesano, que supo mantener durante décadas el favor de un público mayoritario que le aupó a los primeros lugares del escalafón teatral. Las cifras que prueban su éxito son espectaculares. Todas sus obras se estrenaron, muchas de ellas se incorporaron a los repertorios de las compañías más destacadas, llegó a tener hasta diecisiete títulos simultáneamente en la cartelera madrileña, sus textos fueron reeditados en numerosas ocasiones y hemos localizado más de sesenta películas basadas en sus obras. Estos datos son indicativos de una fama, de un éxito, que jamás puede ser obviado por un historiador del teatro español.

Pero hay algo más importante. La obra de Carlos Arniches ha permanecido viva en los escenarios. El teatro de finales del siglo XIX y principios del XX dio lugar a numerosos autores que gozaron de una fama tan intensa como efímera. Si nos centramos en el teatro popular, cómico y costumbrista, encontraremos una larga lista de nombres hoy olvidados por el público y hasta por los investigadores. Nombres que se suman sin rasgos peculiares en un panorama teatral que registra una actividad cuya intensidad a veces cuesta comprender desde nuestra perspectiva. Pero entre ellos destaca el de un Carlos Arniches que fue algo más que un autor de éxito. Su aportación, siendo coherente con las pautas marcadas por el teatro comercial de la época, tiene una singularidad y un interés que han permitido su permanencia en los escenarios.

El que fuera uno de los artífices del "género chico" y maestro indiscutible del sainete, supo dar un paso adelante cuando se produjo la decadencia de estas formas teatrales. Sus tragedias grotescas, así como algunas de sus farsas y comedias, le valieron un reconocimiento crítico jamás dispensado a quienes habían trabajado en el teatro popular. Pero por encima de las valoraciones críticas se sitúa el interés del público por unas obras que, enmarcadas en diferentes géneros, siempre muestran el oficio de un dramaturgo que conocía perfectamente a sus espectadores. De ahí que algunas de ellas se hayan convertido en referencias casi inexcusables de las carteleras españolas durante las últimas décadas. Obras que buscan la risa y la complicidad del público, que divierten y entretienen con recursos de la mejor tradición teatral, que configuran una imagen del casticismo aceptada como real y que, al mismo tiempo, apuntan críticas basadas en el más indiscutible sentido común. Obras, por lo tanto, que reúnen requisitos casi imprescindibles para obtener el éxito entre un público mayoritario.

Un éxito que se prolonga hasta nuestros días. Las recientes reposiciones de *La señorita de Trevélez* (1991), *La venganza de la Petra* (1993) o *Es mi hombre* (1994) así lo prueban. No estamos, por lo tanto, ante un autor recluido en los estrechos círculos de la investigación o la docencia, sino ante un dramaturgo que permanece en su lugar propio, sobre el escenario. Esta circunstancia debe animarnos a buscar las claves de un éxito que tiene implicaciones positivas y negativas. Positivas porque revelan la sabia utilización de unos resortes dramáticos de probada eficacia ante el público. Negativas porque también muestran las limitaciones de un teatro demasiado apegado a su propio éxito. Por lo tanto, sin caer en el elogio desmesurado a partir de unos datos ciertamente espectaculares ni en el desprecio hacia un teatro tan dependiente del público, cabe estudiar a un Carlos Arniches que fue la regla y la excepción. Lo primero por su indiscutible aceptación de las imposiciones del marco teatral de la época; lo segundo porque supo aportar su personalidad creadora, su matiz diferenciador, en unas obras que con cierta frecuencia desbordaron los cauces más trillados y se encaminaron por derroteros de amplia repercusión en nuestra historia teatral.

Las obras aquí editadas son un ejemplo de esta dualidad. *La señorita de Trevélez* (1916) es, sin duda, la más elogiada por la crítica desde que fuera apasionadamente reivindicada por Ramón Pérez de Ayala. Se trata de un texto clásico a menudo repuesto en los escenarios con una buena acogida y que ha dado lugar a versiones cinematográficas de indudable interés. Ejemplo perfecto de lo que denominaremos como la tragedia grotesca, aúna la risa y la tragedia en un lenguaje dramático donde Carlos Arniches hace gala de su creatividad y maestría, sobre todo en los diálogos. *Los caciques* (1920) es una farsa cómica que ejemplifica la singularidad de un autor que supo introducir componentes críticos en un marco teatral muy refractario a los mismos. Bajo la perspectiva caricaturesca y cómica propia de una farsa, subyace una crítica coherente con la ya mostrada en la obra anteriormente citada. El conservador Carlos Arniches fue un hombre preocupado por la incultura, la insensibilidad y el caciquismo que observaba en pueblos como los que aparecen en ambas obras. A veces con ingenuidad y siempre con sinceridad, abordó las consecuencias de estas circunstancias transmitiendo un sentido crítico nada usual en el teatro de éxito de aquella época. Y lo hizo con unos medios estrictamente teatrales, con la seguridad propia de un artesano que conocía su producto y sus destinatarios. En ambos casos los espectadores se divirtieron y ahí radica la clave del éxito. Pero también pudieron captar, sobre todo en *La señorita de Trevélez*, la tragedia callada provocada por la insensibilidad, la incultura, por aquellas fuerzas que anclaban los pueblos españoles en el pasado y amargaban las vidas de los débiles y cotidianos héroes arnichescos.

1. Trayectoria biográfica[1] y creativa[2] de Carlos Arniches

El alicantino Carlos Arniches pronto tuvo que salir de su ciudad natal. A los catorce años los problemas económicos de su familia le llevaron a Barcelona, donde residió durante un lustro hasta su definitivo asentamiento en Madrid. Durante esta etapa fue "un horterilla soñador y optimista",[3] que trabajó en la Banca Freixas y en la Casa Singer sin mantener relaciones con el mundo teatral. Su intención al llegar a la capital madrileña era estudiar Derecho acogiéndose a la protección de unos familiares residentes allí. Este proyecto se vio truncado muy pronto y Carlos Arniches atravesó un período difícil durante el cual sobrevivió gracias a su trabajo como gacetillero en varios periódicos. Allí conoció al alcoyano Gonzalo Cantó, con quien colaboró en la redacción de la sátira literario-musical titulada *Casa Editorial* (1888), pronto convertida en su primer estreno

---

[1] Para la biografía, véase fundamentalmente Vicente Ramos, *Vida y teatro de Carlos Arniches*, Madrid, Alfaguara, 1966.

[2] Sobre la misma, véanse fundamentalmente Manfred Lentzen, *Carlos Arniches: Vom "género chico" zur "tragedia grotesca"*, Genève, Droz/Paris, Minard, 1966 y mi libro *Arniches*, Alicante, Caja de Ahorros Provincial de Alicante, 1990.

[3] Figarillo, "Carlos Arniches, figura cumbre de la literatura teatral", *El Luchador*, Alicante, 18-V-1932.

teatral. La favorable acogida dispensada a esta modesta obra les permitió seguir participando, como tantos otros autores, en la intensa actividad teatral del Madrid de la época. Tan intensa que la misma pareja pudo estrenar otras tres obras durante la temporada, siempre dentro de los géneros menores que triunfaban entre el público mayoritario.

Carlos Arniches se decantó desde el principio por el teatro popular, cómico y costumbrista que se manifestó en el marco del "género chico" y el "teatro por horas". Esta auténtica industria teatral consumía una enorme cantidad de obras —entre 1890 y 1900 se representaron más de 1.500 textos de dicho género en Madrid—, que debían ser escritas con suma rapidez por autores que solían colaborar para, entre otras cosas, acelerar el proceso de redacción. Este género —definido por Manuel Zurita como "toda obra teatral, con música o sin ella, en un acto, que se representa aisladamente, esto es, en funciones por horas"[4]— tiene unas modestas pretensiones. Su principal objetivo es la diversión de un público mayoritario, aunque no forzosamente popular. Estos espectadores no mostraban interés alguno por los dramas coetáneos y otros géneros cercanos. Estamos ante un público que sólo pretendía disfrutar por un precio módico viendo cómo sus actores favoritos dialogaban en busca del efecto cómico (chiste, retruécano, juego de palabras, etc.), gesticulaban exageradamente y cantaban con gracejo y picardía los "cantables", que a menudo se convertían en el eje de la obra. Un teatro donde el texto suele ser un apoyo para buscar el adecuado histrionismo de unos cómicos que no regateaban esfuerzos para hacer reír a su público. El acierto de los autores no residía en la originalidad creativa, sino en facilitar un sencillo texto para un argumento esquemático y una construcción dramática convencional. Todo ello salpicado con los oportunos, y a veces numerosos, momentos

---

[4] *Historia del género chico*, Madrid, Prensa Popular, 1920, p. 251.

cómicos y melodramáticos hasta llegar a un previsto desenlace teatralmente feliz.

La base de estas creaciones radica en el omnipresente diálogo. Gracias a unas técnicas pronto aprendidas por Carlos Arniches, las rápidas y chispeantes réplicas de los personajes suelen permitir una sátira superficial, ingenua e ideológicamente conservadora, ciertas dosis de tenue erotismo y abundantes rasgos de casticismo a cargo de unos tipos genéricos (el fresco, el chulo, el guardia municipal, el portero, etc.) que se repetían de obra en obra. Carlos Arniches y sus colaboradores no se salieron jamás de este marco, pues la sorpresa dramática no forma parte de los recursos formales de este género tan normativo. Pero le aportaron la seguridad y el buen hacer de unos excelentes artesanos del "teatro teatral" —según definición de Unamuno— y, en ocasiones, momentos de brillantez en algunos diálogos, en cuya redacción el alicantino destacó desde el principio.

El "género chico" tuvo un público abundante, pero también numerosos detractores entre la crítica. Esta última solía achacarle un excesivo afán económico, escasa preocupación artística, vulgaridad, carácter repetitivo y un largo etcétera habitual entre quienes en diferentes épocas han atacado a los géneros del teatro breve o menor. Pero el público no les hizo caso. Empresarios y compañías teatrales se volcaron en lo que constituía un filón económico impresionante. No obstante, lo hicieron gracias también a la decadencia de otros géneros con mayores aspiraciones, que apenas contaron con un público capaz de sustentarlos. Muchos fueron los críticos que se rasgaron las vestiduras ante un "género chico" que, en todo caso, era lógico y necesario en aquel contexto cultural. Se le atribuyeron carencias y defectos que a menudo eran sus propias virtudes. Al menos de cara a un público que, en ningún caso, estaba dispuesto a asistir a otro tipo de teatro. Ante este panorama, y aparte de la identificación de Carlos Arniches con el "género chico", no había otra alternativa posible para un joven autor con ganas de triunfar, cuya llegada a

Madrid casi había coincidido con el éxito de *La Gran Vía* (1886) y que contaba con más instinto teatral que formación.

Carlos Arniches se salvó parcialmente de las duras críticas que sufrió este teatro. Siempre procuró mantener una mínima calidad en un estrecho marco genérico donde los recursos pronto se convierten en tópicos. No obstante, en sus primeras obras es difícil percibir los rasgos propios de su más peculiar producción. Es cierto que en sus manos el "género chico" casi nunca se convirtió en "género ínfimo", según la terminología de la época. Pero debemos reconocer que sus primeras creaciones adolecen de las tremendas limitaciones propias de su contexto teatral, tan vivo como repetitivo.[5]

Desde 1889 la colaboración de Carlos Arniches con Gonzalo Cantó también se extendió a Celso Lucio, otro joven autor. Con este último hasta 1900 escribió obras que tuvieron un notable éxito de público. Estrenaron revistas, sainetes, juguetes cómicos, zarzuelas y, en definitiva, todas las modalidades del "género chico". A pesar del convencionalismo de estas obras, percibimos algunos de los rasgos más propios de Carlos Arniches. Poco a poco se va convirtiendo en un hábil creador de diálogos, aunque todavía no encontremos su peculiar gracia ya que no explota los recursos del lenguaje como lo hará en su posterior trayectoria. Sin embargo, acierta en la eficaz combinación de humor, melodrama, ternura y "sentido común" dentro de los estrechos límites de estas obritas. Una combinación que, con diferentes dosis, será una constante a lo largo de su carrera. Asimismo, suple sus carencias imaginativas con una sorprendente capacidad para sintetizar toda la acción y la presentación de los personajes, dos elementos decisivos en sus posteriores éxitos.

[5] Se pueden consultar las obras de esta etapa, casi todas escritas en colaboración, en los dos primeros volúmenes de sus *Obras Completas*, ed. de M.ª Victoria Sotomayor, Madrid, Turner, 1995.

Carlos Arniches contó también con la colaboración de destacados músicos y no menos reconocidos cómicos. Entre los primeros cabe citar a Ruperto Chapí, López Torregrosa, Valverde y otros que compusieron melodías pronto recordadas por los espectadores. Y si la música era fundamental para alcanzar el éxito, también lo era el trabajo de unos cómicos para los cuales Carlos Arniches escribía con la intención de potenciar sus virtudes. A lo largo de toda su carrera siempre supo a quiénes iban destinados sus papeles, lo cual permitió una adecuación perfecta favorecida por la indudable calidad cómica de Loreto Prado, Enrique Chicote, Valeriano León, Aurora Redondo, José Isbert y la larga lista de destacados cómicos que triunfaron con las obras del alicantino.

No obstante, el primer gran éxito de Carlos Arniches fue el estreno en el Teatro Apolo de *El santo de la Isidra* (1898), castizo sainete que marca el inicio de una trayectoria con personalidad propia. El estreno poco después de *La fiesta de San Antón* (1898) consolida el madrileñismo de un autor que supo captar los tipos y ambientes populares que dieron una nueva vitalidad a un género tan tradicional como el sainete. Costumbrismo y casticismo son dos constantes de la obra de un autor que hizo algo más que reproducir teatralmente lo observado en su entorno local. Lejos de cualquier imposible mimetismo, en Carlos Arniches hay un trabajo creador capaz de convertir en teatral una realidad que acabará siendo influida por el éxito de unas obras que calaron profundamente en los espectadores. Así, por ejemplo, por una parte es cierto que captó el habla popular del Madrid de su época. Pero Carlos Arniches la estilizó hasta hacerla puramente teatral, sin que por ello dejara de ser aceptada como verosímil por unos espectadores que acabaron imitándola en la realidad cotidiana.[6] Manuel Seco indica lo siguiente sobre este tema en su excelente y citado estudio:

[6] Manuel Seco estudió exhaustivamente estos y otros temas en *Arniches y el habla de Madrid*, Madrid, Alfaguara, 1970.

Arniches usa el lenguaje hablado por el pueblo madrileño, y, en las particularidades ideadas por el propio dramaturgo, éste secunda —exagerándolas diestramente para los efectos cómicos que persigue— las tendencias del hablante popular. Arniches crea, sin duda, pero dentro de los moldes mismos que usa el pueblo para crear él por sí. Lo cual viene a ser un realismo más real que aquel que se limita a repetir fotográficamente los objetos tal como son, ya que los da no sólo como hechos, sino haciéndose, en su pleno vivir (p. 4).

No olvidemos que la base del teatro arnichesco es, en primer lugar, la propia tradición teatral. Carlos Arniches jamás pretende incorporar directamente aspectos como el habla popular, ni la realidad histórica, ni la costumbrista en un sentido estricto, a la escena. Su objetivo fundamental es actualizar los personajes y los conflictos de un teatro de amplia base en dicha tradición. Y esto mismo sucede en los sainetes, donde jamás pretende "fotografiar" lo que observaba en sus paseos por los barrios populares. El propio autor así lo indica cuando afirma que

[...] en contra de lo que mucha gente supone, la vida no es teatral, ni sus hechos ni sus personajes ni sus frases son teatrales. Su teatralidad la llevan en potencia, en bruto, precisando que el autor amolde unos hechos con otros, unos personajes con otros, que combine frases y dichos, que pula, recorte y vitalice el diálogo [...] En esta labor, el autor teatral recoge del pueblo unos materiales que luego le devuelve, aumentados con su observación y su trabajo. Por eso existe esa reciprocidad mutua entre el pueblo y el sainetero, cuando éste ha tenido el acierto de retocar la fisonomía del modelo sin que el interesado lo advierta.[7]

El éxito alcanzado por Carlos Arniches con los citados sainetes no le llevó al abandono de los géneros cultivados en la etapa anterior ni a seguir en solitario su carrera. Junto con José Jackson Veyán, Ramón Asensio

---

[7] Cit. en V. Ramos, *op. cit.*, p. 150.

Mas, Carlos Fernández Shaw, Sinesio Delgado, José López Silva, Félix Quintana, Joaquín Abati y, muy especialmente, Enrique García Álvarez, el alicantino siguió nutriendo las carteleras de los teatros dedicados al "género chico". Antes de que la decadencia del mismo empezara a percibirse, algunos títulos como *El terrible Pérez* (1903), *El pobre Valbuena* (1904) y *El fresco de Goya* (1912) alcanzan un notable éxito. En estas obras Carlos Arniches y Enrique García Álvarez contaron con la colaboración de actores tan eficaces como Emilio Carreras y José Mesejo, quienes contribuyeron decisivamente para que el objetivo cómico de las mismas fuera alcanzado. Argumentos elementales, tipos repetitivos y carencia de pretensiones son algunos de los rasgos de un teatro que buscaba en el chiste, la réplica ocurrente y el juego de palabras la base de su éxito. No obstante, la colaboración entre Carlos Arniches y Enrique García Álvarez cosechó su mayor éxito con la comedia lírica titulada *Alma de Dios* (1907), donde se abandona el tono vodevilesco y se utilizan elementos propios del melodrama rural.

La ruptura en 1912 con Enrique García Álvarez coincide con la decadencia del "género chico", ya agotado y sin el respaldo mayoritario del público. Aunque el alicantino seguirá escribiendo obras incluidas en los géneros cultivados en su primera etapa, el buen olfato que siempre le caracterizó para conocer los gustos del público le llevó por otros derroteros. No se produce una ruptura brusca, pero poco a poco vemos aparecer algunos de los elementos que fructificarán en la creación de la tragedia grotesca, verdadero punto de inflexión en la trayectoria de Carlos Arniches.

Pedro Salinas, en su breve y sustancioso ensayo sobre el autor alicantino escrito en 1933, explicó así este paso en su trayectoria:

> Carlos Arniches se presenta al público como un autor de *género chico*; mejor dicho, el *género chico* es la forma que modela y caracteriza su personalidad al iniciarse ésta y

durante muchos años de su desarrollo. Pero el *género chico* languidece ya hacia 1910. Todo, fatiga del público, agotamiento de los recursos, novedad de las condiciones sociales, lo condena a la desaparición. Y entonces Arniches desarrolla una potencialidad de dramaturgo que hasta entonces se había constreñido a esas formas menores y adopta formas nuevas —el *sainete extenso* y la *farsa grotesca*—, que logran un doble efecto: atraer sobre su autor una consideración más atenta y valorativa de las virtudes literarias, mucho más densas, de estas obras largas y, subsidiariamente, hacer beneficiar a todo el período *género chico* de Arniches de una consideración y aprecio que salvan su labor de esa especie de vasto olvido, de esa caída en el anónimo que ha sufrido casi todo el resto de zarzuelas y sainetes.[8]

El estreno en 1916 de *La señorita de Trevélez* constituye uno de los momentos más brillantes de la trayectoria de Carlos Arniches. Un tanto incomprendida por el cambio de dirección que suponía, no fue una "farsa cómica" que tuviera demasiado éxito de público, ni tampoco pasó a formar parte del repertorio de obras que periódicamente se reponían. El mismo autor no parece apreciarla demasiado cuando en algunas entrevistas hace un repaso de sus obras. Pero, desde la publicación del comentario crítico que le dedicara Ramón Pérez de Ayala en *Las máscaras* (1917-1919),[9] ha concentrado buena parte de la atención de quienes se han acercado a la producción de Carlos Arniches. Las reposiciones teatrales dadas en estas últimas décadas, las reediciones críticas de su texto, el paso al cine en dos afortunadas versiones (Edgar Neville, 1935, y Juan A. Bardem, 1956) y su emisión por televisión en repetidas ocasiones han demostrado la vitalidad y el interés ya indicados por

[8] "Del género chico a la tragedia grotesca. Carlos Arniches", en *Literatura Española, siglo XX*, Madrid, Alianza Ed., 1985 (7.ª ed.), pp. 126-131.

[9] Véase *OO. CC.*, III, Madrid, Aguilar, 1966, pp. 321-326. Reed. en mi citado libro, pp. 160-163.

los críticos. Un interés que la convierte, en mi opinión, en la cumbre de su trayectoria.

La señorita de Trevélez no es calificada por el propio autor como tragedia grotesca, sino como farsa cómica. No obstante, posee casi todos los rasgos de un género que le valdrá a Carlos Arniches el reconocimiento de la más exigente crítica. Pero él era un autor que dependía del público, el cual fue demasiado tibio a la hora de recibir una obra que iba más allá del costumbrismo y la comicidad. Para recuperarlo, el alicantino estrenó poco después La venganza de la Petra (1917), excelente y divertida farsa cómica de costumbres populares que se ha repuesto con notable éxito en numerosas ocasiones. Sus hilarantes diálogos forman parte de una obra que revela el profundo conocimiento que tenía Carlos Arniches de los recursos teatrales. El conocimiento propio de un autor maduro, siempre pendiente del público y que entre 1916 y 1921 va a conocer su etapa más brillante.

En esa etapa se integran las tragedias grotescas que estudiaremos en un capítulo aparte. El acelerado ritmo de su creación contribuyó a que el prometedor género pronto se convirtiera en una fórmula. Mientras tanto, Carlos Arniches las compaginó con algunos sainetes que discurren por caminos ya trillados y obras como Los caciques (1920) y La heroica villa (1921) que, bajo la omnipresente comicidad, dan cuenta de algunas de las preocupaciones críticas de un autor identificado con las corrientes regeneracionistas de la época. Pero el público, causa de tantas frustraciones teatrales en aquel período teatral, le dio la espalda. Sin embargo, aplaudió con entusiasmo en el estreno de La chica del gato (1921), melodramática obra puesta al servicio de la diva Catalina Bárcena, que interpretaba el papel de una joven huérfana provocando la lacrimógena respuesta de los espectadores.

La cambiante acogida dispensada al prolífico Carlos Arniches no impide pensar que, en términos globales, el éxito marcó su trayectoria. Esta circunstancia y su constante trabajo le permitieron disfrutar de una situación económica excelente e integrarse con su familia en los ambientes más selectos del Madrid de la época. Sin perder nunca los vínculos con los grupos populares que tantas veces llevó a los escenarios, Carlos Arniches es un ejemplo de un perfecto burgués. Elegante y moderado siempre, supo granjearse el respeto de sus colegas, de los cómicos que le solicitaban continuamente obras por la garantía que su nombre suponía, de los empresarios conocedores de su sentido de la responsabilidad y, sobre todo, de un público que le aceptó desde los tiempos en que sus sainetes configuraron una imagen de lo madrileño que caló hasta el punto de convertirse en símbolo de una ciudad y una época.

Su seriedad en el trabajo, su profesionalismo, también le llevaron a preocuparse por los conflictivos temas relacionados con los derechos de autor. El que fuera denominado "El rey del trimestre" —los derechos se cobraban trimestralmente— fue uno de los artífices de la creación de la Sociedad de Autores Españoles (1899) tras una serie de polémicos episodios. Tengamos en cuenta la importancia económica y profesional de un teatro al que acudía un público masivo, que hasta la segunda década del siglo apenas tenía otras alternativas de ocio.[10] De ahí el interés por regular la percepción de unos derechos que, en el caso de Carlos Arniches, le permitieron disfrutar de una verdadera fortuna.

Tras el brillante período 1916-1921, la década de los años veinte resulta contradictoria. Por una parte, Carlos Arniches sigue fiel a los géneros que había cultivado en épocas anteriores, pero la inevitable decadencia de los mismos arrastró también a sus obras. Sainetes como *Los milagros del jornal* (1924) y *Rositas de olor* (1924) son un ejemplo. Cargados de elementos melodramáticos y alejados de las pautas costumbristas, obtuvieron un fracaso que evidenció el fin de una trayectoria, a pesar de algunos éxitos aislados como *El último mono o el chico de la tienda* (1926). El teatro breve, cómico y

---

[10] Véase Andrés Amorós, *Luces de candilejas*, Madrid, Espasa-Calpe, 1991.

costumbrista había perdido su lugar en las carteleras y los últimos sainetes de Carlos Arniches, "sainetes alargados", se integran en los moldes de la comedia. Algo parecido sucedió con sus últimas farsas cómicas. Por otra parte, su teatro se decanta por el modelo de la "comedia burguesa" en un nuevo intento de adaptarse a la evolución de los gustos de sus espectadores. El alicantino negó la tan cacareada crisis teatral de los años veinte, pero se adaptó a una de sus consecuencias cambiando la ambientación social de sus obras, dándoles un aspecto más "moderno" y dejando al margen determinados rasgos de la teatralidad popular de sus inicios.

Su primera comedia en esta línea fue *La tragedia de Marichu* (1922), que intenta dar cuenta de la frivolidad y la cursilería de los veraneantes de San Sebastián. Le suceden otros títulos que apenas aportan novedades sustanciales. Son ejemplos de que, por entonces, Carlos Arniches y su público simplemente sobreviven en consonancia con un teatro cada vez más necesitado de una profunda renovación.

La llegada de la Segunda República (1931) no supone ningún cambio para nuestro autor. Durante estos intensos años, la cartelera se limita a reponer obras que rara vez se encuentran entre las que hoy mejor valoramos. Frente a la escasísima presencia de las tragedias grotescas, abundan los títulos de un ya desfasado costumbrismo y, sobre todo, los que mejor ejemplifican la vertiente melodramática tan presente en el teatro de Carlos Arniches.

Pero el autor alicantino por entonces ya tenía otros objetivos. Apreciado por un público fiel, reconocido por amplios sectores de la crítica, respetado en los ambientes intelectuales y bien asentado en la más selecta sociedad madrileña, el incansable Carlos Arniches se acercó al mundo del cine. Frente a la postura apocalíptica o indiferente de otros dramaturgos ante el nuevo arte, mostró en repetidas ocasiones su interés por una manifestación que llegó a influir en su propia obra teatral. Se ha hablado, por ejemplo, de lo chaplinesco de algunos personajes arnichescos. Se ha subrayado la combinación de humor, ternura, sensibilidad y melodrama para configurar una fórmula de probado éxito tanto en el cine como en el teatro. Pero tal vez no sea preciso hablar de influencias directas, sino de unas constantes que permiten el acercamiento a un público mayoritario. Y Carlos Arniches las conocía, y dominaba, tan bien como el gran Charles Chaplin, que nunca olvidó sus orígenes teatrales.

No obstante, la relación del popular dramaturgo con el cine se da en diferentes ámbitos. Son numerosas las obras suyas que fueron adaptadas, algunas en repetidas ocasiones, en una cinematografía por entonces tan deudora del teatro.[11] El resultado sólo fue brillante en un reducido número de películas, dos de las cuales serán comentadas más adelante. Pero el propio Carlos Arniches acabó escribiendo guiones durante su etapa en Argentina, después de haber colaborado con Luis Buñuel y Eduardo Ugarte, su yerno, en la productora Filmófono durante el período inmediatamente anterior a la Guerra Civil.[12] Culminaba así una vinculación ya iniciada en los tiempos del vanguardista cine club de *La Gaceta Literaria*, dirigido por Giménez Caballero y del cual era socio Carlos Arniches junto a varios de sus familiares.

La feliz vejez de este dramaturgo partidario de la Monarquía que convivió con la República sin ningún problema se vio interrumpida por el estallido de la Guerra Civil (1936-1939). Hombre siempre moderado en sus manifestaciones y defensor a ultranza de todo lo que supusiera armonía, no pudo hacer nada ante una ruptura que no admitía soluciones reconciliadoras como las

[11] Véase una relación de las películas en mi citado libro, pp. 114-120. Relación completada por Juan de Mata Moncho en "Arniches, un autor multiadaptado por las cinematografías de Hispanoamérica", Juan A. Ríos (ed.), *Estudios sobre Carlos Arniches*, Alicante, Inst. Gil-Albert, 1994, pp. 229-252.

[12] Estudio este período en mi libro *A la sombra de Lorca y Buñuel: Eduardo Ugarte*, Alicante, Universidad, 1995.

que él tantas veces puso en los escenarios. La trágica realidad se impuso a la ficción teatral arnichesca, donde todos los conflictos acaban solucionándose gracias a una idealizada tolerancia. Aunque permaneció junto a su esposa en Madrid sin ser molestado por nadie durante las primeras semanas del conflicto, pronto decidió servirse de un pasaporte diplomático —probablemente facilitado por su yerno, José Bergamín, o por su amigo Indalecio Prieto— para marcharse a Argentina gracias a una invitación cursada por sus actores favoritos, Valeriano León y Aurora Redondo. Su sólido patrimonio había quedado muy mermado y en aquel país, donde coincidió con tantos cómicos y autores españoles, el septuagenario dramaturgo tuvo que reiniciar su carrera en el teatro, el cine y hasta en la radio.[13]

El gran éxito alcanzado por *El Padre Pitillo* (1937) tras su estreno bonaerense le permitió seguir siendo un autor solicitado por el público y las compañías.[14] La obra expresa un deseo de armonía social y política que contrasta con la situación que atravesaba España. Deseo inútil, pero coherente con la mentalidad de un hombre que sufrió en su propia familia las consecuencias del desgarro del país. Su respuesta fue seguir trabajando, pero cayendo en un progresivo silencio impuesto por las circunstancias, una difícil situación familiar, su delicada salud y la añoranza de una época que con él estaba condenada a desaparecer.

Pocos días después de llegar a Buenos Aires, Carlos Arniches hizo las siguientes declaraciones:

> ¡Madrid era algo tan mío, tan de mi corazón, que entre sus ruinas ha terminado mi vida de autor! ¡Trágico final, jamás soñado! Porque el Madrid que venga que ¡ojalá sea el Madrid glorioso y magnífico que yo deseo, libre, fuerte

---

[13] Véase Nel Diago, "La etapa argentina de Carlos Arniches", en Juan A. Ríos (ed.), *Estudios...*, pp. 199-214.
[14] Véase mi estudio *"El Padre Pitillo* y la Guerra Civil", en *ibid.*, pp. 215-228.

y culto, regido por la igualdad entre los hombres, la justicia y la paz!, ya no será el mío y le cantarán otros hombres, no con más amor que yo, pero sí con más entonados y vibrantes acentos. (*Crítica*, Buenos Aires, 18-I-1937).

En enero de 1940 volvió en silencio y junto con su inseparable esposa a la ciudad donde había protagonizado tantos éxitos. Pero ni él ni Madrid eran los mismos. La alegría y la tolerancia que se desprenden de buena parte de la obra arnichesca tenían difícil cabida en una ciudad a la que el autor sólo regresó para morir. Efectivamente, tras escribir unas pocas y tristes obras, sufrir pequeños problemas a causa de sus familiares exiliados y aguantar algunas críticas provenientes de los sectores más duros del nuevo régimen político, el conservador, tolerante y trabajador Carlos Arniches falleció con la misma discreción que vivió. La vital ciudad del "género chico" se había convertido en algo tan triste y gris como la mañana del 17 de abril de 1943 en la que fue enterrado el dramaturgo alicantino, seguido de un cortejo oficial de autoridades y otro de cómicos y gentes del teatro, sin mezclarse.

Con Carlos Arniches desapareció toda una época teatral repleta de vitalidad, pero con los lógicos claroscuros. Su propia trayectoria creativa así lo refleja. Por una parte, entre sus más de doscientas obras hay muchas que sólo responden a las necesidades de una voraz cartelera, alimentada por dramaturgos que buscaban los medios más seguros para divertir a un público poco exigente. Son títulos donde en el mejor de los casos se percibe el oficio, la "carpintería teatral", de un autor de éxito que siempre estuvo atento a las expectativas de sus espectadores. Pero Carlos Arniches superó en algunas ocasiones los estrechos límites del teatro en el que se desenvolvió. Sin perder nada de su técnica y con el mismo deseo de acercarse al público, acertó al introducir elementos hasta entonces casi insólitos en las obras de un autor de éxito. Su moderado afán crítico no fue una consecuencia de un determinado pensamiento o ideología. Carlos Arniches tan sólo utiliza el sentido común, tan conservador a menudo, para acercarse a las vivencias cotidianas de sus personajes. Y lo hace siempre con ternura y alegría, practicando un humor inteligente que le aleja de lo chabacano de otros autores coetáneos. Un humor a veces puramente lúdico y en otras ocasiones agridulce, pero resultado siempre de unos recursos teatrales manejados con seguridad y solvencia. Y hasta con sus destellos de brillantez, como sucede en algunos diálogos que se podrían incorporar a cualquier antología de nuestro teatro. Son, en definitiva, los recursos que han permitido que un grupo de sus obras se sigan reponiendo con éxito en nuestros escenarios. Porque, mientras haya espectadores con ganas de entretenerse y divertirse viendo un teatro puramente teatral, Carlos Arniches tendrá un hueco donde le corresponde, sobre un escenario.

2. "LA SEÑORITA DE TREVÉLEZ"
Y LAS TRAGEDIAS GROTESCAS

Al repasar la trayectoria de Carlos Arniches, ya hemos indicado que la obra aquí analizada y la consiguiente aparición de la tragedia grotesca supone un punto de inflexión con respecto a las etapas anteriores. Así fue reconocido por la crítica coetánea y también por el propio autor. Desde la lejanía de Buenos Aires lo explicaba en los siguientes términos:

Toda mi primera época, y durante muchos años, el momento del auge del género breve, escribía, muchas veces en colaboración, bien sainetes, bien libretos para zarzuelas. Obtenía grandes éxitos; era lo que el público entonces exigía, y yo no me apuraba por superarme, por más que muchas veces me acometieran deseos de elevar mi producción. Y vino el momento del género grande, y yo, espontáneamente, evolucioné. Pero no me resignaba a realizar la comedia común, como todos, sino que quería hacer algo mío, que tuviera mi sello; y de ahí que me decidiera a crear

la tragedia grotesca, ese género de un tono especial, del
que son los títulos de todos mis últimos éxitos. (*La Nación*,
10-I-1937).

El tiempo, la distancia y las lógicas conveniencias trai-
cionaron a un Carlos Arniches que en 1937 ya había
abandonado el camino de las tragedias grotescas. Ni
éstas fueron siempre éxitos y, ni mucho menos, los "últimos" en la medida que nunca eclipsaron los obtenidos
por las obras de otros géneros. Entonces, ¿por qué el
"ilustre sainetero", como tal era conocido en Argentina,
reivindica las tragedias grotescas en sus primeras declaraciones? Si ya tenía la fama, probablemente estaba
buscando el prestigio, el cual en España le había llegado
con unas obras que eran el resultado del "deseo de elevar mi producción". Pero no espontáneamente, pues las
tragedias grotescas no suponen una ruptura, ni brusca ni
imprevista. Carlos Arniches creó siempre a partir de su
propia obra y lo hizo en esta ocasión configurando una
nueva fórmula con elementos ya probados.

La señorita de Trevélez ejemplifica esta evolución. El
autor no la consideró como una tragedia grotesca, pero
es indudable que esta nueva "farsa" va más allá de lo
habitual en un género tantas veces cultivado por Carlos
Arniches. Se acerca a una fórmula todavía no definida
como tal, tan sólo intuida por el autor y, tal vez por eso
mismo, más proclive a la creatividad de un dramaturgo
tantas veces encorsetado por las convenciones genéri-
cas. Poco después, tanto él mismo como la crítica, sobre
todo a partir de los comentarios de Ramón Pérez de
Ayala, encontraron la fórmula que engloba a *¡Que viene
mi marido!* (1918), *Es mi hombre* (1921), *La locura de
Don Juan* (1923), *El solar de Mediacapa* (1928), *¡La
condesa está triste...!* (1930), *El señor Badanas* (1931),
La diosa ríe (1931) y *El casto Don José* (1933). En las
mismas se mantiene un nivel interesante, pero también
se percibe un progresivo empobrecimiento de las posi-
bilidades de un género que acabó siendo una fórmula.
En *La señorita de Trevélez* estamos todavía lejos de esa

evolución y, paradójicamente, en la única no considerada por el autor como una tragedia grotesca captamos la riqueza del género como tal vez en ninguna otra obra.

¿Qué es una tragedia grotesca? Douglas R. McKay sintetizó con acierto didáctico las características propias del género y sus héroes.[15] Véamoslas en relación con *La señorita de Trevélez*.

El primer objetivo de una tragedia grotesca es entretener o divertir al público. Estamos en realidad ante una constante de todo el teatro arnichesco. Pero lo que resulta obvio en un sainete o un juguete cómico, por ejemplo, conviene recordarlo en obras que parecen alejarse de la función lúdica al introducir elementos críticos o trascendentes. Carlos Arniches los introdujo, pero en un marco teatral que debía ser coherente con el resto de su producción y con las expectativas que la misma había generado en su público. Así, pues, no sólo es inconcebible que se olvidara del objetivo humorístico y de entretenimiento, sino también que lo dejara en un segundo plano. *La señorita de Trevélez* es un buen ejemplo. A veces el autor alicantino ha sido criticado por no renunciar a un chiste o a una réplica ocurrente en momentos dramáticos, por desentenderse en parte del dramatismo de los personajes y las situaciones para intercalar elementos cómicos innecesarios. La crítica es justa, pero fuera de lugar. Carlos Arniches ni quería ni podía prescindir de aquello que le había hecho famoso. Es cierto que en las tragedias grotescas intenta ir más allá, pero nunca a costa de la diversión y el entretenimiento como premisas básicas. La consecuencia es que hoy, desde nuestra perspectiva, podemos subrayar la trascendencia que ya viera Ramón Pérez de Ayala en *La señorita de Trevélez*, pero en 1916 el objetivo fundamental de la obra era hacer reír al público con una obra entretenida. Y lo consiguió.

Los argumentos de las tragedias grotescas presentan conflictos dramáticos relacionados con la vida cotidiana.

---

[15] *Carlos Arniches*, New York, Twayne Pub., 1972, pp. 100-101.

Carlos Arniches casi nunca desbordó el ámbito de la cotidianidad en sus obras. Los géneros cultivados le acercaron al mismo casi por obligación. Pero lo peculiar en esta ocasión es la hondura de lo observado. *La señorita de Trevélez* nos presenta la cruel burla sufrida por una pareja de hermanos solteros y ya demasiado maduros. Es la historia de una soltería llevada con melancólica resignación en una ciudad de provincias. Una historia sin ningún relieve especial, pero que en manos de la insensibilidad de un grupo de jóvenes ociosos se convierte en una tragedia. Eso sí, sin romper nunca el ámbito de la cotidianidad. Sin desbordarlo porque es innecesario, ya que el autor sabe captar en el mismo la tragedia anónima de unos héroes grotescos que temen caer en el ridículo. Y gracias a esa cotidianidad provinciana nos sentimos más cercanos a los protagonistas; a veces caricaturizados en exceso por Carlos Arniches, pero que no pierden la necesaria humanidad para conmovernos, incluso cuando el paso del tiempo ha dejado en el olvido aspectos importantes de aquella cotidianidad.

El conflicto de las tragedias grotescas presenta un carácter que lucha bajo el peso de su débil naturaleza y contra un código de valores falsos. Florita de Trevélez, la protagonista, es cursi, pero sobre todo es débil. Esta circunstancia la convierte en un objetivo propicio para el código donjuanesco del que hacen gala los burladores provincianos que aparecen en la obra, los miembros del Guasa Club. Florita, como personaje trágico, no puede enfrentarse y vencer al destino marcado por la insensibilidad de un código de valores que fue denostado en reiteradas ocasiones por Carlos Arniches. A diferencia de lo que sucede en los sainetes y otras obras donde las mujeres se imponen al citado código en un desenlace tan teatral como irreal, aquí la cursi provinciana se ve abocada a un destino donde los débiles no son respetados. Pero su hermano, el impulsivo, caricaturesco y aparentemente fuerte Don Gonzalo, también es débil. Lo sabremos al final, cuando confiese las profundas razones que le llevaban a un estrafalario comportamiento

ajeno al decoro debido a su edad. Y como héroe grotesco, débil, también sufrirá en silencio la amargura de
un destino compartido con su hermana. Un destino
callado, sin la espectacularidad propia de las tragedias
clásicas, pero por eso mismo más cercano y, probablemente, más real.

La acción dramatizada en las tragedias grotescas presenta una seriedad y una hondura que se compaginan
con el humor de la superficie. Carlos Arniches, fiel al primer punto indicado y a la calificación de la obra como
"farsa", busca la sonrisa del espectador, pero ésta acaba
congelándose. Por debajo de las apariencias cómicas
subyace un drama humano, propio de un género que se
sitúa en la órbita de la tragicomedia. *La señorita de Trevélez* muestra ambas caras en un ejercicio que revela la
maestría del autor para dosificar y combinar lo cómico y
lo dramático. Si nos centramos en el primer acto, observaremos el predominio de los rasgos cómicos. Estamos
ante una divertida burla propia del ambiente ocioso de
un casino provinciano. El desarrollo de la misma es
ejemplar desde el punto de vista teatral y cómico, dando
pie a que Carlos Arniches luzca todas sus habilidades en
unos diálogos repletos de recursos humorísticos. Pero la
burla avanza inexorablemente, sin posibilidad de
retorno. Y lo hace sobre personas débiles que no pueden
defenderse. Poco a poco lo cómico se diluye. No desaparece nunca, tal vez por el miedo que tenía el autor a
defraudar las expectativas de sus fieles espectadores. No
obstante, queda relegado a un segundo plano subordi-
nado a la hondura de una tragedia que se apunta en el
desenlace; una tragedia futura que será vivida por unos
héroes grotescos que dejamos sumidos en su amargura.
No la veremos sobre el escenario, pero la percibimos con
la suficiente fuerza como para congelar nuestra sonrisa.
Estamos, pues, ante un ejercicio de dosificación no siempre bien resuelto de acuerdo con nuestros gustos, pero sí
brillantemente ejecutado por un autor que rechazó el
humor por el humor, que siempre buscó una vertiente
humana para dar hondura a sus mejores obras.

En las tragedias grotescas una cadena de episodios improbables suele reducir la verosimilitud de lo dramatizado. Este rasgo lo vemos sobre todo en aquellas situadas en la última fase del género, cuando se ha convertido en una fórmula. En *La señorita de Trevélez* este riesgo se bordea con habilidad. Carlos Arniches sabe que debe rozar la inverosimilitud para trazar la divertida burla sufrida por el protagonista, pero siempre se sitúa en el más amplio marco de la verosimilitud teatral. El desarrollo de la burla se realiza de acuerdo con un plan extraído del teatro por los miembros del Guasa Club. Tito Guiloya, su "cerebro", intenta hacer teatro con personajes reales. Esta intención hace plausible la sucesión de acontecimientos que tejen la tela de araña en la que caerán todos los personajes. Pero al final lo real se impondrá a lo teatral, lo verosímil a la inverosimilitud de un teatro en parte utilizado y parodiado por Carlos Arniches. Tito Guiloya propone un rocambolesco duelo como solución para el conflicto generado por la burla. Es un final que responde a la verosimilitud teatral por donde discurre gran parte de la obra, pero es absurdo e imposible. Así lo ven unos protagonistas que en las últimas escenas abandonan sus máscaras, dejan de ser caricaturas de sí mismos, personajes de una farsa, y recuperan un componente humano y dramático donde lo único verosímil es sufrir en silencio y/o lamentar las razones de ese sufrimiento. Con lo verosímil estrictamente teatral Carlos Arniches nos ha divertido, con lo verosímil, sin más, nos ha transmitido el componente dramático y crítico de la obra.

El diálogo humorístico y las situaciones cómicas de las tragedias grotescas suelen cubrir serias, trágicas y a veces catastróficas crisis. Podemos añadir que en ocasiones las llegan a ocultar, pero nunca las hacen desaparecer. Así sucede en *La señorita de Trevélez*, donde la tragedia de los hermanos, Don Gonzalo y Florita, cobra mayor fuerza conforme avanza la obra. Al final será la gran protagonista, pero como tal Carlos Arniches ya la va presentando desde el principio. A través de Don Marcelino, a menudo el portavoz del autor en el escenario, observamos las dudas y la preocupación causadas por los hechos protagonizados por los burladores. Al final, se convertirán en la certeza de la tragedia, sólo suavizada por el conocimiento de las razones que la han provocado y la confianza en las posibles soluciones. Débil consuelo para superar la crisis sufrida por los protagonistas.

Según Douglas R. Mckay, la caricatura y la exageración dominan la acción y la caracterización en las tragedias grotescas. Podemos añadir que esta circunstancia se corresponde con el arte de lo grotesco, punto de enlace del género con el teatro de Valle-Inclán,[16] y con la frecuente presencia de la farsa en Carlos Arniches. *La señorita de Trevélez* no es una excepción. Florita tal vez sea el mejor ejemplo. Fea, ingenua y cursi hasta la exageración, es la caricatura de la solterona. Carlos Arniches no ahorra medios para presentarla como tal, conocedor del efecto cómico que puede deparar un personaje caricaturizado. Y lo hace asumiendo el riesgo no sólo de acabar deshumanizándola, sino hasta de hacer plausible la burla que sufre. Es significativo que tanto Juan A. Bardem en su versión cinematográfica (1956) como John Strasberg en su última reposición (1991) hayan eliminado los rasgos caricaturescos de Florita. Culminaron así un cambio de perspectiva ya iniciado por Edgar Neville en su película de 1935, cuyo final devuelve a la solterona una trágica dignidad que no encontramos en el texto original. Estas tres versiones, con distintos matices, aportaron a Florita una humanidad necesaria para que la tragedia alcanzara toda su hondura. Carlos Arniches tal vez no percibió esta necesidad. O, lo que es más probable, la obligación de ser ante todo un autor cómico le impidió renunciar a la presentación caricaturesca del personaje que permanece hasta casi el final, pues cuando la tragedia irrumpe en el escenario ella desaparece. Edgar Neville en 1935 optó por

---

[16] Véase Luis Iglesias Feijoo, "Grotescos: Valle-Inclán y Arniches", en Juan A. Ríos (ed.), *Estudios...*, pp. 49-60.

una solución radicalmente contraria con la autorización del propio Carlos Arniches.

Sin embargo, en la obra teatral es la personalidad de Don Gonzalo la que acaba emergiendo por encima de su propia caricatura. En las últimas escenas percibimos la verdadera personalidad de quien ha sacrificado su vida por su hermana. Le escuchamos decir que él mismo ha fabricado su propia caricatura donjuanesca para evitar que Florita percibiera la soledad y el paso del tiempo. Su confesión final no sólo le devuelve esa personalidad propia de un héroe, aunque sea grotesco, sino que también le convierte en el verdadero protagonista de la obra. La caricaturesca Florita padecerá, pero su ignorancia y estulticia le harán más llevadero su destino. Don Gonzalo no sólo es más humano, sino que también es más consciente. Su tragedia será, por lo tanto, mucho mayor, la propia del verdadero protagonista.[17]

En las tragedias grotescas el desenlace fija una salida inmediata, pero rara vez resuelve el conflicto básico del protagonista. Carlos Arniches, coherente con su *status* como autor y los géneros cultivados, siempre optó por los desenlaces felices, pero algunos lo son más en apariencia que en realidad. Así sucede en las tragedias grotescas y, muy especialmente, en *La señorita de Trevélez*. La burla es descubierta y los burladores castigados. No obstante, las víctimas arrastran inevitablemente las consecuencias. Carlos Arniches rechaza por efectista y "teatral" el desenlace mediante duelo imaginado por Tito Guiloya. En su lugar, presenta otro más verdadero y trágico que sume en una melancólica soledad a los protagonistas. Pero lo hace con las debidas precauciones. El parlamento final de Don Marcelino en donde se explican las causas de lo sucedido y sus posibles soluciones, aparte del valor ideológico que tiene, cumple la función de tranquilizar al espectador. Un desenlace trágico y

---

[17] Javier Maqua propone la interpretación contraria en su interesante drama *Papel de lija (La venganza de la señorita de Trevélez)* (Madrid, 1993).

abierto resultaba tal vez excesivo para aquellos espectadores y Carlos Arniches intenta devolverles la confianza
con un epílogo que, en realidad, es una lectura optimista,
o al menos esperanzada, de aquello que se ha presentado como una tragedia. No es casual que Juan
A. Bardem en su película, *Calle Mayor,*[18] diluyera ese
epílogo en la voz crítica de Federico, su *alter ego* en el
film, y que John Strasberg lo redujera hasta la mínima
expresión. Ambos eran conscientes de que el verdadero
final está en la penúltima escena. Carlos Arniches añadió la lectura e interpretación de su propia obra, tan
propia del aquel marco teatral como innecesaria, como
ya demostrara Edgar Neville al suprimirla en su versión
cinematográfica.

Este último aspecto enlaza con otra característica de la
tragedia grotesca: la lección moral es clara y a menudo
presentada explícitamente en el desenlace de la obra. En
La señorita de Trevélez la vemos en el parlamento final
de Don Marcelino. Este catedrático actúa como tal. Y
como espectador privilegiado de lo sucedido, pues apenas interviene. Gracias a ambas circunstancias, es capaz
de presentar una reflexión expresada en tono oratorio
—dirigida directamente al espectador— que enlaza con
el pensamiento del autor:

> DON MARCELINO. [...] Guiloya [el presidente del
> Guasa Club] no es un hombre; es el espíritu de la raza,
> cruel, agresivo, burlón, que no ríe de su propia alegría,
> sino del dolor ajeno. ¡Alegría!... ¿Qué alegría va a tener
> esta juventud que se forma en un ambiente de envidia, de
> ocio, de miseria moral, en esas charcas de los cafés y de los
> casinos barajeros? ¿Qué ideales van a tener estos jóvenes
> que en vez de estudiar e ilustrarse se quiebran el magín y
> consumen el ingenio buscando una absurda similitud
> entre las cosas más heterogéneas y desemejantes?... ¿En
> qué se parece una lenteja a un caballo a galope? Y, claro,
> luego surge rápida esta natural pregunta: ¿En qué se
> parecen estos muchachos a los hombres cultos, interesados

[18] El guión ha sido editado: Madrid, Alma Plot, 1993.

en el porvenir de la patria? Y la respuesta es tan desconsoladora como trágica... ¡En nada, en nada; absolutamente en nada!

DON GONZALO. ¡Tienes razón, Marcelino, tienes razón!

DON MARCELINO. Pues si tengo razón, calma tu justa
cólera y piensa, como yo, que la manera de acabar con este
tipo nacional del guasón es difundiendo la cultura. Es preciso matarlos con libros, no hay otro remedio. La cultura
modifica la sensibilidad, y cuando estos jóvenes sean inteligentes, ya no podrán ser malos, ya no se atreverán a destrozar un corazón con un chiste, ni a amargar una vida con
una broma (III, VIII).

Este enfático resumen final, donde con sinceridad y
algo de ingenuidad se reflexiona acerca de lo escenifi-
cado, casi es un añadido a la obra. La verdadera tragedia teatral está en la amargura final de Don Gonzalo y
Florita. El autor, a través de Don Marcelino y usur-
pando en alguna medida el papel del espectador, la
eleva a una categoría más histórica y general capaz de
fundamentar el carácter docente de *La señorita de Trevélez*. Pero, como ya dijimos, es un recurso tan lógico en
aquel contexto teatral como innecesario. Carlos Arniches por una vez evita el final feliz, pero no el final espe-
ranzado. Las lágrimas de Don Gonzalo son el final
teatral, la esperanza bienintencionada de Don Marcelino es la puerta abierta que siempre dejaba el autor
para solucionar cualquier problema.

Puerta que nos conduce a la última de las características señaladas por Douglas R. McKay: La acción es
generalmente desarrollada desde un optimista punto de
vista; lo bueno triunfa sobre lo malo. El teatro de Carlos Arniches es en conjunto optimista. Lo peculiar de
este género radica en que el optimismo a veces es tan
sólo teatral. Tanto en *La señorita de Trevélez* como en
algunas otras tragedias grotescas el desenlace feliz, la
posibilidad de solucionar el conflicto, apenas oculta el
pesimismo de unas situaciones que, en realidad, perma-
necerán. Así sucede con los hermanos Trevélez, con
muchos otros burlados y débiles héroes grotescos que

pueblan un teatro cuyo convencionalismo apenas puede ocultar la realidad profunda de aquello que refleja.

Estamos, por lo tanto, ante un género contradictorio fruto de la combinación de materiales heterogéneos. En él se da la simultaneidad de lo cómico y lo trágico, tal y como hemos indicado. Pero también el sentimiento de lo contrario, la superación de lo patético melodramático por lo risible caricaturesco, el juego de la comicidad externa y la gravedad profunda, el contraste entre la apariencia social o física y el ser íntimo y profundo. Un contraste que se extiende a la dualidad de la máscara y el rostro. Un género donde se practica la estilización grotesca y, al mismo tiempo, se llega a la simbiosis de la dignidad humana, como valor esencial y sustantivo de la persona, y la vulgaridad o el ridículo de la figura teatral y su conducta externa.[19]

Carlos Arniches supo aunar estos materiales en una unidad dramática que ha cautivado al espectador desde su estreno. Aunque en 1916 no obtuviera un éxito popular equiparable al de los títulos arnichescos que permanecieron durante años en las carteleras, pronto la crítica percibió la innovación que suponía la obra del alicantino. Ramón Pérez de Ayala en *Las máscaras* subraya los aciertos teatrales del autor y, además, considera que la obra es una manifestación del "alma española de nuestros días", una referencia inexcusable para conocer una España provincial que bostezaba en una mediocridad no muy diferente a la retratada por Leopoldo Alas en *La Regenta*. En este sentido, Ramón Pérez de Ayala afirma:

> Cuando, a la vuelta de los años, algún curioso de lo añejo quiera procurarse noticias de ese morbo radical del alma española de nuestros días, la crueldad engendrada por el tedio, la rastrera insensibilidad para el amor, para la justicia, para la belleza moral, para la elevación del espíritu,

---

[19] Véase F. Ruiz Ramón, *Historia del teatro español, s. XX*, Madrid, Cátedra, 1992 (9.ª ed.), p. 46.

pocas obras le darán idea tan sutil, penetrativa, pudibunda, fiel e ingeniosa como *La señorita de Trevélez*.

Así ha sucedido. Gracias a sus cualidades intrínsecamente teatrales, esta obra se ha integrado en nuestras carteleras como un clásico del humor, pero también de la imagen cruel de un tedio provinciano que no desapareció precisamente con la época del autor. Es lógico, pues, que en 1956 Juan A. Bardem hiciera una libre adaptación en *Calle Mayor*, película que nos habla de una España provinciana bastante parecida a la de Carlos Arniches. Allí encontramos los mismos jóvenes ociosos e incultos, la rutina, el aburrimiento, los convencionalismos, el machismo y, en definitiva, una insensibilidad que conduce a la burla cruel hacia el más débil. Pero hay una diferencia fundamental: este último ya no es una caricatura. Isabel, la protagonista de la película interpretada magistralmente por Betsy Blair, ya no es fea ni cursi. Es una mujer sinceramente enamorada e ilusionada ante la perspectiva de escapar del cruel destino deparado a las solteronas provincianas. Juan A. Bardem elimina todo el humor de la obra original para subrayar el drama cometido con esta mujer, cuya "normalidad" hace imposible cualquier hipotética justificación de la burla. Lo mismo pensó John Strasberg cuando en 1991 dirigió la puesta en escena de la obra a cargo del Centre Dramatic de la Generalitat Valenciana.[20] Con acertado criterio optó por la eliminación de cualquier nota caricaturesca, propia del mundo de la farsa, y se subrayó el drama de Florita al mismo nivel que el de Don Gonzalo, interpretado en esta ocasión por Manuel de Blas en un excelente trabajo. En ambos casos, Juan A. Bardem y John Strasberg captan el

---

[20] El éxito obtenido por esta reposición ejemplar —estrenada en el Teatro Rialto de Valencia el 30-X-1990— se puede comprobar en las críticas periodísticas, cuyas referencias bibliográficas podemos consultar en *Anuario teatral 1991-1992*, Madrid, Centro Documentación Teatral, 1994, pp. 39-40.

drama y eliminan la caricatura recogiendo, no sé si cons-
cientemente, la sugerencia dada por el final de la versión de Edgar Neville. Y lo hacen sabiendo que se
encuentran ante una situación que desborda lo local, lo
nacional o lo relacionable con una época concreta.
Ramón Pérez de Ayala pensó que *La señorita de Trevélez* era el reflejo de una época, pero también lo es de un
drama sin fronteras ni tiempo, el provocado por la
insensibilidad y la incultura que sufren callada y cotidia-
namente muchas personas.

Algunos críticos han señalado que Carlos Arniches en
obras como *La señorita de Trevélez* conecta con la
Generación del 98.[21] Creo que la afirmación es demasiado arriesgada, a pesar de la inteligente sugerencia crítica de Pedro Laín Entralgo,[22] salvo que consideremos el
noventayochismo como sinónimo de un vago sentido
crítico. Es cierto que el espíritu regeneracionista recorre
toda la obra hasta llegar al desenlace, donde se hace una
apasionada defensa de la cultura como solución de los
males presentados. También es indudable que las preocupaciones del autor y sus alternativas tienen un marco
que desborda lo estrictamente teatral. Pero creo que lo
fundamental es que dicho espíritu está plenamente jus-
tificado en el propio escenario, surge de los personajes y
la situación dramatizada hasta tal punto que su explici-
tación final es innecesaria. Y, por otra parte, tal vez sea
más realista, aunque menos sugerente, situar el pensamiento subyacente de la obra en el nivel del simple sentido común. No debe extrañarnos, pues el mismo fue a

---

[21] Esta es la tesis fundamental sostenida por Eugene
M. Pedrazzolli en *A Classification of Carlos Arniches' Grotesque Tragedies as Representative of the Generation of 1898*, Flo-
rida Atlantic University, 1985, donde con un empeño
estadístico digno de un objetivo más adecuado se indica la
existencia de 325 referencias reformistas en las obras de Arniches relacionables con el noventayochismo (p. 27).

[22] "Carlos Arniches", en *Más de cien españoles*, Barcelona,
Planeta, 1981, pp. 49-54.

menudo utilizado por Carlos Arniches como plataforma desde la que era fácil conectar con el espectador medio. Las propuestas del autor —básicamente, una defensa de la cultura como fórmula para revitalizar la sensibilidad moral y combatir la perniciosa ociosidad— no por tópicas dejan de ser propias del movimiento encabezado por Joaquín Costa y asumibles por el noventayochismo. Pero lo que a Carlos Arniches le interesaba es que fueran asumibles por un espectador medio que las veía como la única, al menos en el marco del escenario, salida posible en aras del sentido común. No olvidemos que el teatro arnichesco no busca la polémica, sino el asentimiento fruto, en parte, de la identificación total del espectador con aquello que se le presenta. De ahí que Carlos Arniches, hombre culto y al día de las corrientes intelectuales, evitara toda concreción ideológica. Y sin la misma es difícil que hablemos del 98, salvo que lo convirtamos en un cajón de sastre o lo situemos en la indefinición arbitraria.

Un aspecto poco subrayado en los comentarios escritos sobre *La señorita de Trevélez* es la presencia de la parodia, y la crítica, de varios géneros teatrales. Lo podemos observar en los diálogos para provocar la comicidad —lo cual es frecuente en Carlos Arniches—, pero también con respecto a los rasgos dominantes de otros géneros teatrales. Cada vez que aparece Tito Guiloya, verdadero urdidor de la trama, presenta a ésta como una "farsa" (Acto I) o como un "drama romántico" (Actos II y III). Y es cierto, pues el esquema genérico de la obra sigue, aunque parodiándolos, los propios de dichos géneros, cuya compatibilidad sólo es posible desde el punto de vista de la parodia. Carlos Arniches piensa que la farsa por la farsa, con su carga de humor deshumanizado, es cruel. Y el drama romántico, con su codificada y artificiosa defensa del honor familiar y los inefables duelos, es incapaz de mostrar la verdadera tragedia de unos sujetos capaces de conmover al espectador. Nuestro autor rechaza el humor deshumanizado, el reírse a costa de lo que sea y, en consecuencia, nos muestra cómo una farsa al jugar con los sentimientos más nobles se convierte en una tragedia. También rechaza los "teatrales" dramas de honor, que acaban con finales truculentos a punta de espada. La verdadera tragedia de Don Gonzalo surge gracias a su rechazo de una resolución mediante un duelo o una venganza. Al asumir su propio ridículo —"Quedémonos en el ridículo, no demos paso a la tragedia"—, su absurda ilusión, alcanza un nivel trágico que hubiera sido imposible con un teatral duelo a espada o con una boda forzada. Como señala M.ª Victoria Sotomayor en su excelente tesis doctoral, frente a la irrealidad de los géneros parodiados irrumpe la realidad más dura y apremiante.[23]

La presencia de la parodia es consustancial con la farsa y afecta también a los personajes, sometidos a una caricaturización que los deforma en un sentido cómico. Así sucede con los miembros del Guasa Club y otros personajes secundarios. Pero esa caricatura también afecta a los propios hermanos Trevélez, al menos en los dos primeros actos. Florita es la solterona en un país donde la soltería es una desgracia risible, un fracaso como mujer. Don Gonzalo es el viejo ridículo, tradicional objeto de burla en el teatro cómico. Pero el desenlace les devuelve su humanidad, sobre todo en este último caso. Su amor por Florita es el desencadenante de un proceso humanizador que le distingue del resto de los personajes. Un proceso imprescindible para darle el carácter imborrable que ha señalado la crítica, sobre todo cuando ha sido interpretado por actores de la valía de José Bódalo y Manuel de Blas.

¿Cuáles son las principales dificultades[24] y posibles defectos de la obra? Desde nuestra perspectiva de espectadores, algunas virtudes arnichescas se han convertido

---

[23] *La obra dramática de Carlos Arniches*, Universidad Autónoma de Madrid, 1992, fol. 664.

[24] Véase Andrés Amorós, "Vigencia escénica de Arniches. *¡Que viene mi marido!*", en Juan A. Ríos (ed.), *Estudios...*, pp. 13-20.

en dificultades. El autor, por ejemplo, juega mucho con el lenguaje. Son numerosos los recursos retóricos utilizados por un Carlos Arniches conocedor de las técnicas de la comicidad mediante el diálogo. Los dobles sentidos abundan hasta tal punto que casi se convierten en una constante. Igual sucede con los juegos de palabras, la peculiar utilización de los extranjerismos, los neologismos y un amplio bagaje que nos prueba la creatividad verbal de un autor que, coherente con su época, hacía descansar el peso de la obra sobre el diálogo. El público actual no está tan acostumbrado a esa peculiar y rica utilización del lenguaje. Es posible que el doble sentido no se perciba, que no se produzca el efecto cómico por carecer el espectador de los recursos lingüísticos necesarios. O por simple falta de costumbre en una época donde la comicidad no suele acompañar al ingenio. Sería una verdadera lástima, pues, a diferencia de la excesiva extensión, la solución es ajena a lo teatral.

En cuanto a la extensión, Carlos Arniches como otros muchos autores de la época solía escribir textos pensando en unas representaciones cuya duración era superior a la habitual entre nosotros. No obstante, los de Carlos Arniches siempre han sido acortados por las compañías y los directores de las mismas. José Luis Alonso lo hizo con acierto en *Los caciques*, José Osuna, Gabriel Ibáñez y John Strasberg también adoptaron la misma postura con respecto a *La señorita de Trevélez*. Ciertas redundancias y paráfrasis son tan innecesarias como habituales en el teatro de la época, donde los autores no parecían tener el sentido del ritmo y la necesidad de concisión que hoy se suele exigir. Pero esta labor de poda en ningún momento supone alterar lo esencial de unas obras que simplemente han de ser actualizadas, como de hecho lo fueron desde el mismo día de su estreno. Carlos Arniches modificaba sus propios textos en función de la respuesta del público y habría aceptado la postura de los citados directores.

Dificultades, pues, mínimas para una obra que se ha convertido en un clásico de nuestro teatro del siglo XX.

Por dar cuenta de la mejor vertiente crítica de un Carlos
Arniches regeneracionista y preocupado por algunos de
los males de la España de su época. Pero sobre todo
porque supo trascenderlos abordando el drama íntimo
de unos personajes que pasan de la caricatura farsesca a
la categoría de héroes trágicos, aunque sean grotescos.
Un drama fruto de la insensibilidad y la incultura, tantas veces combatidas por el alicantino. La diferencia, no
obstante, es que en esta ocasión lo hizo con sus mejores
técnicas en una obra madura, perfectamente construida
y repleta de un sentido de la teatralidad capaz todavía
de seducirnos.

3. "LOS CACIQUES" Y LA FARSA CÓMICA

Los caciques (1920) también es una obra propia del
momento cumbre de la trayectoria de Carlos Arniches.
Esta "farsa cómica de costumbres de política rural en
tres actos" fue estrenada en el madrileño Teatro de la
Comedia el 13 de febrero de 1920. Las setenta y ocho
representaciones que se dieron no permiten pensar que
fuera un éxito rotundo[25] o, al menos, equiparable al de
otros títulos del autor hoy, paradójicamente, olvidados.
No obstante, la consideración crítica que ha merecido y
el interés propio de una divertida farsa que permite una
puesta en escena creativa la han convertido en una de
las obras arnichescas habituales en nuestras carteleras.
Su aceptación se fundamenta en la comicidad de una
farsa que, a pesar del título y del subtítulo, apenas
aborda los aspectos relacionados con la política rural, el
caciquismo como sistema que regula el poder imperante
en dicho ámbito. El hipotético y tal vez deseable equili-
brio entre crítica y comicidad se rompe al crear una
farsa que utiliza la temática política como punto de

---

[25] Véase Dru Dougherty y M.ª Francisca Vilches, *La escena
madrileña entre 1918 y 1926*, Madrid, Fundamentos, 1990,
p. 202.

partida para llegar al objetivo fundamental y propio del género: la comicidad.

Sin embargo, Carlos Arniches fue un autor preocupado por todo lo que implicaba la persistencia del caciquismo en el ámbito rural español. Desde obras tan tempranas como *Candidato independiente* (1891), sainete escrito en colaboración con Gonzalo Cantó, hasta la comedia *La heroica villa* (1921),[26] el autor alicantino mostró su preocupación por un lastre político y social que ahogaba cualquier aliento regeneracionista. A diferencia de lo habitual en otros autores del teatro cómico y popular, Carlos Arniches asumió un cierto compromiso con los aspectos polémicos de su época. Tal vez esta excepcionalidad haya desorbitado el alcance de dicho compromiso. Enrique Llovet le considera "un comediógrafo con fortísima tendencia social"[27] y Francisco García Pavón, en un artículo significativamente titulado "Arniches, autor casi comprometido", afirma:

> Él no era hombre de armas tomar, pero jamás renunció a decir lo que sentía [...] Por eso ha sido tal vez el único humorista importante de nuestra historia dramática, el único sainetero, que además de documentar el pálpito inasible del pueblo que le fue contemporáneo, hizo decir a la luz de las candilejas el decálogo revisionista y verazmente patriótico que en libros más empinados y en prosas minoritarias predicaban los primeros grandes purgadores de nuestro siglo, sus coetáneos de la generación del 98.[28]

Ya hemos indicado nuestro rechazo a la inclusión de Carlos Arniches en el noventayochismo, pero es comprensible que en trabajos críticos publicados durante los años cincuenta y sesenta se subraye esta excepcionalidad

---

[26] Véase Mariano de Paco, "Comicidad y crítica social en el teatro de Arniches (*Del Madrid castizo* y *La heroica villa*)", en Juan A. Ríos (ed.), *Estudios...*, pp. 189-198.

[27] "Arniches vigente", en Carlos Arniches, *Teatro*, Madrid, Taurus, 1967, pp. 108-111.

[28] En *Ibid.*, pp. 52-55.

arnichesca y se la intente vincular con un movimiento, dentro de lo que cabe, cercano. Más sencillo sería abordarla en el contexto de un teatro que tiende a la idealización y estilización de la realidad en aras de la comicidad, pero que nunca la puede obviar aunque sólo sea para utilizarla como marca referencial.

Carlos Arniches no pretendió escribir una obra sobre el caciquismo, sino una farsa que utilizara determinados aspectos, los más superficiales, del fenómeno para dar una base "realista" a un argumento y unos recursos cómicos casi independientes del supuesto tema, el caciquismo. Este tema apenas penetra en el tejido propio de una farsa que, como tal, se basa en un tópico engaño que genera una serie de situaciones equívocas tendentes a crear la comicidad. Da casi igual que uno de los personajes centrales sea el cacique. Podría haber sido un padre autoritario, el dueño de una pensión..., o cualquier otro y la obra no se habría alterado sustancialmente, pues el caciquismo no es el tema desarrollado teatralmente. No hay que confundir las abundantes alusiones, e incluso algunas reflexiones, que se dan sobre el tema con su verdadera y teatral incorporación a *Los caciques*.

La actitud de Carlos Arniches no sólo es deliberada, sino coherente con el resto de sus obras. En las mismas es frecuente encontrar apuntes críticos relacionados con temas como la conflictividad social, la actividad política, el paro, la miseria, el machismo, etc. No obstante, esos apuntes nunca se convierten en la médula de unas obras donde acaban prevaleciendo los elementos caracterizadores de los géneros donde se incluyen. De ahí que dichos apuntes queden reducidos a una mera enunciación del problema, sin un desarrollo dramático y, por supuesto, sin un análisis de su existencia y consecuencias. Sabemos, por lo tanto, que hay caciquismo, miseria, explotación..., pero desconocemos las verdaderas implicaciones de unos temas que no interesaban al autor más allá del establecimiento de un marco referencial para sus obras. Y, sin embargo, sorprendió y hasta molestó a sectores de una crítica y un público poco dispuestos en 1920 a que el escenario fuera un tibio reflejo de la realidad.

El mérito fundamental de la farsa, y su objetivo teatral, es la comicidad lograda mediante la presentación caricaturesca de don Acisclo Arrambla Pael —adecuado nombre para un cacique cuya presencia causa más risa que crítica— y los demás personajes en unas situaciones equívocas que todavía pueden provocar las carcajadas de los espectadores. Si *Los caciques* triunfó en las excelentes reposiciones dirigidas por José Luis Alonso en 1963 (Teatro María Guerrero) y en 1987 (Teatro de La Latina) no es por el tratamiento de la figura aludida en el título, sino por ser una excelente farsa cómica.

Carlos Arniches no aporta nada sustancial sobre el caciquismo. Tampoco se lo propuso, fiel a una obra cuya vertiente ideológica carece de una mínima sistematización más allá del socorrido sentido común. Coherente con el género elegido, el autor se basa en los tópicos que sobre el caciquismo tendría el público y los reafirma para lograr su aceptación. Una de las consecuencias es la descontextualización histórica del problema —a pesar de unas puntuales referencias— y su presentación como una especie de plaga que padecen los españoles, ante la cual sólo cabe un vago y abstracto rearme moral apuntado en el final de la obra. Este tratamiento del caciquismo, que en realidad se reduce al primer acto, consigue que todo el público esté de acuerdo con su erradicación, hasta el propio rey Alfonso XIII, calificado en carta de Carlos Arniches como adalid de los necesarios propósitos renovadores para combatir el caciquismo. Erradicación que en ningún momento se vincula con la acción política —casi siempre descalificada por el autor desde obras tan tempranas como *Los descamisados* (1893)— y que confía en la acción benéfica de un poder central que solventará lo considerado como una "anomalía" del sistema social y político, nunca como una consecuencia del mismo.

Por lo tanto, la presencia del caciquismo y otros aspectos polémicos no altera lo sustancial de una teatralidad arnichesca que sigue fiel a sus objetivos. Su utilización no creo que sea el fruto de un oportunismo para renovar la atención del público que en 1920 asistía a la enésima farsa. Las alusiones circunstanciales a temas de actualidad, su utilización aparente, es un recurso tan propio del género como legítimo. Pero no es conveniente caer en la ingenuidad de pensar en un Carlos Arniches capaz de tratar teatralmente temas como el caciquismo y escribir un "teatro político", como afirmó Juan E. Aragonés.[29] No es un problema de falta de calidad como dramaturgo, sino de elección de una vía dramática donde tales temas no tienen lugar. Su camino, cuando escribe una farsa cómica, es la caricatura, el diálogo ágil y divertido, las situaciones equívocas, el construir la obra como un mecanismo de relojería que cada cierto tiempo nos hace reír. Es suficiente para disfrutar. Y no veamos en Carlos Arniches un reformador social o moral.[30]

Si en *La señorita de Trevélez* se da la integración de lo cómico y lo trágico, en esta obra lo primero predomina de forma casi absoluta. No estamos ante un supuesto error del autor, sino ante una consecuencia coherente con el género en el que se sitúa *Los caciques*. La farsa, tal y como era entendida por Carlos Arniches y otros autores de la época, no permite el trasfondo trágico que tantas veces apunta en los personajes que pueblan Villanea y padecen las bromas del Guasa Club. Estamos ante un género que tiende a un subrayado caricaturesco, muy bien entendido por José Luis Alonso en su reposición, poco compatible con la profundidad de los personajes. M.ª Victoria Sotomayor afirma:

[29] VV. AA., *Carlos Arniches*, Alicante, Ayuntamiento, 1967, p. 37.
[30] Postura defendida por Manuel Ruiz Lagos en "Sobre Arniches: sus arquetipos y su esencia dramática", *Segismundo*, II, n.º 2 (1967), pp. 279-300.

Tampoco *Los caciques* logra una convincente integración de lo cómico y lo trágico. Lo cómico se enseñorea de la obra a través de numerosas situaciones que responden a los más habituales mecanismos de la farsa, muy bien construidos y dialogados; pero en ningún momento, ni el protagonista, ni ningún otro personaje, llega a conmovernos, porque no hay en ellos ninguna clase de padecimiento moral, angustia o sentimiento que sea creíble.[31]

Sólo cabe añadir que dicha ausencia es deliberada en una obra que convierte a los personajes en caricaturas tan irreales como aparentemente vinculadas con la realidad.

Dadas estas circunstancias, no debe extrañarnos que una obra cuyo título y apariencias remiten a un tema conflictivo sólo haya provocado las risas de los espectadores. Así lo señalaba Lorenzo López Sancho con motivo de la última reposición:

> Aquí, ni en 1920, ni en el 63, ni bajo Franco, ni ahora bajo Felipe, *Los caciques* asustarán ni corregirán a nadie. Sólo harán reír, y eso se demostró la noche del estreno, en la que espectadores jóvenes rieron como nuevos chistes de Arniches que han corrido de boca en boca durante más de medio siglo (*ABC*, 31-I-1987).

Sin embargo, otro crítico coetáneo, Alberto de la Hera, aparte de afirmar: "Pocas veces he asistido en mi vida a un estreno en que los espectadores rían tanto", sigue valorando el supuesto compromiso crítico de una obra:

> [...] que funciona muy bien para el público de hoy, porque el autor toma postura, critica un sistema que —trasladado de ambiente— no nos es ajeno, formula una esperanza, nos compromete con su ataque a la lacra social de la corrupción del gobernante y la indefensión del ciudadano (*Ya*, 31-I-1987).

Admitamos, pues, la posibilidad de esta lectura que, en cualquier caso, no invalida la efectividad de una

---

[31] *Op. cit.*, fol. 559.

batería de recursos cómicos puestos por Carlos Arniches a disposición de los espectadores de *Los caciques*.

¿Cómo consiguió provocar las risas del público? Aparte de la indispensable y definitiva colaboración de actores como José Bódalo, Alfredo Landa, Antonio Garisa y Rafael Castejón que bajo la dirección de José Luis Alonso tan destacado éxito obtuvieron en las últimas reposiciones, Carlos Arniches contó con una situación que propicia los equívocos y un lenguaje puesto a la entera disposición de la comicidad.

Villalgancio es el pueblo de Acisclo Arrambla Pael, alcalde y cacique —"el dueño, el amo, el rey del pueblo" (I, II)— de una comunidad sumida en la ignorancia, la miseria y la barbarie. Estas circunstancias se deducen de la entrevista que durante el primer acto mantiene el citado con tres vecinos disconformes que le formulan sus quejas. Don Sabino, Perniles y Garibaldi protestan por los excesos de un sistema caciquil que sólo favorece a los "miístas". Esta pequeña facción es el resultado de una división así explicada por el propio Don Acisclo:

> Aquí, en este pueblo de mi mando, no hay más que dos partidos políticos, ¡dos!..., porque no quiero confusiones; el miísta, que es el mío, y el otrista, que son toos los demás (I, V).

La citada entrevista nos permite conocer, en términos cómicos propios de la farsa, los excesos de un sistema que se ve amenazado por el anuncio de la llegada de un delegado gubernativo con el propósito de investigar la administración municipal. La noticia provoca el desconcierto en los "miístas"; el alcalde se alarma y, entre todos, discurren la manera de evitar que el delegado conozca los excesos cometidos. El remedio propuesto es sobornarle mediante regalos, homenajes y fiestas.

Carlos Arniches utiliza recursos tan convencionales como de probada eficacia. Nos informa de la situación provocada por el caciquismo gracias a la citada entrevista, donde se enumeran algunas de las circunstancias que marcan, en tono caricaturesco, la vida de un pueblo sometido a dicho régimen. Tono que no evita pronunciamientos casi oratorios en contra del citado régimen como los dados por Don Sabino:

> [...] hay que acabar con esta ignominia; hay que vivir como seres civilizados, como hombres siquiera; porque cuando se vive hundido en la infamia de una tiranía bestial e ignorante, es preferible la muerte... cien veces la muerte!... Y hay que luchar...
>
> LOS DOS.   Sí, señor.
>
> DON SABINO.   Hay que luchar; pero no por unas míseras pesetas perdidas, no; hay que luchar porque el oprobio y la esclavitud en que vivimos es vergüenza para la civilización y ludibrio y escándalo para la patria. ¡Muera el caciquismo! (I, V).

Después de ser informados acerca de Villalgancio, se anuncia un cambio mediante la irrupción de alguien ajeno a la comunidad: un delegado gubernativo dispuesto a poner orden. Como sucede en tantos sainetes, se circunscribe así la crítica al ámbito municipal. Las únicas autoridades ridiculizadas en estas obras son las municipales, quedando siempre al margen las de rango superior. En este caso, frente a Don Acisclo se sitúa el Presidente del Consejo de ministros, "enemigo acérrimo del caciquismo" (I, VIII). Pero estamos en una farsa y la irrupción del temido delegado va a provocar una situación equívoca que dará lugar a la comicidad. Cuando los "miístas" esperan atemorizados a los enviados del Gobierno, llegan al pueblo Pepe Ojeda y su supuesto sobrino Alfredo, un par de frescos que nos recuerdan al Crispín y al Leandro benaventinos y dispuestos, con la astucia del primero y la apostura del segundo, a culminar un "negocio" matrimonial. Los "miístas" les confunden con el delegado gubernativo y su secretario y, a partir de ese momento que coincide con el final del primer acto, se suceden los equívocos. El consiguiente enredo ocupa el segundo y el tercer actos, hasta que al final Pepe Ojeda y Alfredo vuelven a

Madrid con la sobrina del cacique, el cual se queda sin el dinero de la misma y con la amenaza del verdadero delegado.

El juego de equívocos que preside buena parte de la obra desvía la atención del problema del caciquismo y nos acerca a la pura farsa cómica. Cuando, al final del segundo acto, Pepe Ojeda y Alfredo indican las verdaderas razones de quienes lanzan gritos de falso patriotismo para adularles, sus personajes ya se han integrado en lo farsesco y sus razonamientos acerca del caciquismo son tan convencionales como artificiosos. Carlos Arniches parece temer que la farsa haya dejado en segundo plano el supuesto tema de la obra y obliga a sus personajes a expresarse en unos términos que resultan incoherentes con su propia personalidad, tan cercana a lo farsesco como alejada de cualquier capacidad reflexiva y autoridad moral. Así se nos indica con claridad en la octava escena del tercer acto. En la misma, Don Sabino, el médico de Villalgancio y tal vez el personaje más alejado de lo caricaturesco, protesta contra el "caciquismo bárbaro, agresivo, torturador; contra un caciquismo que despoja, que aniquila, que envilece... y que vive agarrado a estos pueblos como la hiedra a las ruinas". Pepe Ojeda no sólo le da la razón, sino que lanza un discurso "con exaltación oratoria" proponiendo la lucha contra la "política caciquil". Pero es un vago, uno de los "frescos" que pueblan la escena arnichesca, y como tal incapaz de asumir esa tarea. Queda imposibilitada así cualquier iniciativa para combatir el caciquismo, salvo la de esperar el poder benefactor del delegado gubernativo. Esta circunstancia es coherente con el escepticismo y conservadurismo del autor ante la política, pero sobre todo con el tono farsesco de la obra. El espectador no espera soluciones o alternativas, sino reírse con unos personajes que se han beneficiado de un juego de equívocos, han engañado al cacique y, al final, se llevan a su sobrina. Son unos frescos que se han impuesto a unos brutos y, aunque el caciquismo esté enmarcando la situación, en esencia este enfrentamiento es trasladable a cualquier otra farsa. Tanto es así que al final, y para que no nos olvidemos del caciquismo, Pepe Ojeda se vuelve al público y dice:

> ¡Ah, y que conste que los españoles no podremos gritar con alegría '¡Viva España!' hasta que hayamos matado para siempre a los caciques! (III, XII).

Es un recordatorio necesario, y un tanto extraño por su radicalismo, para que después de reírnos con la farsa no olvidemos que la misma se escribió en torno al caciquismo. Recordatorio que habría sido innecesario si, de verdad, dicho tema hubiera constituido la médula de la obra de Carlos Arniches.

Si la acción dramática se basa en un equívoco encadenado, el lenguaje juega con los equívocos. El autor muestra todas sus habilidades en la utilización de un lenguaje que siempre busca el efecto cómico. Los dobles significados forman parte de una batería de recursos capaces de mostrar hasta qué punto la función lúdica se impone a la comunicativa en el lenguaje de esta farsa. Sería prolijo e innecesario dar cuenta de los malentendidos, las anfibologías y otros recursos similares. Son tan numerosos que dan el tono peculiar a un lenguaje que, para ser apreciado en su efecto cómico, requeriría la colaboración de actores expertos en esta peculiar forma de decir el texto y espectadores acostumbrados a la misma. La simple lectura apenas nos permite valorar la riqueza de las claves puestas por el autor para que los cómicos luzcan sus habilidades y los espectadores encuentren la oportunidad de reír. Es un lenguaje teatral, de una teatralidad convencional, pero poseedora de los trucos propios de un excelente artesano de la escena como fue Carlos Arniches.

En *Los caciques* se subraya la ignorancia que preside la vida de un pueblo como Villalgancio. Al igual que en la Villanea de *La señorita de Trevélez*, nadie lee. La cultura y la educación son los bienes menos valorados. Estas circunstancias eran disimuladas por los miembros del Guasa Club y demás socios del casino gracias a su deseo de aparentar cierto esnobismo. Villanea es un pueblo con algunas pretensiones, donde hay un mínimo de vida social y cuenta hasta con un instituto en el que enseña, poco, Don Marcelino. Villalgancio no tiene ni escuela rural, pues la que había fue cerrada sin que nadie parezca lamentarlo. Como consecuencia, frente a la maldad "ingeniosa" de un Tito Guiloya, por ejemplo, los "miístas" hacen alarde de la más pura brutalidad. Y hablan como tales. Carlos Arniches intenta reflejar esta ignorancia y brutalidad en un lenguaje que, con ciertos convencionalismos de raíz estrictamente teatral, desea reproducir la realidad de la expresión de tan incultos personajes. De ahí la peculiar grafía utilizada que, con toda seguridad, es un pálido reflejo de lo realizado por los actores con este lenguaje para provocar las risas. Desde los remotos tiempos de Lope de Rueda, el teatro ha buscado la comicidad mediante el empleo incorrecto del lenguaje. Carlos Arniches sigue esta tradición en numerosas ocasiones y, en una farsa que revela la riqueza léxica y creativa del autor, hace que los "miístas" como Morrones, alguacil con nombre que parece sacado de los pasos o entremeses, hablen de acuerdo con unas convenciones alejadas de la norma. Los actores de aquella época y otros posteriores como Alfredo Landa sabían muy bien aportar el tono cómico adecuado a este lenguaje. No se trata, pues, de dar cuenta exacta de la ignorancia a través del lenguaje, sino de la utilización del mismo como elemento a deformar en aras de la comicidad.

La deformación del lenguaje es coherente con la caracterización dada a los personajes y hasta la presentación del escenario. La sabiduría de José Luis Alonso evitó que en las reposiciones de 1963 y 1987 los actores "vivieran" sus papeles como si de una obra realista se tratara. Su labor como director permitió que rompieran con la "música" habitual a la hora de decir los textos arnichescos. El resultado fue una interpretación que acentuaba los contornos, cargaba las tintas y "agrotescaba" las situaciones. Para ello también se contó con la colaboración de Antonio Mingote, autor de unos decorados y unos figurines excepcionales que tendían a evitar el tono realista. Se hacía así una lectura enriquecedora del texto de Carlos Arniches, potenciando sus virtudes dramáticas y evitando algunos de los defectos habituales en sus puestas en escena. La lectura, pues, propia de un director que como John Strasberg en *La señorita de Trevélez* investigó y apreció la teatralidad de un autor que, por desgracia, muchas veces ha sido abordado desde el convencionalismo fácil y romo.

Estamos, por lo tanto, ante la edición de dos obras que han demostrado su capacidad para ser consideradas como textos clásicos de nuestro teatro del siglo XX. Desde los presupuestos propios de un teatro destinado al entretenimiento del público mayoritario, Carlos Arniches supo hacernos sonreír mediante la utilización de unos recursos enraizados en la tradición teatral. De ahí su eficacia y su permanencia, subrayadas cuando han sido abordados con criterios adecuados e innovadores por directores como John Strasberg o José Luis Alonso. Pero hay algo más siendo lo indicado suficiente como para merecer nuestra atención. En *La señorita de Trevélez* hay una tragedia padecida por quienes sufren las consecuencias de la insensibilidad y la incultura; una tragedia grotesca capaz de conmovernos después de sonreír, o al mismo tiempo. En *Los caciques* encontramos sobre todo la farsa, la comicidad, pero también se evita caer en lo puramente teatral desvinculado de una realidad nacional que preocupaba al autor. Nos reímos del caciquismo, pero a lo largo de la obra se escuchan voces que nos recuerdan algunas de las razones de su existencia: miedo, incultura, brutalidad, represión, egoísmo... No le pidamos al autor de la farsa análisis o alternativas, simplemente nos recordó que el humor y la comicidad siempre tienen un trasfondo humano en el cual puede haber dolor, tristeza y hasta tragedia. Su humor, como su teatro en general, evitó la deshumanización. Es una alternativa válida y discutible, pero que evidentemente ha permitido su acercamiento a amplios sectores del público tanto en su época como en etapas más recientes. Un acercamiento que en el futuro sólo será posible siempre que abordemos el teatro de Carlos Arniches con una perspectiva fresca, la única capaz de evitar los lastres propios del teatro de su época y de las adherencias de quienes han considerado al alicantino un autor "fácil" y seguro. El exceso de seguridad siempre acaba en el convencionalismo, antítesis de unas obras que han demostrado estar vivas donde les corresponde, en los escenarios.

JUAN A. RÍOS CARRATALÁ

NOTICIA BIBLIOGRÁFICA

1. Ediciones principales de "La señorita de Trevélez"

Madrid, Imp. R. Velasco, 1916.
Madrid, Col. La Novela Teatral, II, 21, 1917.
En *Teatro Escogido*, vol. II, Madrid, Estampa, 1932.
En *Teatro Completo*, vol. II, Madrid, Aguilar, 1948.
Buenos Aires, Espasa-Calpe, Austral, 1954. Hay varias reediciones.
Madrid, Taurus, 1967. Incluye también *Los milagros del jornal* y *La heroica villa*.
Madrid, Salvat-Alianza, 1969. Pról. de Enrique Llovet. Incluye también *Es mi hombre*.
Madrid, Bruño, 1991. Pról. Manuel Cojo.
Madrid, Espasa-Calpe, Austral, 1993. Pról. y edición de Manuel Seco. Incluye también *El amigo Melquiades*.
Madrid, Cátedra, 1995. Pról. y edición de Andrés Amorós. Incluye también *¡Que viene mi marido!*

2. Ediciones principales de "Los caciques"

Madrid, Imp. R. Velasco, 1920.
Madrid, Col. La Novela Teatral, VII, n.º 289, 1922.
Barcelona, Ed. Cisne, Col. Teatro Selecto, n.º 44, 1941.
Teatro Completo, vol. II, Madrid, Aguilar, 1948.
Madrid, *Primer Acto*, n.º 40 (febrero, 1963), pp. 13-47.
Madrid, Alianza Ed., 1969. Incluye también *El santo de la Isidra* y *El amigo Melquiades*.

BIBLIOGRAFÍA SELECTA

Alonso, José Luis: *Teatro de cada día*, Madrid, Asociación de Directores de Escena de España, 1991.

Amorós, Andrés: *Luces de candilejas. (Los espectáculos en España, 1898-1939)*, Madrid, Espasa-Calpe, 1991.

——: Int. a Arniches: *La señorita de Trevélez. ¡Que viene mi marido!*, Madrid, Cátedra, 1995.

Bardem, Juan Antonio: *Calle Mayor*, Madrid, Alma Plot, 1993.

Berenguer Carisomo, Arturo: *El teatro de Carlos Arniches*, Buenos Aires, Gráfico Argentino, 1963.

Bergamín, José, "Reencuentro con Arniches o el teatro de verdad", *Primer Acto*, n.º 40 (febrero, 1963), pp. 5-10.

Cojo, Manuel: Int. a Arniches: *La señorita de Trevélez*, Madrid, Bruño, 1991.

Díez Canedo, Enrique: *El teatro español de 1914 a 1936. Artículos de crítica teatral*, México, Mortiz, 1968.

Dougherty, Dru y Vilches, M.ª Francisca: *La escena madrileña entre 1918 y 1926. Análisis y documentación*, Madrid, Fundamentos, 1990.

García Pavón, Francisco, "Arniches, autor casi comprometido", *Arriba*, Madrid (20-II-1966). Reed. en Arniches: *Teatro*, Madrid, Taurus, 1967, pp. 52-55.

Guerrero Zamora, Juan, "Arniches en el espejo múltiple del grotesco", *Revista del Instituto de Estudios Alicantinos*, n.º 6 (1971), pp. 7-22.

Lázaro Carreter, Fernando: "Arniches clásico", *Blanco y Negro*, Madrid, 3-XI-1991.

——: "El conceptismo de Arniches", *Blanco y Negro*, Madrid, 10-XI-1991.

Lentzen, Manfred: *Carlos Arniches. Vom "género chico" zur "tragedia grotesca"*, Paris-Genova, Minard, Lib. Droz, 1966.

Llovet, Enrique: Int. a Arniches: *La señorita de Trevélez*, Madrid, Salvat-Alianza, 1969.

López Estrada, Francisco: "Notas del habla de Madrid. El lenguaje en una obra de Carlos Arniches", *Cuadernos de Literatura Contemporánea*, Madrid, n.º 9-10 (1943), pp. 262-272.

Martínez, H.: *El arte grotesco en las tragedias grotescas de Arniches y los esperpentos de Valle-Inclán*, Ann Arbor, UMI, 1984.

McKay, D. R.: *Carlos Arniches*, New York, Twayne Pub., 1972.

Monleón, José: "Arniches, sin organillo", *Triunfo* (4-VI-1966), pp. 58-66. Reed. con el título "La crisis de la Restauración" en AA. VV., *Carlos Arniches*, Alicante, Ayto., 1966, pp. 73-101.

Montero Padilla, José: Int. a Arniches: *La pareja científica y otros sainetes*, Salamanca, Anaya, 1964.

Nieva, Francisco: "Fondos y composiciones plásticas en Arniches", en Arniches: *Teatro*, Madrid, Taurus, 1967, pp. 56-62.

Pedrazzoli, Eugene M.: *A Classification of Carlos Arniches' grotesque tragedies as representative of the generation of 1898*, Ann Arbor, Michigan, 1988.

Pérez de Ayala, Ramón: "*La señorita de Trevélez*" y "La tragedia grotesca", en *OO. CC.*, III, Madrid, Aguilar, 1966, pp. 321-338.

Ramos, Vicente: *Vida y teatro de Carlos Arniches*, Madrid, Alfaguara, 1966.

Ríos Carratalá, Juan A.: *Arniches*, Alicante, C.A.P.A., 1990.

——: "Arniches, los límites de un autor de éxito»", en Dougherty-Vilches (eds.): *El teatro en España entre la tradición y la vanguardia, 1918-1939*, Madrid, C.S.I.C.-Fund. García Lorca, 1992, pp. 103-110.

——: (ed.): *Estudios sobre Carlos Arniches*, Alicante, Inst. Juan Gil-Albert, 1994.

——: y Moncho Aguirre, Juan M.: "Carlos Arniches y el cine hispanoamericano", *España Contemporánea*, VII, n.º 1 (1994), pp. 83-92.

Romero Tobar, Leonardo: "La obra literaria de Arniches en el siglo XIX", *Segismundo*, II, n.º 2 (1966), pp. 301-323.

Ros, Francisco: "Notas parciales sobre Arniches", *Cuadernos Hispanoamericanos*, n.º 45 (1953), pp. 297-314.

Ruiz Lagos, Manuel: "Sobre Arniches: sus arquetipos y su esencia dramática", *Segismundo*, II, n.º 2 (1967), pp. 279-300.

Salaün, Serge: "El género chico o los mecanismos de un pacto cultural", en AA. VV., *El teatro menor en España a partir del siglo XVI*, Madrid, C.S.I.C., 1983, pp. 251-262.

Salinas, Pedro: "Del género chico a la tragedia grotesca. Carlos Arniches", en *Literatura española. Siglo XX*, Madrid, Alianza Ed., 1985 [7.ª ed.], pp. 126-131.

Seco, Manuel: *Arniches y el habla de Madrid*, Madrid, Alfaguara, 1970.

———: Int. a Arniches: *El amigo Melquiades. La señorita de Trevélez*, Madrid, Espasa-Calpe, Austral, 1993.

Senabre, Ricardo: "Creación y deformación en la lengua de Arniches", *Segismundo*, II, n.º 2 (1966), pp. 247-277.

Sotomayor, M.ª Victoria: *El teatro de Carlos Arniches*. Tesis doctoral. U.A.M., 1992.

Trinidad, Francisco: *Arniches (un estudio del habla popular madrileña)*, Madrid, Góngora, 1969.

NOTA PREVIA

M E baso en el texto de las primeras ediciones. Para *La señorita de Trevélez*, la de Madrid, Imp. R. Velasco, 1916 (que han editado también Manuel Seco y Andrés Amorós). Para *Los caciques*, la de Madrid, Imp. R. Velasco, 1920.

En ambos casos, he tenido en cuenta otras ediciones posteriores para corregir erratas e incorporar alguna variante.

Tanto en el texto de *La señorita de Trevélez* como, sobre todo, en el de *Los caciques*, son frecuentes los términos que intentan reproducir la fonética popular y coloquial. Para evitar problemas de comprensión, sobre todo por parte de los lectores no castellanoparlantes, hemos puesto en algunas ocasiones en nota a pie de página la palabra correcta. Muchos de estos términos han sido estudiados por Manuel Seco en su excelente trabajo sobre el léxico de Carlos Arniches y constituyen un interesante documento para conocer tanto el habla popular de la época como los mecanismos de creación léxica del autor. Por estas razones, hemos indicado también en nota a pie de página la referencia bibliográfica que permite consultar en el libro de Manuel Seco la palabra anotada. Sólo hemos indicado las más dificultosas y/o representativas —intentar anotarlas todas habría sido imposible— y tan sólo la primera vez que aparecen en el texto.

J. A. R. C.

LA SEÑORITA DE TREVÉLEZ

Obra estrenada en el Teatro Lara, de Madrid, la noche del 14 de diciembre de 1916.

Personajes

FLORA DE TREVÉLEZ	TORRIJA
MARUJA PELÁEZ	PEPE MANCHÓN
SOLEDAD	PEÑA
CONCHITA	MENÉNDEZ
DON GONZALO DE TREVÉLEZ	CRIADO
NUMERIANO GALÁN	LACASA
MARCELINO CÓRCOLES	DON ARÍSTIDES
PICAVEA	QUIQUE
TITO GUILOYA	NOLO

La acción, en una capital de provincia de tercer orden. Época actual. Derecha e izquierda, las del actor.

ACTO PRIMERO

S A L A *de lectura de un Casino de provincias. En el centro, una mesa de forma oblonga, forrada de bayeta verde. Sobre ella periódicos diarios prendidos a sujetadores de madera con mango, y algunas revistas ilustradas españolas y extranjeras, metidas en carpetas de piel muy deterioradas, con cantoneras metálicas. Pendientes del techo, y dando sobre la mesa, lámparas con pantallas verdes. Junto a las paredes, divanes. Alrededor de la mesa, sillas de rejilla.*

Al foro, dos balcones grandes, amplios; por cada uno de ellos se verá, toda entera, la ventana correspondiente de una casa vecina. Dichas ventanas tendrán vidrieras y persianas practicables. Las puertas de los balcones del Casino también lo son.

En la pared lateral derecha del gabinete de lectura, una puerta mampara con montante de cristales de colores.

En la pared izquierda, puertas en primero y segundo término, cubiertas con cortinas de peluche raído, del tono de los divanes. Todo el mobiliario, muy usado.

En el lateral derecha, en segundo término, una mesita pequeña con algunos periódicos que todavía conservan la faja, papel de escribir y sobres. Entre la mesa y la pared, una silla. En lugar adecuado, un reloj.

Es de día. Sobre la pared de la casa frontera da un sol espléndido.

ESCENA PRIMERA

MENÉNDEZ; *el* CRIADO *de enfrente. Luego,* TITO GUILOYA, MANCHÓN y TORRIJA.

(*Al levantarse el telón, aparece* MENÉNDEZ *con el uniforme de ordenanza del Casino y zapatillas de orillo, durmiendo, sentado detrás de la mesita de la derecha. Se escucha en la calle el pregón lejano de un vendedor ambulante, y más lejana aún, la música de un piano de la vecindad, en el que alguien ejecuta estudios primarios. Un* CRIADO, *en la casa de enfrente, limpia los cristales de la ventana de la derecha. La otra permanecerá cerrada. El* CRIADO, *subido a una silla y vistiendo delantal de trabajo, canturrea un aire popular mientras hace su faena. Por la puerta primera izquierda aparecen* TITO GUILOYA, MANCHÓN y TORRIJA. *El primero es un sujeto bastante feo, algo corcovado, de cara cínica, biliosa y atrabiliaria. Salen riendo.*)

MANCHÓN.   ¡Eres inmenso!
TORRIJA.   ¡Formidable!
MANCHÓN.   ¡Colosal!
TORRIJA.   ¡Estupendo!
TITO.   Chist... (*Imponiendo silencio.*) ¡Por Dios, callad! (*Señalándole y en voz baja. Andan de puntillas.*) Menéndez en el primer sueño.
TORRIJA.   ¡Angelito!
MANCHÓN.   (*Riendo.*) ¿Queréis que le dispare un tiro en el oído para que se espabile?
TORRIJA.   ¡Qué gracioso! Sí, anda, anda...
TITO.   (*Deteniendo a* MANCHÓN, *que va a hacerlo.*) Es una idea muy graciosa, pero para otro día. Hoy no conviene. Y como dice el poeta: ¡Callad, que no se despierte! Y ahora... (*Se acercan.*) Ved el reloj... (*Se lo señala.*)
TORRIJA.   Las once menos cuarto.
TITO.   Dentro de quince minutos...

MANCHÓN.   (*Riendo.*) ¡Ja, ja, no me lo digas, que estallo de risa!

TITO.   Dentro de quince minutos ocurrirá en esta destartalada habitación el más famoso y diabólico suceso que pudieron inventar imaginaciones humanas.

TORRIJA.   ¡Ja, ja, ja!... ¡Va a ser terrible!

MANCHÓN.   ¿De manera que todo lo has resuelto?

TITO.   Absolutamente todo. Los interesados están prevenidos, las cartas en su destino, las víctimas convencidas, nuestra retirada cubierta. No me quedó un cabo suelto.

TORRIJA.   ¿De modo que tú crees que esta broma insigne, imaginada por ti...?

TITO.   Va a superar a cuantas hemos dado, y las hemos dado inauditas. Va a ser una broma tan estupenda que quedará en los anales de la ciudad como la burla más perversa de que haya memoria. Ya lo veréis.

TORRIJA.   Verdaderamente, a mí, a medida que se acerca la hora me va dando un poco de miedo.

MANCHÓN.   ¡Ja, ja!... ¡Tú, temores pueriles!

TORRIJA.   ¡Hombre, es una burla tan cruel!...

TITO.   ¡Qué más da! La burla es conveniente siempre; sanea y purifica; castiga al necio, detiene al osado, asusta al ignorante y previene al discreto. Y sobre todo, cuando, como en esta ocasión, escoge sus víctimas entre la gente ridícula, la burla divierte y corrige.

MANCHÓN.   Eres un tipo digno de figurar entre los héroes de la literatura picaresca castellana.

TORRIJA.   ¡Viva Tito Guiloya!

TITO.   Yo, no, compañeros... Sea toda la gloria para el Guasa Club, del que soy indigno presidente y vosotros dignísimos miembros.

MANCHÓN.   ¡Silencio! (*Escucha.*) Alguien se acerca.

TORRIJA.   (*Que ha ido a la puerta derecha.*) ¡Don Marcelino..., es don Marcelino Córcoles!

TITO.   ¡Ya van llegando! Ya van llegando nuestros hombres. Chist... Salgamos por la escalera de servicio.

MANCHÓN.   Vamos.

TITO.   Compañeros: Empieza la farsa. Jornada primera.[1]

TODOS.   ¡Ja, ja, ja!... (*Vanse de puntillas, riendo, por
la segunda izquierda.*)

ESCENA II

MENÉNDEZ, y DON MARCELINO *por primera derecha.*

DON MARCELINO.   (*Entrando.*) Nadie. El salón de
lectura, desierto, como siempre. Es el Sahara del
Casino. Menéndez, dormido, como de costumbre;
pues, ¡vive Dios!, que no veo señal de lo que en este
anónimo y misterioso papel se me previene. Anoche lo
recibí, y dice a la letra... (*Leyendo.*). "Córcoles: Si
quieres ser testigo de un ameno y divertido suceso, no
faltes mañana, a las once menos cuarto, al salón de lectura del Casino. Llega y espera. No te impacientes. Los
sucesos se desarrollarán con cierta lentitud, porque la
broma es complicada. Salud y alegría para gozarla. X."
¿Qué será esto?... Lo ignoro; pero está la vida tan falta
de amenidad en estos poblachos, que el más ligero vis-
lumbre de distracción atrae como un imán poderoso.
Esperaré leyendo. Veamos qué dice la noble prensa de
la ilustre ciudad de Villanea.[2] (*Busca.*) Aquí están los
periódicos locales, *El Baluarte*, *La Muralla*, *La Trin-
chera*. ¡Y todo esto para defender a un cacique!... *El
Grito*, *La Voz*, *El Clamor*, *El Eco.*[3] Y estotro para

---

[1] Empieza la farsa teatral y la tragedia real de las personas
utilizadas por Tito Guiloya y sus compañeros del Guasa Club.

[2] Nombre imaginario de una ciudad provinciana no muy
diferente de la Vetusta de Leopoldo Alas o la Orbajosa galdo-
siana. Véase M.ª Victoria Sotomayor Sáez, "Villanea: la aportación de Arniches a la imaginería provinciana de la literatura
española", *Estreno*, vol. XX, n.º 1 (1994), pp. 44-46.

[3] A pesar de que los periódicos son seleccionados por lo
adecuado de su significado para los posteriores juegos de

decir las cuatro necedades que se le ocurran al susodicho cacique... (*Deja los periódicos con desprecio.*) ¡Bah! Me entretendré con las ilustraciones[4] extranjeras. (*Coge una y lee.*) U, u, u, u, u... (DON MARCELINO *al leer produce un monótono ronroneo que crece y apiana alternativamente y que no tiene nada que envidiar al zumbido de cualquier moscón.* MENÉNDEZ *sacude el aire con la mano como espantándose una mosca. Las primeras veces* DON MARCELINO *no lo advierte y sigue con su ronroneo. Al fin observa el error de* MENÉNDEZ.) ¿Qué hace ése?... (*Llamándole.*) Menéndez... (*Más fuerte.*) ¡Menéndez!

MENÉNDEZ. (*Despertando.*) ¿Eeeh?

DON MARCELINO. No sacudas, que no te pico.

MENÉNDEZ. ¡Caramba, señor Córcoles! Hubiera jurado que era un moscón. (*Se despereza.*)

DON MARCELINO. Pues soy yo. Dispensa.

MENÉNDEZ. Deje usted; es igual.

DON MARCELINO. Tantísimas gracias.

MENÉNDEZ. Pero ¿cómo tan de mañana? ¿Es que no ha tenido usté clase en el *Estituto*?[5]

DON MARCELINO. Que los chicos no han querido entrar hoy tampoco.

MENÉNDEZ. ¿Pues?...

DON MARCELINO. Es el cumpleaños del Gobernador Civil.

MENÉNDEZ. ¡Hombre! ¿Y cuántos cumple?

DON MARCELINO. El año pasado cumplió cincuenta y cuatro; este año no sé, porque es una cuenta que le gusta llevarla a él solo. ¿Ha venido el correo de Madrid?

MENÉNDEZ. Abajo estará.

DON MARCELINO. Pues anda a subirlo, hombre.

---

palabras, algunos de ellos se publicaban en aquella época: *El Baluarte*, *La Voz* y *El Eco*.

   [4] *ilustraciones*: revistas ilustradas.

   [5] Instituto > *Estituto*. Véase M. Seco, *Arniches y el habla de Madrid*, Madrid, Alfaguara, 1970, p. 40.

MENÉNDEZ. Es que, como a mí no me gusta moverme de mi obligación...

DON MARCELINO. No, y que además tú, cuando te agarras a la obligación no te despierta un tiro.

MENÉNDEZ. (*Haciendo mutis.*) ¡Qué don Marcelino, pero cuidao que es usté *muerdaz*[6]! (*Vase segunda izquierda.*)

ESCENA III

DON MARCELINO. *Luego,* PICAVEA, *puerta derecha.*

DON MARCELINO. Bueno, y cualquiera que me vea a mi con este periódico en la mano cree que yo sé alemán; pues no, señor. Es que me entretengo en contar las pes, las cus y las kas que hay en cada columna. ¡Un diluvio! ¡Qué gana de complicar! ¡Para qué tantas consonantes, señor! Es como añadirle espinas a un pescado. (*Entra* PABLITO PICAVEA, *mozo vano y elegante, con una elegancia un poco provinciana. Entra anheloso, impaciente. Es sujeto rápido de expresión y de movimientos.*)

PICAVEA. Buenos días, don Marcelino. (*Deja el bastón y el sombrero, mira por el balcón de la izquierda, consulta su reloj, lo confronta con el del salón y empieza a revolver entre los periódicos.*)

DON MARCELINO. Hola, Pablito. ¡Qué raro!... ¡Tú por el gabinete de lectura!

PICAVEA. Que no tengo más remedio.

DON MARCELINO. Ya decía yo.

PICAVEA. (*Rebuscando entre los periódicos.*) ¿Está *El Baluarte*?

DON MARCELINO. Sí, aquí lo tienes. (*Se lo da, cada vez más asombrado.*) ¡Pero tú leyendo un periódico! ¡No salgo de mi asombro!

---

[6] *muerdaz*: Neologismo por combinación de mordaz y muerde.

PICAVEA.   Que no tengo más remedio. Quiero enterarme de una cosa.

DON MARCELINO.   ¿Ciencias, política, literatura?

PICAVEA.   ¡Ca, hombre! ¡Que quiero enterarme de una cosa que va a pasar en la casa de enfrente; y para ello cojo el periódico; ¿entiende usted? Le hago un agujero como la muestra (*se lo hace*) y por él, sentado estratégicamente, averiguo cuándo se asoma Solita, la doncella de los Trevélez. (*Hace cuanto dice colocándose frente a la ventana de la derecha y mirando a ella por el roto del periódico.*)

DON MARCELINO.   ¡Ah, granuja! ¡Conque Solita! ¡Buen bocadito!

PICAVEA.   Eso no es un bocadito, don Marcelino; eso es un banquete de cincuenta cubiertos.

DON MARCELINO.   Con brindis y todo... Pero lo que no me explico es lo del agujero que haces en el diario...

PICAVEA.   Muy sencillo. Como Solita tiene relaciones con el criado de la casa, que es un animal con un carácter que se pega con su sombra, yo vengo, agujereo la sección de espectáculos, y a la par que atisbo, evito el peligro de una sorpresa y la probabilidad de un puñetazo, ¿usted me comprende?

DON MARCELINO.   ¡Ah, libertino!

PICAVEA.   ¡Si viera usted los *Baluartes* que llevo agujereados!

DON MARCELINO.   Eres un mortero del cuarenta y dos.

PICAVEA.   Calle usté... ¡Ella! La absorbo como una varágine, don Marcelino. ¡Verá usté qué demencia!

DON MARCELINO.   Yo os observaré desde aquí. (*Coge un periódico.*) Me conformaré con *El Eco.*

PICAVEA.   No, que es muy pequeño, coja usted *La Voz.*

DON MARCELINO.   Cogeré *La Voz.* (*Coge el periódico "La Voz". Mete los dedos, arranca un trozo de papel, hace un agujero y mira.*)

ESCENA IV

DICHOS, y SOLEDAD, *por ventana derecha.*

(*Con unos vestidos y una mano de mimbre se asoma a la ventana y comienza a sacudir, cantando el couplet[7] de "Ladrón..., ladrón..."[8].*)

PICAVEA.   (*Por encima de "El Baluarte".*) ¡Chits..., Solita!

SOLEDAD.   (*Dejando de sacudir y cantar.*) ¡Hola, don Pablito, usted!

PICAVEA.   Perdona que te hable por encima de *El Baluarte...*, pero hasta vista así, por encima, me gustas...

SOLEDAD.   Que me mira usted con buenos ojos...

PICAVEA.   Gracias. Oye, eso que cantabas de ladrón..., ladrón, digo yo, que no sería por mí, ¿eh?

SOLEDAD.   Quia. Usted no le quita nada a nadie...

PICAVEA.   Eso de que no le quito nada a nadie, es mucho decir.

SOLEDAD.   Digo en metálico.

PICAVEA.   En metálico, no te quitaré nada, pero en ropas y efectos no te descuides. (*Ríen.*)

SOLEDAD.   ¿Y qué, leyendo la sección de espectáculos?

PICAVEA.   Sí, aquí echando una miradita a los teatros.

SOLEDAD.   ¿Y qué hacen esta noche en el Principal?

PICAVEA.   (*Con gran malicia.*) En el principal no sé lo que hacen. En el segundo izquierda sé lo que harían.

DON MARCELINO.   (¡Muy bueno, muy bueno!)

---

[7] *couplet*: la ortografía francesa se mantuvo hasta su definitiva castellanización: cuplé. Véase Serge Salaün, *El cuplé (1900-1936)*, Madrid, Espasa-Calpe, 1990, p. 15.

[8] A. Amorós anota: "*Ladrón*, letra y música de Juan Martínez Abades, fue una creación de la madrileña Adelita Lulú, que en la segunda década del siglo fue estrella en el Apolo y en las *soirées fémina* de la Zarzuela". Véase su edición, p. 82.

Carlos Arniches.

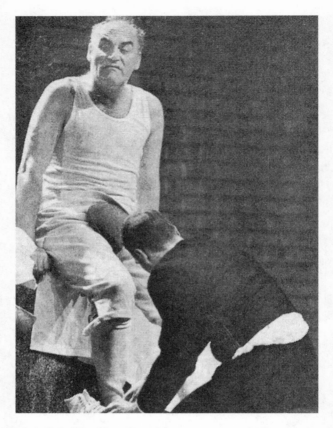

Manuel de Blas (Don Gonzalo) en una escena de *La señorita de Trevélez,* producción del Centre Dramátic de la Generalitat valenciana (1991), dirigida por John Strasberg.

Foto: Carles Francesc

SOLEDAD.   ¿Y qué harían, vamos a ver?

PICAVEA.   Locura de amor.[9]

SOLEDAD.   ¿Y eso es de risa?

PICAVEA.   Según como se tome. A la larga, casi siempre. Y oye, Solita, ¿vendrías tú conmigo al teatro una noche?

SOLEDAD.   De buena gana, pero donde usté va no podemos ir los pobres, don Pablito.

PICAVEA.   Es que yo, por acompañarte, soy capaz de ir contigo al gallinero.[10]

SOLEDAD.   ¡Ay, quite usted, por Dios!... Una criada en el gallinero y con un pollo[11]..., creerían que lo iba a matar...

DON MARCELINO.   (*Riendo.*) (¡Muy salada, muy salada!)

SOLEDAD.   (*Por* DON MARCELINO.) ¡Ay!, pero ¿qué voz es esa?

DON MARCELINO.   (*Asomando por encima del periódico.*) *La Voz de la Región*..., una cosa de Lerroux,[12] pero no te asustes...

PICAVEA.   Oye, Solita...

SOLEDAD.   Mande...

PICAVEA.   No dejes de salir esta tarde, que tengo gana de estrenar dos piropos que se me han ocurrido.

SOLEDAD.   ¡Ay, sí!... A ver, adelánteme usted uno al menos.

PICAVEA.   Verás. (*Se asoma y habla en voz baja.*)

SOLEDAD.   (*Riendo.*) ¡Ja, ja. ja!... (*Sale el* CRIADO *y furioso y violento coge a* SOLEDAD *de un brazo.*)

---

[9] Se juega con el título de una conocida obra de Manuel Tamayo y Baus que, a pesar de ser estrenada en 1855, todavía se seguía representando y que tendría una célebre adaptación cinematográfica en 1948 bajo la dirección de Juan de Orduña.

[10] *gallinero*: galería alta en los teatros con localidades a precios populares.

[11] *pollo*: joven elegante. Sentido irónico a menudo reforzado: pollo pera.

[12] Alejandro Lerroux (1864-1949). Político de tendencia populista.

CRIADO. ¡Maldita sea!... Adentro.

SOLEDAD. ¡Ay, hijo!... ¡Jesús!

PICAVEA. (*Cubriéndose con "El Baluarte".*) ¡Atiza!

DON MARCELINO. (*Ídem con "La Voz".*) ¡El novio!

CRIADO. ¡Hale pa dentro!

SOLEDAD. ¡Pues, hijo, qué modales!

CRIADO. Y más valía que en vez de estar de palique con los sucios del casino...

DON MARCELINO. (*Detrás de "La Voz".*) Socios.

CRIADO. Sucios... Te estuvieras en tu obligación. Pa adentro.

SOLEDAD. ¡Pero, hijo, Jesús, si estaba sacudiendo!

CRIADO. Ya sacudiré yo, ya... ¡Y menudo que voy a sacudir!

DON MARCELINO. ¡Qué bruto!

PICAVEA. (*Sujetándole el periódico.*) No levante usted *La Voz*, que le va a ver por debajo.

CRIADO. Y en cuanto yo consiga verle la jeta a uno de esos *letorcitos*, va a ir pa la Casa de Socorro, pero que deletreando. ¡Ay, cómo voy a sacudir! ¡A cuatro manos! (*El* CRIADO *cierra los cristales. Se les ve discutir acaloradamente. Él dirige miradas y gestos amenazadores al Casino. Al fin hace una mueca de ira y cierra maderas y todo.*)

DON MARCELINO. ¡Qué hombre más bestia!

PICAVEA. Habrá usted comprendido la utilidad de *El Baluarte*.

DON MARCELINO. Como que a mí me ha dado un susto que he perdido *La Voz*.

ESCENA V

DON MARCELINO *y* PABLITO PICAVEA.

PICAVEA. Bueno, pero al mismo tiempo habrá usted comprendido también que a ese monumento de criatura le he puesto verja.

DON MARCELINO. ¿Cómo verja?

PICAVEA.   Que esa chiquilla es de mi absoluta perte-
nencia, vamos.

DON MARCELINO.   (*Sonriendo irónicamente.*) Hombre, Pablito, no quisiera quitarte las ilusiones, pero tampoco quiero que vivas engañado.

PICAVEA.   ¿Yo engañado?

DON MARCELINO.   Las mismas coqueterías que ha
hecho Solita contigo, se las vi hacer ayer tarde con el
más terrible de tus rivales; con Numeriano Galán, para
que lo sepas.

PICAVEA.   ¡Con Numeriano Galán!... ¡Ja, ja, ja! ¡Ella
con Galán! ¡Ja, ja, ja! (*Ríe a todo reír.*) ¡Galán con... ja,
ja, ja!

DON MARCELINO.   Pero ¿de qué te ríes?

PICAVEA.   (*Con misterio. Cambiando su actitud
jovial por una expresión de gran seriedad.*) Venga usted
acá, don Marcelino. (*Le coge de la mano.*)

DON MARCELINO.   (*Intrigado.*) ¿Qué pasa?

PICAVEA.   Que esa mujer no puede ser de nadie más
que mía. Óigalo usted bien, ¡mía!

DON MARCELINO.   ¡Caramba!

PICAVEA.   Es un acuerdo de Junta General.

DON MARCELINO.   ¿Cómo de Junta General?... No
comprendo...

PICAVEA.   Va usted a comprenderlo enseguida. ¿No
nos oirá nadie?

DON MARCELINO.   Creo que no.

PICAVEA.   Usted sabe, don Marcelino, que yo pertenezco al Guasa Club, misterioso y secreto Katipunán[13]
formado por toda la gente joven y bullanguera del
Casino, para auxiliarnos en nuestras aventuras galantes,
para fomentar francachelas y jolgorios y para organizar
bromas, chirigotas y tomaduras de pelo de todas clases.
Como nos hemos constituido imitando esas sociedades

---

[13] Anota M. Seco: "*Katipunán*, durante las postrimerías de
la dominación española en Filipinas, era el consejo supremo
de los conspiradores tagalos para la independencia de las islas".
Véase su edición, p. 124.

secretas de películas, nos reunimos con antifaz y nos escribimos con signos.

DON MARCELINO.   Sí, alguna noticia tenía yo de esas bromas, pero, vamos...

PICAVEA.   Pues bien, a Numeriano Galán y a mí nos gustó Solita a un tiempo mismo y empezamos a hacerla el amor[14] los dos. Yo, como él no es socio del Guasa Club, denuncié al tribunal secreto su rivalidad para que me lo quitaran de en medio, y a la noche siguiente Galán encontró clavada con un espetón de ensartar riñones, en la cabecera de su cama, una orden para que renunciara a esa mujer; no hizo caso y se burló de la amenaza, y en consecuencia ha sido condenado a una broma tan tremenda que, si nos sale bien, no sólo abandonará a Solita, dejándome el campo libre, sino que tendrá que huir de la ciudad renunciando hasta a su destino de oficial de Correos; no le digo a usted más.

DON MARCELINO.   ¡Demontre! ¿Y qué broma es esa?

PICAVEA.   No puedo decirla, pero dentro de unos instantes y en esa misma habitación, verá usted a Galán debatirse lloroso, angustiado e indefenso en la tela de araña que le ha tejido el Guasa Club, y lo comprenderá usted todo.

DON MARCELINO.   Os tengo miedo. Recuerdo la broma que le disteis al pintor Carrasco el mes pasado, y se me ponen los pelos de punta.

PICAVEA.   Aquello no fue nada; que le hicimos creer que su marina titulada "Ola, ola"... había sido premiada con segunda medalla en la Exposición de Pinturas.

DON MARCELINO.   ¡Una friolera!... Y el pobre hombre asistió tan satisfecho al banquete que le disteis para festejar su triunfo. ¡Sois tremendos!

PICAVEA.   ¡Damos cada broma!... ¡Ja, ja, ja!... (*Empieza a tocar en la calle un cuarteto de músicos ambulantes la despedida del bajo de "El Barbero de Sevilla",*[15] *que*

---

[14] *hacerla el amor*: galantearla.

[15] Zarzuela cómica de Guillermo Perrín y Miguel de Palacios con música de Manuel Nieto y Jerónimo Jiménez. Se trata

*canta un individuo con muy mala voz y peor entona-
ción.*) ¡Hombre, a propósito!

DON MARCELINO.   ¿Qué pasa?

PICAVEA.   ¿Oye usted eso?... ¿Oye usted esa música?...
Otra broma nuestra.

DON MARCELINO.   ¿También esa música?

PICAVEA.   También. Esa música está dedicada a don
Gonzalo de Trevélez, nuestro vecino. Es la hora en que
se afeita, y como se afeita solo, hemos gratificado a un
cuarteto ambulante para que todos los días, a estas
horas, vengan a tocarle una cosa que le recuerde al barbero.[16]

DON MARCELINO.   ¡Hombre, qué mala intención!

PICAVEA.   Verá usted cómo se asoma indignado.

DON MARCELINO.   Ya está ahí.

PICAVEA.   (*Riendo.*) Ja, ja, ja... ¡No lo dije!... ¡Y a
medio afeitar!... ¡Verá usted, verá usted!

ESCENA VI

DICHOS y DON GONZALO. *Luego,* MENÉNDEZ.

DON GONZALO.   (*Que se asoma por la ventana de la
izquierda de la casa vecina. Aparece despeinado, con un
peinador puesto, media cara llena de jabón y una navaja
en la mano.*) ¡Pero hoy también el *Barbero*!... ¡Caramba,
qué latita! ¡Quince días con lo mismo, y a la hora de
afeitarme! Esto parece una burla. (*Mirando a la calle y
en voz alta.*) Chist..., ejecutantes.[17] (*Más alto.*) Ejecutantes... Tengan la bondad de evadirse y continuar el

---

de una nueva versión de la historia que popularizaran, entre
otros, Beaumarchais y José Clavijo y Fajardo.

[16] Los músicos tocan *El barbero de Sevilla* para molestar al
tacaño Don Gonzalo, que se afeita él mismo para no pagar los
servicios de un barbero.

[17] *ejecutantes*: obsérvese el doble sentido para aludir a unos
músicos que al ejecutar la música la "asesinan".

concierto extramuros...[18] ¿Qué?... ¿Que si no me gusta
la voz del bajo? No, señor. Eso no es voz de bajo; ¡es voz
de enano, todo lo más! (*Como siguiendo la conversación
con alguien de abajo.*) Y como me estoy afeitando y
desentona de una forma que me crispa, me he dado un
tajo que se me ven las muelas... ¿Cómo?... ¿Que si las
postizas?... ¡Hombre, si no hubiera señoritas en los balcones, ya le diría yo a usted!... Pero ahora le bajará un
criado el adjetivo que merece esa estupidez, para que se
lo repartan entre los cinco del cuarteto. ¡So sinvergüen-
zas!... ¡No, señor, no echo de menos al barbero!... Vayan
muy enhoramala, rasca-intestinos![19]

DON MARCELINO.   No les hagas caso, Gonzalo.

PICAVEA.   Desprécielos usted, don Gonzalo.

MENÉNDEZ.   (*Que se ha asomado también.*) Ya se van.

DON MARCELINO.   Y no es el cuarteto de ciegos.

DON GONZALO.   ¡No, es un cuarteto de cojos!...
Unos cojos que se atreven con todo. Ayer ejecutaron un
andante de Mendelssohn.[20] ¡Figúrate cómo les saldría el
andante!

DON MARCELINO.   ¡Desprécialos!

DON GONZALO.   (*Gesto de desprecio.*) ¡Aaaah!...
(DON MARCELINO y PABLITO *entran del balcón.* PABLITO,
dando suelta a una risa contenida, habla en voz baja con
DON MARCELINO.)

DON GONZALO.   (*A* MENÉNDEZ *y en tono confidencial.*) Chist... Menéndez.

MENÉNDEZ.   Mande usted, don Gonzalo.

DON GONZALO.   ¿He tenido cartas?

MENÉNDEZ.   Cinco.

DON GONZALO.   Masculino o... (*Gesto picaresco.*)

---

[18] Sigue el doble sentido: los ejecutantes deben marcharse
(*evadirse*) para continuar el concierto fuera de la cárcel (*extramuros*).

[19] *rasca-intestinos*: anota M. Seco: "Variante caricaturesca
de *rascatripas*, 'malos violinistas' y en general 'malos músicos'".
Véase su edición, p. 126.

[20] Félix Mendelssohn (1803-1847). Músico alemán.

MENÉNDEZ. Tres masculinas y dos o... (*Imita el gesto.*) Una de ellas perfumada.

DON GONZALO. ¿A qué huele?

MENÉNDEZ. A heno.

DON GONZALO. Ya sé de quién es. No me la extravíes, que me matas. ¿Y la otra?

MENÉNDEZ. Tiene letra picuda.

DON GONZALO. De la de Avecilla.[21]

MENÉNDEZ. Viene dirigida al señor Presidente del Real Aero-Club de Villanea.

DON GONZALO. Sí, sí..., ya sé... Ésa puedes extraviármela si te place. Es pidiéndome un donativo para un ropero. El ropero de San Sebastián. ¡Figúrate tú, San Sebastián con ropero![22] ¡Nada, es la monomanía actual de las señoras! Empeñadas en hacer mucha ropa a los pobres, y ellas cada vez con menos.

MENÉNDEZ. Que no quieren pedricar[23] con el ejemplo.

DON GONZALO. Se dice predicar, querido Menéndez; de hablar bien a hablar mal hay gran diferiencia.[24] Hasta luego. (*Entra y cierra la ventana.*)

MENÉNDEZ. Adiós, don Gonzalo. Otro *muerdaz.* (*Vase izquierda.*)

ESCENA VII

DON MARCELINO y PABLITO PICAVEA.

(*Reanudan su conversación en voz alta.*)

DON MARCELINO. Vamos, no seas terco.

---

[21] Es probable que aluda al vallisoletano Ceferino Avecilla, coetáneo de Arniches y popular periodista, dramaturgo y novelista.

[22] San Sebastián suele aparecer desnudo en la iconografía.

[23] *pedricar*: predicar. Véase M. Seco, *op. cit.*, p. 63.

[24] Diferencia > *diferiencia*. Véase *Ibid.*, p. 36.

PICAVEA.   Nada, que no insista usted. No despego mis labios.

DON MARCELINO.   Anda, dime. ¿Qué broma es la que preparáis a Galán? Que tengo impaciencia...

PICAVEA.   ¿No dice usted que ha sido invitado misteriosamente a presenciarla?... Pues un poco de calma... (*atendiendo*), que poca será..., porque, si no me equivoco... (*Va a mirar hacia la derecha.*) Sí... ¡Él es!... ¡Galán!...

DON MARCELINO.   ¿Galán?...

PICAVEA.   Ya está aquí la víctima. Aquí la tenemos. Va usted a satisfacer su curiosidad. ¡Pobre Galán, ja, ja!

DON MARCELINO.   Pero...

PICAVEA.   ¡Dejémosle solo!... ¡Ay de él!... ¡Ay de él!... Por aquí. Pronto. (*Vanse primera izquierda.*)

ESCENA VIII

NUMERIANO GALÁN y MENÉNDEZ.

NUMERIANO.   (*Sale por la derecha. Entra y mira a un lado y a otro.*) *Personne*..., que dicen los franceses cuando no hay ninguna persona. Faltan tres minutos para la hora: ¡hora suprema y deliciosa! La ventana frontera, cerrada todavía. Me alegro. Colocaré las puertas de los balcones en forma propicia para la observación. (*Las entorna.*) ¡Ajajá! Y ahora a esperar a mi víctima, como espera el tigre a la cordera: cauteloso, agazapado y voraz. ¡Manes de don Juan, acorredme! (*Pausa.*)

MENÉNDEZ.   (*Por segunda izquierda.*) ¡Caray! (*Andando a tientas.*) Pero ¿quién ha cerrao?

NUMERIANO.   Chist, por Dios, querido Menéndez... (*deteniéndole*), que es un plan estratégico. No me abras el balcón, que me lo fraguas.

MENÉNDEZ.   Pero, don Numeriano, ¿y no se puede saber por qué ha entornado usted?

NUMERIANO.   ¿Que por qué he entornado?... ¡Ah,

plácido y patriarcal Menéndez!... Tú, sí, tú puedes saberlo. Ven, que voy a abrir mi pecho a tu cariñosa amistad.

MENÉNDEZ.   Abra usted.

NUMERIANO.   Menéndez, yo te debo a ti...

MENÉNDEZ.   Trescientas cuarenta y cinco pesetas de bocadillos.

NUMERIANO.   Y un cariño muy grande, porque si no me quisieras, ¿cómo me ibas a haber dado tantos bocadillos?...

MENÉNDEZ.   Que le tengo a usted ley.[25]

NUMERIANO.   Pues por eso, como sé que me quieres... y que te alegras de mis triunfos amorosos...

MENÉNDEZ.   Por de contado...

NUMERIANO.   Voy a hacerte un revelación sensacional.

MENÉNDEZ.   ¡Carape!

NUMERIANO.   Sensacionalísima.

MENÉNDEZ.   ¿Ha caído la viuda?

NUMERIANO.   Ha tropezado nada más, pero no es eso. Atiende. Muchos días, efusivo Menéndez, ¿no te ha chocado a ti verme entrar a deshora en este salón de lectura?

MENÉNDEZ.   Mucho, sí, señor.

NUMERIANO.   Pues bien, al entrar yo en el salón de lectura, ¿tú no leías nada en mis ojos?

MENÉNDEZ.   No señor; yo casi nunca leo nada.

NUMERIANO.   Pero ¿no te chocaba verme huraño, triste y solo, metido en este rincón?

MENÉNDEZ.   Sí, señor; pero yo decía: será que le gusta la soledad.

NUMERIANO.   Y eso era, perspicaz Menéndez, que me gusta la Soledad...; pero no la de aquí, sino la de ahí enfrente.

MENÉNDEZ.   ¡La doncellita de los Trevélez!...

NUMERIANO.   La misma que viste y calza... de una manera que conmociona.

---

[25] *ley*: cariño.

MENÉNDEZ. Entonces, ahora me explico por qué teniendo usté tanta ilustración aquí dentro...

NUMERIANO. No hacía más que tonterías ahí fuera... como señas, sonrisitas, juegos de fisonomía... ¿Lo comprendes ahora?

MENÉNDEZ. ¡Ya lo creo!... ¡Menudo pimpollo[26] está la niña!

NUMERIANO. ¡Qué Soledad más apetecible! ¿Verdad, Menéndez?

MENÉNDEZ. Es una Soledad pa no juntarse con nadie, don Numeriano.

NUMERIANO. Pa no juntarse con nadie más que con ella.

MENÉNDEZ. Natural.

NUMERIANO. A mí, Menéndez, esa chiquilla me inspira un sentimiento de deseo, un sentimiento de pasión, un sentimiento de...

MENÉNDEZ. (*Dándole la mano.*) Acompaño a usted en el sentimiento.

NUMERIANO. Muchas gracias, incondicional Menéndez. Pues bien, por conseguir los favores de esa monada, andábamos a la greña Pablito Picavea y yo.

MENÉNDEZ. ¿Y qué?

NUMERIANO. Que lo he arrollado... ¡Que esa bizcotela[27] ya es mía!

MENÉNDEZ. Arrea.

NUMERIANO. Aquí tengo los títulos de propiedad. (*Saca una carta.*) Atiende y deduce... Por la tarde la pedí relaciones y por la noche me trajo el cartero del interior esta expresiva y seductora cartita. Juzga. "Señorito Numeriano: De palabra no me he atrevido esta tarde a darle una contestación aparente porque no me dejó el reparo." ¡El reparo!... ¡qué monísima!... "Pero si usted quiere que le diga lo que sea, estése mañana a las once

---

[26] *pimpollo*: joven y bella.

[27] *bizcotela*: bizcocho cubierto de azúcar. Obsérvese la riqueza, aunque sea cursi, de los piropos empleados por los personajes de Arniches.

en el salón de lectura del Casino, y si tiene valor una servidora, se asomará y se lo dirá; aunque sé que es usted muy mal portao con las mujeres..." ¡Mal portao!... ¡Me ha cogido el flaco![28]

MENÉNDEZ. ¡La fama que vola![29]

NUMERIANO. (*Sigue leyendo.*) "No falte. Saldré a sacudir... No vuelva..." (*Vuelve la hoja.*) "No vuelva a asomarse hasta mañana, porque mi señorita está escamada. Sulla. Ese." ¡Sulla! (*Guardándose la carta.*) ¡Ah, estupefacto Menéndez, ese *sulla* no lo cambio yo por una dolora de Campoamor,[30] porque estas cuatro letras quieren decir que esa fruta sazonada y exquisita ha caído en mi implacable banasta.

MENÉNDEZ. ¡Pero qué suerte tiene usté!

NUMERIANO. (*Por sus ojos.*) ¡Le llamas suerte a estas dos ametralladoras!

MENÉNDEZ. ¡Hombre!

NUMERIANO. Lo que hay es que tengo una mirada que es para sacar patente. La fijo cuarenta segundos en un puro y lo enciendo. No te digo más. Y hay días que los enciendo de reojo.

MENÉNDEZ. De modo que viene usted a la cita.

NUMERIANO. Di más bien a la toma de posesión.

MENÉNDEZ. Poquito que va a rabiar el señor Picavea.

NUMERIANO. El señor Picavea y todos esos imbéciles del Guasa Club, que hasta me amenazaron con no sé qué venganzas si no abandonaba mi conquista... ¡Abandonarla yo!... Cuando es ella la que... ¡ja, ja, ja!

MENÉNDEZ. ¿Y a qué hora es la cita?

NUMERIANO. ¿No lo has oído? A las once. Faltan sólo unos segundos.

---

[28] *el flaco*: el punto flaco; debilidad.

[29] vuela > *vola*. Véase M. Seco, *op. cit.*, p. 37.

[30] *dolora*: El propio Ramón de Campoamor la definió así: "Una composición poética en la cual se debe hallar unida la ligereza con el sentimiento y la concisión con la importancia filosófica" (Prólogo a la primera edición de *Doloras*, Madrid, 1846).

MENÉNDEZ.   Pues miremos a ver... (*Dan las once en el reloj.*)

NUMERIANO.   ¡Ya dan!... ¡Estoy emocionado!... (*A* MENÉNDEZ, *que mira.*) ¿Ves algo?

MENÉNDEZ.   No..., aún nada... ¡Pero calle!... Sí..., los visillos se menean.

NUMERIANO.   (*Mira.*) Es verdad, algo se mueve detrás.

MENÉNDEZ.   ¿Será ella?...

NUMERIANO.   Sí, ella, ella es, veo su silueta hermosísima. Aparta, Menéndez. (*Se retoca y acicala.*)

MENÉNDEZ.   Salga usted.

NUMERIANO.   Sí, voy a salir; porque hasta que no me vea no se asoma.

MENÉNDEZ.   Ya va a abrir, ya va a abrir...

NUMERIANO.   Ahora verás aparecer su juvenil y linda carita..., ahora verás cómo fulgen sus ojos africanos.[31] ¡Fíjate!... (*Sale.*) ¡Ejem, ejem!... (*Tose delicadamente. Se abre la ventana poco a poco, y asoma entre las persianas la cara ridícula, pintarrajeada y sonriente de la* SEÑORITA DE TREVÉLEZ.)

ESCENA IX

DICHOS y FLORITA.

FLORA.   (*Después de mirar con rubor a un lado y a otro.*) Buenos días, amigo Galán.

NUMERIANO.   (*Aterrado.*) (¡Cielos!)

MENÉNDEZ.   (¡Atiza! ¡Doña Florita!)

NUMERIANO.   Muy buenos los tenga usted, amiga Flora.

FLORA.   Es usted cronométrico.

NUMERIANO.   ¿Un servidor?

FLORA.   Y no tiene usted idea de todo lo que me expresa su puntualidad.

---

[31] *ojos africanos*: grandes, oscuros.

NUMERIANO. ¿Mi puntualidad?... (¿Sabrá algo?)

MENÉNDEZ. (*Muerto de risa.*) (¡Qué plancha!)

NUMERIANO. (*A* MENÉNDEZ.) (No te rías, que me azoras.)

FLORA. (*Acariciando las flores de un tiesto.*) ¡Galán!

NUMERIANO. Florita.

FLORA. (*Con rubor.*) He recibido eso.

NUMERIANO. ¿Que ha recibido usted eso?... (¿Qué será eso?)

FLORA. Lo he leído diez veces, y a las diez su fina galantería ha vencido mi natural rubor.

NUMERIANO. ¿A las diez?... De modo que dice usted que a las diez mi fina... (¿Pero de qué me hablará esta señora?) Florita, usted perdone, pero no comprendo, y yo desearía que me dijese de una manera breve y concreta...

FLORA. (*Con vivor rubor.*) ¡Ah, no, no, no, no!... Eso es mucho pedir a una novicia en estas lides... Hágase usted cargo..., mi cortedad[32] es muy larga, Galán.

NUMERIANO. Bueno, pero por muy larga que sea una cortedad, si a uno no le dicen claramente las cosas...

FLORA. Sí, pero repare usted que hay gente en los balcones...

NUMERIANO. Ya lo veo, pero qué importa eso para...

FLORA. Y como yo presumía que no podríamos hablar sin testigos, le he escrito en este papel unas líneas que expresarán a usted debidamente mi gratitud y mi resolución.

NUMERIANO. ¿Dice usted que su gratitud y su...?

FLORA. (*Tirando el papel, que cae en la habitación.*) Ahí va mi alma.

NUMERIANO. (*Esquivando el golpe.*) (Caray, de poco me deja tuerto.)

FLORA. Galán..., en el texto de esa carta voy yo misma. Léalo, compréndala y júzguele. (*Entorna.*)

---

[32] *cortedad*: vergüenza.

NUMERIANO.   Bueno, pero...

FLORA.   Voy tal cual soy: sin malicia, sin reserva, sin doblez. (*Cierra.*)

NUMERIANO.   ¡Pero, Florita!

FLORA.   (*Abre.*) Sin doblez. Adiós, Galán. (*Cierra.*)

ESCENA X

NUMERIANO GALÁN y MENÉNDEZ.

NUMERIANO.   (*A* MENÉNDEZ, *que está muerto de risa en una silla.*) ¡Dios mío!... Ay, Menéndez, pero ¿qué es esto?

MENÉNDEZ.   (*Señalando la carta que está en el suelo.*) Parece un papel.

NUMERIANO.   No, eso ya lo sé; mi pregunta es abstracta: digo: ¿qué es esto?, ¿qué me pasa a mí?, ¿por qué en vez de Solita sale este estafermo[33] y me arroja una carta?

MENÉNDEZ.   ¡Qué sé yo! Ábrala, léale y averígüelo.

NUMERIANO.   Tienes razón. Veamos. (*Coge el papel y empieza a desdoblarlo, tarea dificilísima por los muchos dobleces que trae.*) ¡Caramba, y decía que sin doblez!... ¿Y qué viene aquí dentro?

MENÉNDEZ.   Ella ha dicho que venía su alma.

NUMERIANO.   Pues es una perra gorda.

MENÉNDEZ.   Que la ha metido pa darle impulso al papel.

NUMERIANO.   Veamos qué trae la perra. (*Leyendo.*) "Apasionado Galán."

MENÉNDEZ.   ¡Atiza!

NUMERIANO.   ¡Yo apasionado! (*Lee.*) "Después de leída y releída su declaración amorosa..."

MENÉNDEZ.   ¡Repeine!

NUMERIANO.   ¡¡Pero qué dice esta anciana!! (*Lee.*) "Y sus entusiastas elogios a mi belleza estética, que sólo

---

[33] *estafermo*: persona embobada.

puedo atribuir a una bondad insólita..." (¡qué tía más esdrújula!),[34] "consultéle a mi corazón, pedíle consejo a mi hermano como usted indícome..." (¡cuerno!), "y mi hermano y mi corazón, de consuno, decídenme a aceptar las formales relaciones que usted me ofrenda..." ¡Me ofrenda!... ¡Mi madre!

MENÉNDEZ. ¿Pero usted la ha *ofrendido*?[35]

NUMERIANO. ¡Yo qué la voy a ofrender, hombre! (*Lee.*) "Ah, Galán, el amor que usted me brinda es una suerte..." (¡Pero Dios mío, si yo no la he brindado ninguna suerte a esta señora!) "Es una suerte, porque prendióse en mi alma con tan firmes raíces, que nadie podrá ya arrancarlo; y si quieren hacer la prueba, háganla cuanto antes; ¡ah, Galán! ¿Se lo digo todo en esta carta?... Yo creo que sí."

MENÉNDEZ. Y yo creo que también.

NUMERIANO. "Nada reservéme y sepa que al escribirla entreguéle mi alma... Adiós."

MENÉNDEZ. ¿Se ha muerto?

NUMERIANO. Se ha vuelto loca. (*Lee.*) "Suya hasta la ultratumba. Flora de Trevélez." ¡Pero, Dios mío, yo me vuelvo loco!... Pero ¿qué es esto?

MENÉNDEZ. (*Señalándole los ojos.*) Las ametralladoras.

NUMERIANO. ¿A qué viene esta carta?... Pero ¿quién le ha dicho a ese pliego de aleluyas[36] que yo la amo? ¿Pero qué es esto?... ¡Dios mío, qué es esto!

---

[34] La acumulación de palabras esdrújulas es un efecto cómico muy frecuente en el teatro de Arniches y otros autores de la época. También aparecerá en *Los caciques*.

[35] Cruce entre *ofrendar* y *ofender*.

[36] *pliego de aleluyas*: persona ridícula.

ESCENA XI

DICHOS, TITO GUILOYA, PICAVEA, TORRIJA y PEPE
MANCHÓN. *Luego,* DON MARCELINO.

(*Los cuatro primeros salen de la segunda izquierda
muertos de risa. El último se asoma por la primera
izquierda y queda presenciando la escena.*)

TODOS.   ¡Ja, ja, ja! (*Riendo.*)
TITO.   Pues esto es, amigo Galán, que el Guasa Club
ha triunfado.
TORRIJA.   ¡Viva el Guasa Club!
NUMERIANO.   ¡Pero vosotros...! Pero ¿es que voso-
tros...?
MANCHÓN.   Que sea enhorabuena, Galán, ya eres
dueño de esa beldad.
TITO.   ¡Querías a la doncella y te entregamos a la
señora!
PICAVEA.   ¡La doncellita para mí!
NUMERIANO.   ¡Ah, pero vosotros...! ¡Pero esta cana-
llada!
PICAVEA.   "Ardides del juego son."[37]
TODOS.   (*Vanse riendo por la derecha.*) ¡Ja, ja, ja!
(MENÉNDEZ *les sigue estupefacto y haciéndose
cruces.*) Hagan la prueba que hagan. ¡Ah, Galán!...
¡Ja, ja, ja!

ESCENA XII

NUMERIANO GALÁN y DON MARCELINO.

NUMERIANO.   (*Desesperado.*) Pero ¿qué han hecho
estos cafres, don Marcelino?

[37] Cita del *Don Juan Tenorio* de Zorrilla (acto IV, esc. 6,
v. 2368).

DON MARCELINO. ¿No lo adivinas, infeliz? Pues que imitando tu letra han escrito una carta de declaración a Florita de Trevélez firmada por ti.

NUMERIANO. ¡Dios mío!

DON MARCELINO. Que ella, romántica y presumida como un diantre,[38] te ha visto mil veces al acecho en ese balcón y creyendo que salías por ella ha caído fácilmente en el engaño, y que te contesta aceptando tu amor.

NUMERIANO. ¡Cuerno!

DON MARCELINO. Y de ese modo te inutilizan para que sigas cortejando a la doncellita, y Picavea se sale con la suya. ¿Ves qué sencillo?

NUMERIANO. ¡Dios mío, pero esto es una felonía, una canallada, que no estoy dispuesto a consentir! Yo deshago el error inmediatamente. (*Llamando desde el balcón.*) ¡Flora..., Flora..., Flora..., amiga Flora!...

DON MARCELINO. Aguarda, hombre, aguarda. Así, a voces y desde el balcón, no me parece procedimiento para deshacer una broma que pone en ridículo a personas respetables.

NUMERIANO. ¿Y qué hago yo, don Marcelino? Porque ya conoce usted el carácter de don Gonzalo.

DON MARCELINO. ¡Que si le conozco! ¡Pues eso es lo único grave de este asunto!

NUMERIANO. Y por lo que aquí dice, se ha enterado.

DON MARCELINO. Como que esta burla puede acabar en tragedia; porque Gonzalo, en su persona, tolera toda clase de chanzas, pero a su hermana, que es todo su amor... ¡Acuérdate que tuvo a Martínez cuatro meses en cama de una estocada, sólo porque la llamó la jamona de Trevélez![39]... ¡Conque si se entera de que esto es una guasa, hazte cargo de lo que sería capaz!...

NUMERIANO. ¡Ay, calle usted, por Dios!... Pero yo le diré que la carta no es mía, que compruebe la letra.

---

[38] *diantre*: diablo.

[39] Definición por combinación de *jamona*, mujer gruesa y de cierta edad, con Trevélez, pueblo granadino famoso por sus jamones.

DON MARCELINO.   Sí, pero ellos pueden decirle que la has desfigurado para asegurarte la impunidad, y entre que sí y que si no, el primer golpe lo disfrutas tú.

NUMERIANO.   ¡Miserables, canallas!... ¿Y qué hago yo, don Marcelino, qué hago yo? (*Se oye rumor de voces.*)

DON MARCELINO.   ¡Silencio!... ¿Oyes?...

NUMERIANO.   ¡Madre!... ¡Es don Gonzalo! ¡Don Gonzalo que viene!

DON MARCELINO.   Y viene con esos bárbaros.

NUMERIANO.   ¡Ay, don Marcelino!... ¡Ay! ¿Qué hago yo?

DON MARCELINO.   Ocúltate. En cuanto nos dejen solos, yo procuraré tantearle. Le dejaré entrever la posibilidad de una broma... Tú oyes detrás de una puerta, y según oigas, procede.

NUMERIANO.   Sí, eso haré. ¡Canallas! ¡Bandidos! (*Vase segunda izquierda.*)

ESCENA XIII

DON MARCELINO, DON GONZALO, TITO GUILOYA, MANCHÓN, TORRIJA y PICAVEA. *Salen por la derecha.*

(*El rumor de las voces ha ido creciendo; al fin aparecen por la puerta derecha, precediendo a* DON GONZALO, TITO GUILOYA, MANCHÓN, PICAVEA *y* TORRIJA, *que bulliciosa y alegremente se forman en fila a la parte izquierda de la puerta, y al salir* DON GONZALO *agitan los sombreros aclamándole con entusiasmo.*)

TITO.   ¡Hurra por don Gonzalo!

TODOS.   ¡Hurra!

DON GONZALO.   (*Sale sombrero en mano. Viste con elegancia llamativa y extremada para sus años. Va teñido y muy peripuesto.*) Gracias, señores, gracias.

TITO.   ¡Bravo, don Gonzalo, bravo!

TORRIJA.   ¡Elegantísimo! ¡Cada día más elegante!

MANCHÓN. ¡Deslumbrador!

PICAVEA. ¡Lovelacesco![40]

DON GONZALO. (*Riendo.*) ¡Hombre, por Dios, no es para tanto!

PICAVEA. Inmóvil, y con un letrero debajo, la primera plana del *Pictorial Revieu.*

TITO. ¡Si Roma tuvo un Petronio, Villanea tiene un Trevélez!... ¡Digámoslo muy alto!

DON GONZALO. Nada, hombre, nada. Total un trajecillo *higge faeshion*, un chalequito de fantasía, una corbata bien entonada, una flor bien elegida, un poquito de *caché*, de *chic*...,[41] y vuestro afecto. Nada, hijos míos, nada. (*Les abraza.*) ¿Y tú, qué tal, Marcelino, cómo estás?

DON MARCELINO. Bien, Gonzalo, ¿y tú?

DON GONZALO. Ya lo ves; confundido con los elogios de estos tarambanas... ¡Yo!... ¡Un pobre viejo!... ¡Figúrate!....

PICAVEA. ¿Cómo viejo? Usted es como el buen vino, don Gonzalo; cuantos más años, más fuerza, más aroma, más *bouquet.*

TITO. Y si no, que lo digan las mujeres. Ellas acreditan su marca. Le saborean y se embriagan. ¡Niéguelo usted!

DON GONZALO. (*Jovialmente.*) ¡Hombre, hombre!... Entono y reconforto... *Voilà tout*... ¡Ja, ja, ja!

TODOS. (*Aplauden.*) ¡Bravo, bravo!

TORRIJA. ¡Y lo que le ocurre a don Gonzalo es rarísimo: cuantos más años pasan, menos canas tiene!

TITO. Y se le acentúa más ese tinte juvenil..., ese tinte de distinción, que le da toda la arrogancia de un Bayardo.[42]

---

[40] *Lovelacesco*: semejante a Lovelace. Lovelace es un seductor en la novela *Clarissa* (1748), de Samuel Richardson.

[41] Sobre la utilización de palabras extranjeras en las obras de Arniches, véase M. Seco, *op. cit.*, pp. 74-77.

[42] *Bayardo*: Pierre du Terrail, señor de Bayard (1476-1524), conocido por Bayardo. Prototipo del caballero medieval que ha sido objeto de numerosas recreaciones literarias.

DON GONZALO.   ¡Ah, no, amigos míos, no burlaros de mí! Yo ya no soy nada. Claro está que las altas cimas de mis ilusiones aún tienen resplandores de sol, postrera luz de un ocaso espléndido..., pero al fin mi vida ya no es más que un crepúsculo...

TODOS.   ¡Bravo, bravo!

TITO.   ¡Qué poetazo!

PICAVEA.   Pero usted todavía ama, don Gonzalo, y el amor...

DON GONZALO.   ¡Amor, amor!... Eterna poesía. Es el dulce rumor que va cantando en su marcha hacia el misterio de la muerte, el río caudaloso de la vida. Esto es de un poema que tengo empezado.

TODOS.   ¡Colosal! ¡Colosal!

TORRIJA.   Gran maestro en amor debe ser usted.

DON GONZALO.   ¡Maestro!... ¡Ah, hijo mío, en amor, como las que enseñan son las mujeres, cuanto más te enseñan... más suspenso te dejan.

TODOS.   ¡Muy bien, muy bien!

DON GONZALO.   Sin embargo, yo tengo mis teorías.

TODOS.   Veamos, veamos.

DON GONZALO.   La mujer es un misterio.

MANCHÓN.   Muy nuevo, muy nuevo.

DON GONZALO.   Amar a una mujer es como tirarse al agua sin saber nadar: se ahoga uno sin remedio. Si le dicen a uno que sí, le ahoga la alegría; si le dicen que no, le ahoga la pena...

TITO.   ¿Y si le dan a uno calabazas?

DON GONZALO.   ¡Ah, si le dan a uno calabazas, entonces..., nada!

TODOS.   (*Riendo.*) ¡Ja, ja, ja!... ¡Muy bien! ¡Bravo!

PICAVEA.   ¡Graciosísimo!

TITO.   ¡Y se llama viejo un hombre de tan sutil ingenio!

PICAVEA.   ¡Viejo, un hombre de contextura tan hercúlea!... ¡Porque fijaos en este torso!... (*Le golpea la espalda.*) ¡Qué músculos!

TORRIJA.   ¡Es el Moisés de Miguel Ángel!

DON GONZALO.   (*Satisfecho.*) ¡Ah, eso sí!... ¡Todavía

tuerzo una barra de hierro y parto un tablero de mármol!... Hundo un tabique...

TITO.   ¡Mirad qué bíceps!

MANCHÓN.   ¡Enorme!

TORRIJA.   Pues ¿y los *sports*, cómo los practica?...

TODOS.   ¡¡Oh!!

DON GONZALO.   En fin, pollos, esperadme en la sala
de billar, que tengo algo interesante que decir a don
Marcelino, y enseguida corro a vuestro encuentro y
jugaremos ese *match*[43] prometido.

TITO.   Pues allí esperaremos.

PICAVEA.   ¡Viva don Gonzalo!

TODOS.   ¡Viva!

TITO.   *¡Arbiter elegantorun civitatis villanearum,
salve!*[44]

PICAVEA.   ¡Salve y Padre nuestro! (*Se abrazan.*)

DON GONZALO.   Gracias, gracias. (*Vanse riendo primera izquierda.*)

ESCENA XIV

DON GONZALO y DON MARCELINO.

DON GONZALO.   Marcelino.

DON MARCELINO.   Gonzalo.

[43] Estos y otros términos ingleses relacionados con lo
deportivo son utilizados en reiteradas ocasiones por Arniches en torno a las fechas de las dos obras aquí editadas, que
coinciden con el auge en España del *sport*, asociado a una
sensibilidad caracterizada por la estimación positiva de lo
juvenil, lo lúdico, lo moderno, la vanguardia... Véase A.
Amorós, *Luces de candilejas*, Madrid, Espasa Calpe, 1990,
pp. 247-280.

[44] Anota M. Seco: "Latín camelístico, inspirado en el sobre-
nombre de *arbiter elegantiarum*, o más exactamente *elegantiae
arbiter*, que recibió Petronio en la Roma de Nerón". Véase su
edición, p. 140.

DON GONZALO. (*Con gran alegría.*) Estaba deseando que nos dejasen solos. He venido especialmente a hablar contigo.

DON MARCELINO. ¿Pues?...

DON GONZALO. Abrázame.

DON MARCELINO. ¡Hombre!...

DON GONZALO. Abrázame, Marcelino. (*Se abrazan efusivamente.*) ¿No has notado, desde que traspuse esos umbrales, que un júbilo radiante me rebosa del alma?

DON MARCELINO. Pero ¿qué te sucede para esa satisfacción?

DON GONZALO. ¡Ah, mi querido amigo, un fausto suceso llena mi casa de alegres presagios de ventura!

DON MARCELINO. Pues ¿qué ocurre?

DON GONZALO. Tú, Marcelino, conoces mejor que nadie este amor, qué digo amor, está adoración inmensa que siento por esa noble criatura llena de bondad y de perfecciones que Dios me dio por hermana.

DON MARCELINO. Sé cuánto quieres a Florita.

DON GONZALO. ¡Oh, no!, no puedes imaginarlo, porque en este amor fraternal se han fundido para mí todos los amores de la vida. De muy niños quedamos huérfanos. Comprendí que Dios me confiaba la custodia de aquel tesoro y a ella me consagré por entero; y la quise como padre, como hermano, como preceptor, como amigo; y desde entonces, día tras día, con una abnegación y una solicitud maternales, velo su sueño, adivino sus caprichos, calmo sus dolores, alivio sus inquietudes y soporto sus puerilidades, porque, claro, una juventud defraudada produce acritudes e impertinencias muy explicables. Pues bien, Marcelino: mi único dolor, mi único tormento era ver que pasaban los años y que Florita no encontraba un hombre...; un hombre que, estimando los tesoros de su belleza y de su bondad en lo que valen, quisiera recoger de su corazón todo el caudal de amor y de ternura que brota de él. ¡Pero al fin, Marcelino, cuando yo ya había perdido las esperanzas..., ese hombre...!

DON MARCELINO.   ¿Qué?

DON GONZALO.   ¡Ese hombre ha llegado! (GALÁN *se asoma por la izquierda con cara de terror.*)

DON MARCELINO.   (¡Dios mío!)

DON GONZALO.   Y si lo pintan no lo encontramos ni más simpático, ni más fino, ni más bondadoso. Edad adecuada, posición decorosa, honorabilidad intachable..., ¡un hallazgo!... ¿Sabes quién es?

DON MARCELINO.   ¿Quién?

DON GONZALO.   Numeriano Galán... ¡Nada menos que Numeriano Galán! (GALÁN *manifiesta un pánico creciente.*) ¿Qué te parece?

DON MARCELINO.   Hombre, bien... Me parece bien. (GALÁN *le hace señas de que no.*) Buena persona... (*Siguen las señas negativas de* GALÁN.) Un individuo honrado... (GALÁN *sigue diciendo que no.*) Pero yo creo que debías informarte, que antes de aceptarle debías...

DON GONZALO.   (*Contrariado.*) Pero ¿qué estás diciendo?

DON MARCELINO.   Hombre, se trata de un forastero que apenas conocemos, y por consecuencia...

DON GONZALO.   ¡Bah, bah, bah!... Ya empiezas con tus suspicacias, con tus pesimismos de siempre... ¡Has de leer la carta que le ha escrito a Florita!... Una carta efusiva, llena de sinceridad, de pasión, modelo de cortesanía, diciéndola que me enteré de sus propósitos y que le fijemos el día de la boda... Conque ya ves si en un hombre que dice esto... ¡dudar, por Dios!...

DON MARCELINO.   (¡Canallas!) No, si yo lo decía porque, como es una cosa inopinada, quién no te dice que a veces..., como este pueblo es así..., figúrate que alguien..., una broma...

DON GONZALO.   (*Le coge de la mano vivamente con expresión trágica.*) ¡Cómo broma!

DON MARCELINO.   No, nada, pero...

DON GONZALO.   (*Sonriendo.*) ¡Una broma!... No sueñes con ese absurdo. Ya sabe todo el mundo que bromas conmigo, cuantas quieran. Las tolero, no con la inconsciencia que suponen, pero en fin, con esa amable tolerancia que dan los años; pero una broma de este jaez con mi hermana sería trágica para todos. Sería jugarse la vida sin apelación, sin remedio, sin pretexto. Te lo juro por mi fe de caballero.

DON MARCELINO.   No, no te pongas así... Si te creo, si figúrate, pero, vamos...

DON GONZALO.   Además, puedes desechar tus temores, Marcelino, porque esto no es una cosa tan inopinada como tú supones.

DON MARCELINO.   Ah, ¿no?

DON GONZALO.   Hoy, llena de rubor la pobrecilla, me lo ha confesado todo. Ella ya tenía ciertos antecedentes. Dudaba entre Picavea y Galán, porque los dos la han cortejado desde esos balcones; pero su preferido era Galán, y por eso se ha apresurado a aceptarle loca de entusiasmo... ¡Sí, loca! ¡Porque está loca de gozo, Marcelino! Su alegría no tiene límites... Y a ti puedo decírtelo...: ¡ya piensa hasta en el traje de boda!

DON MARCELINO.   ¡Hombre, tan deprisa!...

DON GONZALO.   Quiere que sea *liberty*[45]... ¡Yo no sé qué es *liberty*, pero ella dice que *liberty* y *liberty* ha de ser!... ¡Florita es dichosa, Marcelino!... ¡Mi hermana es feliz!... ¿Comprendes ahora este gozo que no cambiaría yo por todas las riquezas de la tierra?... ¡Ah, qué contento estoy! ¡Y es tan buena la pobrecilla que, cuando me hablaba de si al casarse tendríamos que separarnos, una nube de honda tristeza nubló su alegría. Yo, emocionado, balbuciente, la dije: "No te aflijas, debes vivir sola con tu marido. Mucho ha de costarme esta separación al cabo de los años, pero por verte dichosa, ¿qué amargura no soportaría yo?...". Nos miramos, nos

---

[45] *liberty*: según M. Seco, "es un estilo artístico de los primeros años del siglo XX, que en la indumentaria se caracterizó por el uso de un tejido ligero, brillante, con dibujos de flores estilizadas sobre fondo claro". Véase su edición, p. 143.

abrazamos estrechamente y rompimos a llorar como dos chiquillos. Yo sentí entonces en mi alma algo así como una blandura inefable, Marcelino, algo así como si el espíritu de mi madre hubiera venido a mi corazón para besarla con mis labios. Y ves... yo..., todavía..., una lágrima... (*Emocionado, se enjuga los ojos.*) Nada, nada...

DON MARCELINO.   (¡Dios mío, y quién le dice a este hombre que esos desalmados...!)

DON GONZALO.   ¿Comprendes ahora mi felicidad, comprendes ahora mi júbilo?

DON MARCELINO.   Hombre, claro, pero...

DON GONZALO.   Conque vas a hacerme un favor, un gran favor, Marcelino.

DON MARCELINO.   Tú dirás...

DON GONZALO.   Que llames a Galán...

DON MARCELINO.   ¿A Galán?

DON GONZALO.   A Galán. Sé que está aquí y quiero, sin aludir para nada al asunto, claro está, darle un abrazo, un sencillo y discreto abrazo en el que note mi complacencia y mi conformidad.

DON MARCELINO.   Es que, si no estoy equivocado, me parece que ya se marchó.

DON GONZALO.   No, no..., está en el Casino; me lo ha dicho el conserje. Y tengo interés, porque además del abrazo, traigo un encargo de Florita: invitarle a una *suaré*[46] que daremos dentro de ocho días. (*Toca el timbre. Aparece* MENÉNDEZ.) Menéndez, haga el favor de decir al señor Galán que venga al instante.

MENÉNDEZ.   Sí, señor. (*Vase.*)

DON GONZALO.   ¡Qué boda, Marcelino, qué boda!... Voy a echar la casa por la ventana. Traigo al Obispo de Anatolia para que los case; y digo al de Anatolia, porque en obispos es el más raro que conozco.

DON MARCELINO.   (¡Pobre Galán!)

---

[46] *suaré*: *soirée:* velada, tertulia.

ESCENA XV

DICHOS, y NUMERIANO GALÁN *por segunda izquierda.*

NUMERIANO. (*Haciendo esfuerzos titánicos para sonreír. Viene pálido, balbuciente.*) Mi querido don Gon..., don Gon...

DON GONZALO. ¡Galán!... ¡Amigo Galán!...

NUMERIANO. ¡Don Gonzalo!

DON GONZALO. ¡A mis brazos!

NUMERIANO. Sí, señor. (*Se abrazan efusivamente.*)

DON GONZALO. ¿No le dice a usted este abrazo mucho más de lo que pudiera expresarse en un libro?

NUMERIANO. Sí, señor... Este abrazo es para mí un diccionario enciclopédico, don Gonzalo.

DON GONZALO. Reciba usted con él la expresión de mi afecto sincero y fraternal. ¡Fra-ter-nal!

NUMERIANO. Ya lo sé... Sí, señor... Gracias..., muchas gracias, don Gonzalo. (*Le suelta.*)

DON GONZALO. ¿Cómo don?... Sin don, sin don...

NUMERIANO. Hombre, la verdad, yo, como...

DON GONZALO. Pero parece usted hondamente preocupado... está usted pálido...

NUMERIANO. No, la emoción, la...

DON MARCELINO. Hazte cargo; le ha pillado tan de sorpresa... Y luego esta acogida...

NUMERIANO. Sí, señor... Sobre todo la acogida...

DON GONZALO. ¡Pues venga otro abrazo! (*Se abrazan.*)

NUMERIANO. (¡Qué bíceps!)

DON GONZALO. ¿Qué dice?

NUMERIANO. Nada, nada, nada...

DON GONZALO. Y después de hecha esta ratificación de afecto, le diré a usted que le he molestado, querido Galán, para invitarle, al mismo tiempo que a Marcelino, a una *suaré* que celebraremos en breve en los jardines de mi casa, que es la de ustedes...

NUMERIANO. Con mucho gusto, don Gonzalo.

DON GONZALO.   Allí será usted presentado a nuestras amistades.

NUMERIANO.   Tanto honor... (Yo salgo esta noche para Villanueva de la Serena.[47])

DON GONZALO.   Bueno, y ahora vamos a otra cosa.

NUMERIANO.   Vamos donde usted quiera.

DON GONZALO.   Me ha dicho Torrijita que es usted un entusiasta aficionado a la caza... ¡Un gran cazador!

NUMERIANO.   ¿Yo?... ¡Por Dios, don Gonzalo, no haga usted caso de esos guasones!... ¡Yo cazador!... Nada de eso... Que cojo alguna que otra liebre, una perdicilla, pero nada...

DON GONZALO.   Bueno, bueno... Usted es muy modesto; de todos modos, he oído decir que le gustan a usted mucho mis dos perros *setter*, Cástor y Pólux...[48] Una buena parejita, ¿eh?...

NUMERIANO.   Hombre, como gustarme, ya lo creo. Son dos perros preciosos.

DON GONZALO.   Pues bien, a la una los tendrá usted en su casa.

NUMERIANO.   ¡Quia, por Dios, don Gonzalo, de ninguna manera!...

DON GONZALO.   Le advierto que son muy baratos de mantener. Por cuatro pesetas diarias les tiene usted como dos cebones.

NUMERIANO.   ¿Cuatro pesetas?... ¿Y dice usted...?

DON GONZALO.   A la una los tiene en su casa.

NUMERIANO.   Que no me los mande usted, don Gonzalo, que los suelto... ¡No quiero que usted se prive...!

DON GONZALO.   Pero, hombre...

NUMERIANO.   Además, a mí se me podían morir. Como no me conocen los animalitos, la hipocondría...

DON GONZALO.   ¡Ah, eso no, son muy cariñosos, y dándoles bien de comer...!

NUMERIANO.   Pues ahí está, que en una casa de huéspedes... Ya ve usted, a nosotros nos tratan como perros...

---

[47] Municipio de la provincia de Badajoz.
[48] *Cástor y Pólux*: son los hijos de Zeus y Leda.

DON GONZALO.   Pues con que den a los perros el trato general, arreglado.

NUMERIANO.   Si ya lo comprendo, pero usted se hará cargo...

DON GONZALO.   A la una los tendrá usted en su casa.

NUMERIANO.   Bueno...

DON GONZALO.   Además, también le voy a mandar a usted...

NUMERIANO.   ¡No, no, por Dios!... No me mande usted nada más..., yo le suplico...

DON GONZALO.   Ah, sí, sí, sí... Ha de ser para mi hermana, conque empiece usted a disfrutarlo. Le voy a mandar mi cuadro, mi célebre cuadro, último vestigio de mi bohemia artística. Una copia que hice de la *Rendición de Breda*, la obra colosal de Velázquez, conocida vulgarmente por *el cuadro de las lanzas*...

NUMERIANO.   Sí; ya, ya...

DON GONZALO.   Sino que yo lo engrandecí; el mío tiene muchas más lanzas.

DON MARCELINO.   Que le sobraba lienzo y se quedó solo pintando lanzas.

DON GONZALO.   Ocho metros de lanzas, ¡calcule usted!

NUMERIANO.   ¡Caramba!... ¡¡Ocho metros!!

DON GONZALO.   Lo que tendrá usted que comprarle es un marquito.

NUMERIANO.   ¿Ocho metros, y dice usted que un marquito? ¿Por qué no espera usted a ver si me cae la Lotería de Navidad, y entonces...?

DON GONZALO.   ¡Hombre, no exagere usted, no es para tanto!... El marco todo lo más se llevará...

NUMERIANO.   Medio kilómetro de moldura. Lo he calculado *grosso modo*. Además, me parece que no voy a tener dónde colocarle, porque como no dispongo más que de un gabinete y una alcoba...

DON GONZALO.   Puede usted echar un tabique.

NUMERIANO.   Sí, pero ¿cómo le voy yo a hablar a mi patrona de echar nada..., si está conmigo si me echa o no?

DON MARCELINO. Bueno, pero todo puede arreglarse: divides el cuadro en dos partes; pones la mitad en el gabinete, y debajo una mano indicadora señalando a la alcoba, y el que quiera ver el resto, que pase...

DON GONZALO. ¡Ja, ja!... Muy bien..., muy gracioso, Marcelino, muy gracioso... ¡Qué humorista!... Conque, con el permiso de ustedes, me marcho, reiterándoles la invitación a nuestra próxima *suaré*... (*Tendiéndoles la mano.*) Querido Marcelino...

DON MARCELINO. Adiós, Gonzalo.

DON GONZALO. Simpático Galán...

NUMERIANO. Don Gonzalo... (*Le va a dar la mano.*)

DON GONZALO. No, no..., la mano, no..., otro efusivo y fraternal abrazo. (*Se abrazan.*) ¡Fra-ter-nal!

ESCENA XVI

DICHOS, TORRIJA, MANCHÓN, TITO GUILOYA
y PICAVEA.

TODOS. (*Desde la primera izquierda, aplaudiendo.*) ¡Bravo, bravo!

TITO. ¡Abrazo fraternal!

PICAVEA. ¡Preludio de venturas infinitas!

TORRIJA. ¡Hurra!... ¡Tres veces hurra!

TODOS. ¡Hurra!

TITO. ¿Conque era cierto lo que se susurraba?

DON GONZALO. ¡Ah, pero éstos saben...!

TITO. ¡Estas noticias corren como la pólvora!...

MANCHÓN. ¡Enhorabuena, don Gonzalo!

TORRIJA. ¡Enhorabuena, Galán!

DON MARCELINO. (¡Canallas!)

NUMERIANO. (¡Granujas! ¡Por éstas que me las pagáis!)

TITO. Y aquí traemos una botella de champagne, para rociar con el vino de la alegría los albores de una ventura que todos deseamos inacabable.

MANCHÓN.   Adelante, Menéndez. (*Pasa* MENÉN-
DEZ, *primera izquierda, con servicio de copas de champagne.*)

DON GONZALO.   Se acepta y se agradece tan fina y
delicada cortesanía. Gracias, queridos pollos, muchas
gracias.

TITO.   Escancia, Torrija. (*Se sirve el champagne.*)
Señores: levanto mi copa para que este glorioso entron-
que de Galanes y Trevélez proporcione a un futuro
hogar horas de bienandanza, y a Villanea hijos preclaros
que perpetúen sus glorias y enaltezcan sus tradiciones.

TODOS.   (*Con las copas en alto.*) ¡¡Hurra!!

DON GONZALO.   Gracias, señores, gracias... Y yo,
profundamente emocionado, quiero corresponder con
un breve discurso a la... (*En ese momento, se escucha en
el piano de enfrente el "Torna a Surriento"*[49] *y a poco la
voz de* FLORITA *que lo canta de un modo exagerado y
ridículo.*)

TITO.   ¡Silencio!

TORRIJA.   ¡Callad! (*Quedan exageradamente atentos.*)

DON GONZALO.   (*Casi con emoción.*) ¡Es ella!... ¡Es
ella, Galán!... ¡Es un ángel!

TITO.   ¡Qué voz! ¡Qué extensión!... (*Suena un timbre.*) ¡Qué timbre!

TORRIJA.   ¡Qué timbre más inoportuno!

DON GONZALO.   (*Indignado.*) ¡Pararle, hombre,
pararle!

TORRIJA.   ¡Ah, don Gonzalo!... Eso es, en una pieza,
la Pareto y la Galicursi.[50]

MANCHÓN.   ¡Yo la encuentro más de lo último que
de lo primero!

---

[49] *Torna a Surriento*: título de una popular canción napoli-
tana con música de Ernesto de Curtis y letra de su hermano
Giambattista.

[50] *Galicursi*: Amelita Galli-Curci (1882-1963). Soprano ita-
liana. *Pareto.* Graziella Pareto (Barcelona 1889-c. 1975).
Soprano española que, como era frecuente en la época, italia-
nizó su nombre de pila, Graciela.

TODOS. Mucho más, mucho más...

DON GONZALO. Silencio... No perder estas notas... (*Todos callan.* FLORITA *acaba con una nota aguda, y estalla una ovación.*)

TODOS. ¡Bravo, bravo!... (*Aplauden.*)

DON MARCELINO. ¡Bravo, Florita, bravo!

FLORA. (*Levanta la persiana a manera de telón y se asoma saludando.*) Gracias, gracias. (*Baja la persiana.*)

TODOS. (*Volviendo a aplaudir.*) ¡Bravo, bravo!

DON GONZALO. ¡Es un ángel! ¡Es un ángel!

FLORA. (*Volviendo a levantar la persiana.*) Gracias, gracias... ¡Muchas gracias! (*Vuelve a bajarla.*)

MANCHÓN. ¡Admirable!

TITO. ¡Colosal!

TORRIJA. ¡Suprema!

DON GONZALO. (*Se limpia los ojos.*) ¡Son lágrimas!... ¡Son lágrimas!... ¡Cada vez que canta me hace llorar!

TITO. (*Fingiendo aflicción.*) ¡Y a todos, y a todos! (*Vuelven a aplaudir.*)

FLORA. (*Levanta la persiana, sonríe y tira un beso.*) ¡Para Galán! (*Felicitaciones, abrazos y vítores.*)

TELÓN

ACTO SEGUNDO

JARDÍN *en la casa de Trevélez. Es por la noche. Luces artísticamente combinadas entre el follaje y las ramas de los árboles.*

A la derecha, en primer término, hay un poético rincón esclarecido por la luz de la luna y en el que se verá una pequeña fuente con un surtidor; a los lados, dos banquillos rústicos.

A la izquierda, hacia el foro, figura que está la casa. En ese punto resplandece una mayor iluminación y se escucha la música de un sexteto y gran rumor de gente.

ESCENA PRIMERA

MARUJA, CONCHITA, QUIQUE y NOLO, *del foro izquierda.*

MARUJA.   ¡Ay, sí, hija, sí, por Dios!... Vamos hacia este rincón.

QUIQUE.   Esto está muy poético.

CONCHITA.   Por lo menos muy solo.

NOLO.   Solísimo.

MARUJA.   A mí estas cachupinadas[51] me ponen frenética.

QUIQUE.   Pero, por Dios, ¡qué gente tan cursi hay aquí!

MARUJA.   No, allí, allí...

QUIQUE.   Eso he querido decir.

_____

[51] *cachupinadas*: reuniones de gente cursi donde se baila y se hacen juegos.

MARUJA.   Pues ha dicho usted lo contrario, hijo mío.

CONCHITA.   ¿Y has visto a Florita?

NOLO.   ¡Qué esperpento!

CONCHITA.   La visten sus enemigos.

MARUJA.   ¡Eso quisiera ella!... Ni eso.

CONCHITA.   ¡Con ese pelo y con esa figura que me gasta, ponerse un traje salmón!... ¡Ja, ja!...

NOLO.   ¡Y hay que ver lo mal que la sienta el salmón!

MARUJA.   Está como para tomar bicarbonato.

QUIQUE.   ¿Y qué me dicen ustedes de su amiga inseparable, de Nilita, la de Palacios?...

CONCHITA.   ¡Cuidado que es orgullosa!... Acaba de decirme que ella no baila más que con los muchachos de mucho dinero.

MARUJA.   Ya lo dice Catalina Ansúrez, que ésa es como un trompo, sin guita[52] no hay quien la baile.

QUIQUE.   ¡Ja, ja!

CONCHITA.   ¡Y mire usted que llamarse Nilita!

NOLO.   Yo cuando voy a su casa no fumo.

CONCHITA.   ¿Por qué?

NOLO.   Me da miedo. Eso de Nilita me parece un explosivo... ¡La nilita!

MARUJA.   ¡No tiene el valor de su Petronila!

TODOS.   (*Riendo.*) ¡Ja, ja!

CONCHITA.   Y habrán comprendido ustedes que esta cachupinada la dan los Trevélez para presentarnos al novio, a Galán.

MARUJA.   No lo presentarán como galán joven, ¿eh?

QUIQUE.   Ni mucho menos. (*Ríen todos.*)

ESCENA II

DICHOS; TITO y TORRIJA, *por la izquierda.*

TITO.   ¡Caramba!... ¡Coro de murmuración; como si lo viera!

---

[52] Se juega con el doble sentido de *guita*: cuerda y dinero.

MARUJA.   Ay, hijo, ¿en qué lo ha conocido usted?

TITO.   Mujeres junto a una fuente, y con cacharros..., a murmurar, ya se sabe.

QUIQUE.   Oiga usted, señor Guiloya, eso de cacharros, ¿es por nosotros?

TITO.   Es por completar la figura retórica.

QUIQUE.   ¿Y por qué no la completa con sus deudos?

TITO.   No los tengo.

QUIQUE.   Bueno, pues con sus deudas, que ésas no dirá usted que no las tiene.

TORRIJA.   ¡Ja, ja!... (*Fingiendo una gran risa.*) Pero ¿has visto qué gracioso?...

TITO.   ¡Calla, hombre! Si este joven creo que hace unos chistes con los apellidos, que dice su padre que por qué no será todo el mundo expósito...

MARUJA.   Es que si el chico fuera muy gracioso, ¿qué iban a hacer los demás?

TITO.   Bueno; pero vamos a ver: ¿se murmuraba o no se murmuraba?

MARUJA.   No se murmuraba, hijo; sencillos comentarios.

TITO.   No, si no me hubiesen extrañado las represalias, porque hay que oír cómo las están poniendo a ustedes allí, en aquel cenador precisamente.

MARUJA.   ¡Ay, sí!... ¿Y quién se ocupa de nosotros, hijo?

TORRIJA.   Pues Florita, su despiadada, su eterna rival de usted.

MARUJA.   ¿Y qué decía, si puede saberse?

TORRIJA.   Que no puede usted remediarlo, que desde que sabe usted que ella se casa, que se la come la envidia. Que por eso se han venido ustedes tan lejos.

TITO.   Y que toda la vida se la ha pasado usted poniéndole dos luces a San Antonio, una para que le dé a usted novio y otra para que se lo quite a las amigas.

TORRIJA.   Pero que ya puede usted apagar la segunda.

TITO.   Y la primera.

MARUJA.   Y les ha mandado a ustedes a soplar, ¿eh?... ¡Muy bien, muy bien!... (*Todos ríen.*)

QUIQUE.   (Chúpate ésa.)

NOLO.   (Tiene gracia.)

TITO.   Pues si oye usted a Aurorita Méndez..., ¡qué horror!... Decía que no sabe qué atractivo tiene usted para que la asedien tantos pipiolos[53].

NOLO.   Oiga usted, señor Guiloya, ¿eso de pipiolos es por nosotros?

TITO.   Es por completar la figura retórica.

TORRIJA.   Y la ha puesto a usted un mote que ha sido un éxito.

TITO.   La llama "El Paraíso de los niños".

MARUJA.   ¡Muy gracioso, muy gracioso!... ¿Y eso lo ha dicho Aurorita Méndez? ¡Me parece mentira que diga esas cosas la hija de un catedrático!

CONCHITA.   Una pobrecita más flaca que un fideo y que lleva un escote hasta aquí.

MARUJA.   Y no sé para qué, porque enseña menos que su padre...

QUIQUE.   ¡Que es el colmo!

MARUJA.   Como que cuando esa marisabia hizo el bachillerato, decían los chicos que el latín era lo único que tenía sobresaliente.

CONCHITA.   ¡Déjalas..., ya quisieran!

NOLO.   No haga usted caso. Siempre ha habido clases.

MARUJA.   Eso lo dirá el padre, porque ella tiene vacaciones para un rato... ¡"El Paraíso de los niños"!... Vamos hacia allá, que voy a ver si le digo dos cositas y me convierto en "El Infierno de los viejos"...

NOLO y QUIQUE.   Muy bien, muy bien. ¡Bravo, bravo!

(*Vanse izquierda.*)

TITO.   Va que trina. (*Riendo.*)

TORRIJA.   ¡Esta noche se pegan!...

TITO.   Eso voy buscando.

TORRIJA.   ¡Eres diabólico!

---

[53] *pipiolos*: jovenzuelos.

ESCENA III

DICHOS, PICAVEA y MANCHÓN.

PICAVEA.   Oye, ¿qué le habéis hecho a Maruja
Peláez, que va echando chispas?

TORRIJA.   Las cosas de éste; ya le conoces.

TITO.   ¿Y Galán, y Galán?... ¿Cómo anda, tú?

MANCHÓN.   ¡Calla, chico; medio muerto!

PICAVEA.   Allí le tenéis al pobre, en brazos de Florita, lívido, sudoroso, jadeante... Pasan del *fox trot* al
guan step, y del *guan step* al *tuesten*,[54] sin tomar aliento.

MANCHÓN.   Y en el tuesten le hemos dejado.

PICAVEA.   Está que echa hollín.

TITO.   ¡Formidable, hombre, os digo que formidable!...

PICAVEA.   Bueno, tú, pero yo creo que debías ir pensando en buscar una solución a esta broma, porque el
pobre Galán, en estos quince días, se ha quedado en los
huesos.

MANCHÓN.   ¡Está que no se le conoce!

TORRIJA.   ¡Da lástima!

TITO.   Señor, pero ¿no era esto lo que nos proponía-
mos? Las bromas, pesadas, o no darlas.

MANCHÓN.   Sí, pero es que este hombre está en un
estado de excitación, que ya has visto los dos puntapiés
que le ha dado a Picavea en el vestíbulo.

PICAVEA.   ¡Qué animal!... ¡Como que si no le suje-
táis, me tienen que extraer la bota quirúrgicamente!

TITO.   ¿Se ha enterado don Gonzalo del jaleo?

TORRIJA.   Creo que no. Pero, en fin, yo también temo
que Galán, si apuramos mucho la broma, en su desesperación, confiese la verdad y se produzca una catástrofe.

---

[54] Palabras inglesas que denominan bailes de moda por
aquel entonces: *one-step*, *two-step* y *fox-trot*. Arniches a veces
respeta la grafía original y en otros casos la adapta a la pro-
nunciación.

TITO. No asustarse, hombre, si le tiene a don Gonzalo más miedo que a nosotros.

PICAVEA. Bueno, pero es que, además, estos pobres ancianos han tomado la cosa tan en serio que, según dicen, Florita se está haciendo hasta el *trousseau*.[55] Y vamos, hasta este extremo, yo creo que...

TITO. Nada, hombre, que no apuraros. Ya me conocéis... ¿Habéis visto la gracia con que he complicado todo esto?.... Pues mucho más gracioso es lo que estoy tramando para deshacerlo.

LOS TRES. ¿Y qué es? ¿Qué es?

TITO. Permitidme que me lo reserve. Lo tengo todavía medio urdido. Os anticiparé, sin embargo, que es un drama pasional, que voy a complicar en él nuevos personajes y que tiene un desenlace muy poético, inesperado y sentimental...

PICAVEA. Bueno, pero...

TITO. Ni una palabra más. Pronto lo sabréis todo.

MANCHÓN. Chist... Silencio. Mirad, Galán, que viene agonizante en brazos de don Marcelino.

TORRIJA. ¡Pobrecillo!

TITO. Huyamos. (*Vanse izquierda riendo.*)

ESCENA IV

GALÁN y DON MARCELINO, *por la derecha.*

NUMERIANO. (*Desesperado, deprimido, con cara de fatiga y medio llorando.*) ¡Ay, que no..., ay, que no puedo más, señor Córcoles!... Yo me marcho, yo huyo, yo me suicido. Todo menos otro *fox trot*.

DON MARCELINO. (*Conteniéndole.*) Pero espera, hombre, por Dios, ten calma.

NUMERIANO. No, no puedo. ¡Otro *guan step* y fallezco! Esta broma está tomando para mí proporciones trágicas, espeluznantes, aterradoras... Yo me voy, me voy... ¡Déjeme usted!...

---

[55] *trousseau*: ajuar.

DON MARCELINO.   ¡Pero, por Dios, Galán, no seas loco! Ten calma...

NUMERIANO.   No, no puedo más, don Marcelino; porque, aparte del terror que me inspira don Gonzalo..., es que Florita... ¡Florita me inspira mucho más terror todavía!... (*Se vuelve aterrado.*) ¿Viene?

DON MARCELINO.   No, no tengas miedo, hombre.

NUMERIANO.   No, si no es miedo; ¡es pánico!... Porque, sépalo usted todo, don Marcelino... ¡Es que la he vuelto loca!

DON MARCELINO.   ¿Loca?

NUMERIANO.   ¡Está loca por mí!... ¡Pero loca furiosa!

DON MARCELINO.   ¿Es posible?

NUMERIANO.   Lo que sintió Eloísa por Abelardo[56] fue casi una antipatía personal comparado con la pasión que he encendido en el alma volcánica de esta señorita... Y la llamo señorita por no agraviar a ninguna especie zoológica. Figúrese usted que me obliga a estar a su lado para hablarme de amor, durante ¡nueve horas diarias!

DON MARCELINO.   ¡¡Nueve!!

NUMERIANO.   ¡Y cuando me voy me escribe!

DON MARCELINO.   ¡Atiza!

NUMERIANO.   Mientras estoy en la oficina me escribe... Me voy a comer, y me escribe... Me meto en el baño...

DON MARCELINO.   ¿Y te escribe?

NUMERIANO.   Me cablegrafía. ¡Lleva en el bolsillo una caja de pastillas de sublimado y una *browning*[57] por si la abandono! Las pastillas para mí, la *browning* para... Digo, no... Bueno, no me acuerdo, pero yo en el reparto salgo muy mal parado. ¡Dice que me mata si la dejo!

DON MARCELINO.   Eso es lo peor.

---

[56] La historia de amor protagonizada por Abelardo y Eloísa ha inspirado a numerosos autores, entre los que destacan Pope y Rousseau.

[57] *browning*: una pistola automática patentada por J. N. Browning.

NUMERIANO. No, quia. Lo peor es que como sabe usted que pinta, me está haciendo un retrato.

DON MARCELINO. ¿Al óleo?

NUMERIANO. Al pastel. Y tengo que poner la mirada dulce...

DON MARCELINO. Es natural.

NUMERIANO. Y estarme hora y media inmóvil, vestido de cazador, con aquellos dos perros del regalito, que se me están comiendo el sueldo, y una liebre en la mano, en esta actitud. (*Hace una postura ridícula.*)

DON MARCELINO. Como diciendo: ¡ahí va la liebre!

NUMERIANO. ¡Sí, señor, y así quince días!... ¡Quince!... ¡Figúrese usted cómo estaré yo y cómo estará la liebre!

DON MARCELINO. ¡Y cómo estarás de pastel!

NUMERIANO. Que paso por una pastelería y me vuelvo de espaldas. No le digo a usted más. ¡Con lo goloso que yo era!

DON MARCELINO. ¡Qué horror!

NUMERIANO. Bueno, pues mientras me acaba el pictórico, me ha pedido el retrato fotográfico, ha mandado sacar ocho ampliaciones y dice que me tiene en el gabinete y en el comedor y en los pasillos..., ¡y que me tiene hasta en la cabecera de la cama!... ¡Y yo no paso de aquí, don Marcelino, no paso de aquí!

DON MARCELINO. ¡Pobre Galán!... Pero, claro, lo que sucede es lógico. Una mujer que ya había perdido sus ilusiones ve renacer de pronto...

NUMERIANO. Lo ve renacer todo. ¡Qué ímpetu, qué fogosidad!... ¡Con decirle a usted que ya está bordando el juego de novia!

DON MARCELINO. ¡Hombre, por Dios, procura evitarlo!

NUMERIANO. Pero ¿cómo?... Si para disuadirla hasta la he dicho que está prohibido el juego, y no me hace caso. Ayer me enseñó dos saltos de cama —figúrese usted el salto mío—, para preguntarme que cómo me gustaban más los saltos, si con caídas o sin ellas.

Don Marcelino. Tú le dirías que los saltos sin caídas.

Numeriano. Yo no sé lo que le dije, don Marcelino, porque yo estoy loco. Puedo jurarle a usted que en mi desesperación, más de tres veces he venido a esta casa resuelto a confesarle la verdad a don Gonzalo; pero claro, le encuentro siempre tirando a las armas, o con los guantes de boxeo puestos, dándole puñetazos a una pelota que tiene sujeta entre el techo y el suelo...

Don Marcelino. Un *funchimbool.*[58]

Numeriano. No sé cómo se llama, pero como a cada puñetazo la pelota oscila de un modo terrible y la habitación retiembla, yo me digo: ¡Dios mío, si le confieso la verdad y se ciega y me da a mí uno de ésos en el balón (*por la cabeza*), pasado mañana estoy prestando servicio en el Purgatorio!

Don Marcelino. No, hombre, no, por Dios... Ten ánimo, no te apures.

Numeriano. Sí, no te apures, pero el compromiso va creciendo, y esos miserables burlándose de mí. ¡Maldita sea!...

Don Marcelino. ¡Ah, oye! Lo que te aconsejo es que te moderes, porque Gonzalo me acaba de preguntar que por qué le has dado dos puntapiés a Picavea, en el vestíbulo, y no he sabido qué decirle.

Numeriano. Y los mato, no lo dude usted, los mato como no busquen a este conflicto en que me han metido una solución rápida, inmediata. ¡Es necesario, es urgentísimo!

Don Marcelino. Descuida, que creo lo mismo, y en este sentido voy a hablarle a Tito Guiloya.

Numeriano. ¡Sí, porque yo no espero más que esta noche para tomar una resolución heroica!

Don Marcelino. Aguárdame aquí. Voy a hablarles seriamente. No tardo.

Numeriano. Oiga usted, don Marcelino; si Florita le pregunta a usted que dónde estoy, dígale que me he

---

[58] *funchimbool*: forma alterada de *punching-ball*.

subido a la azotea, hágame el favor. Siquiera que tarde en encontrarme, porque me andará buscando, de seguro.

DON MARCELINO.   Descuida. (*Vase izquierda.*)

ESCENA V

NUMERIANO GALÁN; *luego* FLORITA.

NUMERIANO.   (*Cae desfallecido sobre un banco.*) ¡Ay, Dios mío! Bueno, yo hace quince días que no duermo, ni como, ni vivo... ¡Y yo que nunca he debido un céntimo, me he hecho hasta tramposo!... Porque entre los dos perros y el marco, que lo estoy pagando a plazos, se me va la mitad del sueldo. ¡Qué cuadrito!... Don Gonzalo le llama la mancha, pero quia. Es muchísimo más grande. La Mancha y la Alcarria, todo junto. ¡No le he puesto más que un listón alrededor y me ha subido a veinticinco duros!... ¡Ay!, yo estoy enfermo, no me cabe duda. Tengo dolor de cabeza, inquietud, espasmos nerviosos; porque además de todo esto, esa mujer me tiene loco. Es de una exaltación, de una vehemencia y de una fealdad que consternan. Y luego tiene unas indirectas... Ayer me preguntó si yo había leído una novela que se titula *El primer beso*, y yo no la he leído; pero aunque me la supiera de memoria... ¡Esas bromitas no! Y para colmo, habla con un léxico tan empalagoso que para estar a su altura me veo negro. Aquí me he venido huyendo de ella... Aquí, siquiera por unos momentos, estoy libre de esa visión horrenda, de esa visión...

FLORA.   (*Apartando el ramaje del fondo de la fuente, asoma su cara risueña y dice melodiosamente.*) ¡Nume!

NUMERIANO.   (*Levantándose de un salto tremendo.*) (¡Cuerno!... ¡La visión!)

FLORA.   Adorado Nume...

NUMERIANO.   (*Con desaliento.*) ¡Florita!

FLORA.   (*Saliendo. Lo mira.*) ¡Pero cuán pálido! ¡Estás incoloro! ¿Te has asustado?

NUMERIANO.   (*Desfallecido.*) Si me sangran no me sacan un coágulo.

FLORA.   Pues yo, errabunda, hace un rato que de un lado a otro del parterre vago en tu busca. ¿Y tú, amor mío?

NUMERIANO.   ¡Yo vago también; pero más vago que tú, me había sentado un instante a delectarme en la contemplación de la noche serena y estrellada!...

FLORA.   ¡Oh, Nume!... Pues yo te buscaba.

NUMERIANO.   Pues si yo sé que me buscas, te juro que corro, que corro a tu encuentro.

FLORA.   Y dime, Nume, ¿qué hacías en este paradisiaco rincón?

NUMERIANO.   Rememorarte. (Con más elegancia ni D'Anuncio[59]).

FLORA.   ¡Ah, Nume mío, gracias, gracias! Ah, no puedes suponerte cuánto me alegra encontrarte en este lugar recóndito.

NUMERIANO.   Bueno, pero, sin embargo, yo creo que debíamos irnos, porque si alguien nos sorprendiera arrinconados y extáticos, podía macular tu reputación incólume, y eso molestaríame.

FLORA.   ¿Y qué importa, Nume?... ¡La felicidad es un pájaro azul que se posa en un minuto de nuestra vida, y después levanta el vuelo, y Dios sabe en qué otro minuto se volverá a posar!

NUMERIANO.   Sí, pero figúrate que ahora viene el pájaro y se posa, pero luego pasa uno y nos lo espanta y encima lo divulga, y ¿qué pasa? Pues que te pesa. Hay que estar en todo. (*Intenta irse.*)

FLORA.   (*Deteniéndole.*) Nume, no seas tímido. La dicha es efímera. Siéntate, Nume.

NUMERIANO.   No me siento, Florita. (¡A solas la tengo pánico!)

FLORA.   Anda, siéntate, porque quiero en este rincón de ensueño pedirte una revelación... (*Le obliga a sentarse.*)

---

[59] *D'Anuncio*: Gabriele D'Annunzio (1863-1938), escritor italiano símbolo del refinamiento decadente.

NUMERIANO. ¡Una revelación!... Bueno; si eres rápida y sintética, atenderéte; pero si no, alejaréme. Habla.

FLORA. Vamos a ver, Nume, con franqueza: ¿por qué te he gustado yo?

NUMERIANO. Por nada.

FLORA. ¿Cómo?

NUMERIANO. Quiero decir que no me has gustado por nada y... me has gustado por todo. Te he encontrado...

FLORA. ¿Qué?... ¿Qué?...

NUMERIANO. Te he encontrado un no sé qué..., un qué sé yo..., un algo así, indefinible; un algo raro. ¡Raro, esa es la palabra!

FLORA. Bueno, ¿qué te han gustado más, los ojos, la boca, el pie?

NUMERIANO. Ah, eso no, no... Detallar, no he detallado. Me gustas, ¿cómo te diría yo?... En conjunto, en total... Me gustas en globo, vamos...

FLORA. ¡En globo! ¡Qué concepto tan elevado!

NUMERIANO. Sí, elevadísimo; lo más elevado posible..., como corresponde a mi admiración.

FLORA. ¡Ah, Nume mío, gracias, gracias!

NUMERIANO. No hay de qué.

FLORA. Y dime, Nume, una simple pregunta: ¿tú has visto por acaso en el cine una película que se titula *Luchando en la obscuridad*...

NUMERIANO. ¿En la obscuridad?... No; yo en la obscuridad no he visto nada.

FLORA. ¡Lo decía, porque en una de sus partes hay una escena tan parecida a esta!

NUMERIANO. (*Aterrado.*) ¿Sí? (*Intenta levantarse. Ella le detiene.*)

FLORA. Es un jardín. Un rincón poético, una fontana rumorosa, la luna discreta, dos amantes apasionados...

NUMERIANO. (*Con miedo creciente.*) ¡Qué casualidad!

FLORA. De pronto, los amantes, yo no sé por qué, se miran, se prenden de las manos, se atraen.

NUMERIANO.   (¡Cielos!)

FLORA.   Y un beso une sus labios; un beso largo, pro-
longado; uno de esos besos de cine, durante los cuales todo
se atenúa, se desvanece, se esfuma, se borra, y... aparece un
letrero que dice Milano Films. Pues bien, Nume, ese final...

NUMERIANO.   ¡No, no..., jamás..., Florita!... Cálmate
o pido socorro... No quiero dejarme llevar de la embria-
guez. ¡Yo no llego al Milano ni aunque me emplumen!...

FLORA.   ¡Pero, Nume mío!

NUMERIANO.   No, Flora, hay que hacerse fuertes...
Vámonos, vida mía. Vámonos o llamo. (*Se escucha pia-
nísimo el vals de "Eva"*[60].)

FLORA.   (*Exaltada.*) Espera..., atiende... ¡Oh, esto es
un paraíso!... ¿No escuchas?

NUMERIANO.   Sí; el vals de *Eva*.

FLORA.   ¡Delicioso!

NUMERIANO.   Delicioso; pero vámonos.

FLORA.   ¡Divina, suave, enloquecedora melodía de
amor! ¿Quieres que nos vayamos como en las operetas?...

NUMERIANO.   Vámonos, y vámonos como te dé la
gana.

FLORA.   ¡Oh, Nume! (*Se van bailando el vals.*)

NUMERIANO.   ¡Por Dios, Florita, no aprietes, que con-
gestionas! (*Hacen mutis bailando. Vanse por la izquierda.*)

ESCENA VI

DICHOS, y DON GONZALO, *por la izquierda.*

DON GONZALO.   (*Los saca cogidos cariñosamente a
ella de una mano y a él de una oreja. Ella baja la cabeza
risueña y ruborosa ocultando la cara tras el abanico; él
aterrado aunque tratando inútilmente de sonreír.*)
¡Venid, venid acá, picarillos irreflexivos, imprudentes!...

---

[60] Opereta escrita por Atanasio Melantucke con música de
F. Lehar que alcanzó cierta popularidad en Madrid tras ser
representada en repetidas ocasiones.

FLORA. ¡Ay, por Dios, Gonzalo!... ¡Cogiónos!

DON GONZALO. ¡Aquí, en un rincón, y los dos solitos!...

NUMERIANO. Don Gonzalo, por Dios, yo neguéme, pero ella insistióme y complacíla, ¿qué iba a hacer?

DON GONZALO. (*Cambiando la fingida expresión de enfado por otra risueña.*) No, hombre, no, si lo comprendo. Los enamorados son como los pájaros; siempre buscando las frondas apartadas, los lugares silenciosos...

FLORA. (*Muy digna.*) ¡Pero por Dios, Gonzalo, a pesar de la soledad, no vayas a creer que nosotros...!

NUMERIANO. Yo aseguro a usted que ha sido una cosa meramente fortuita.

DON GONZALO. ¿Fortuita?... Cállese el seductor.

FLORA. ¡Huy, seductor!

NUMERIANO. Don Gonzalo, yo le juro...

DON GONZALO. Ahora, que yo confío, amigo Galán, en su caballerosidad, y espero que este tesoro encomendado a su hidalguía...

NUMERIANO. ¡Por Dios!, ¿quiere usted enmudecer?... ¡Ni aunque nos sorprendiese usted en el Trópico!

DON GONZALO. Ya lo sé, ya lo sé... Y vaya, pase esto como una ligereza de chiquillos; y ahora que estamos los tres juntitos, venid acá, parejita feliz. Venid y decidme... ¿Sois muy dichosos, muy dichosos?... La verdad...

NUMERIANO. Hombre, don Gonzalo..., yo...

DON GONZALO. No me diga usted más. (*A* FLORA.) ¿Y tú?

FLORA. Mucho, mucho, mucho. No hay paleta, por muy paleta que sea, que tenga colores suficientes para pintar mi felicidad.

DON GONZALO. ¡Oh, qué feliz, qué venturoso me hacéis!... ¡Ah, querido Galán!, ya lo ve usted..., en ese corazoncito ya no vivo solo. (*Con pena.*)

FLORA. ¡Por Dios, Gonzalo!

DON GONZALO. Sí. ¡Otro cariñito ha penetrado en él arteramente, y apenas queda ya sitio para el pobre hermano!...

NUMERIANO. ¡Hombre, don Gonzalo, yo sentiría que por mí...!

DON GONZALO. ¡Ah, pero no me importa!... Ámela usted con este acendrado amor con que yo la amo, y si la veo dichosa me resignaré contento a la triste soledad en que voy a quedarme...

FLORA. ¡Pero calla, por Dios!... ¿Qué estás diciendo?... Si son tonterías de este... Chocheces. ¡Egoísmos de viejo!...

DON GONZALO. Sí, sí...; egoísmos. Pero, por Dios, riquita, no te enfades. Y, ¡ea!... Perdonad a un hermano impertinente esta pequeña molestia... Y venga usted acá, querido Galán, venga usted acá... ¡Oh, amigo mío, ha elegido usted tarde, pero ha elegido usted bien!

FLORA. Vamos, calla, por favor, Gonzalo.

DON GONZALO. Yo no digo que físicamente Florita sea una perfección, pero es un conjunto tan armónico, tan sugestivo, tan atrayente... Ni es alta, ni baja, ni rubia, ni morena..., es más bien castaña..., ¡pero qué castaña!... Y mirándola..., cuántas... cuántas veces he recordado los versos del jocundo, del galante arcipreste de Hita:[61]

Cata mujer fermosa, donosa e lozana
que non sea mucho luenga, otrosí nin enana.

FLORA. Estatura regular, vamos. (*Alardeando de la suya.*)

DON GONZALO.
Que teña ojos grandes, fermosos, relucientes,
e de luengas pestañas, bien claros e reyentes.

FLORA. (*Los abre mucho.*) Como, por ejemplo...

DON GONZALO.
Las orejas pequeñas, delgadas. Páral mientes
si ha el cuello alto, que atal quieren las gentes.
La nariz afilada...

---

[61] Son las estrofas 431 y ss., resumidas y arregladas libremente por Arniches (*Libro de Buen Amor*, ed. M.ª Brey Mariño, Madrid, Castalia, 1977, pp. 89-91). Estas estrofas se han suprimido en todas las representaciones recientes de la obra.

FLORA.   Bueno eso...

DON GONZALO.

Los dientes menudillos,
los labros de la boca bermejos, angostillos.
La su faz sea blanca, sin pelos, clara e lisa.
Puña de haber mujer que la veas deprisa,
que la talla del cuerpo te dirá: esto aguisa.
E complida de hombros e con seno de peña,
ancheta de caderas; esta es talla de dueña.

(FLORA *ha ido siguiendo el relato con gestos y actitudes que demuestran su identidad con los versos.*)

FLORA.   El señor arcipreste parece que me conocía de toda la vida.

DON GONZALO.   ¿Qué tal, qué tal el retratito?

NUMERIANO.   Un verdadero calco.

DON GONZALO.   (*A* FLORA.) Y respecto a ti, vamos, que tampoco te llevas costal de paja.

NUMERIANO.   Hombre, tanto como costal...

FLORA.   (*Riendo coquetonamente.*) ¿Oyóla usted, afortunado Galán?...

NUMERIANO.   Oíla, oíla...

DON GONZALO.   Bueno; y ahora, como recuerdo de esta noche memorable, voy a hacerle a usted un regalito.

NUMERIANO.   ¡No, eso sí que no; regalitos, de ninguna manera, don Gonzalo, por lo que más quiera usted en el mundo!

DON GONZALO.   No, si no nos causa extorsión... Es un retablo gótico, estofado,[62] siglo diecisiete, con un tríptico atribuido a Valdés Leal,[63] nueve metros de altura por seis de ancho; una verdadera joya. Mande usted restaurar el estofado, que es lo que está peor...

NUMERIANO.   Claro, figúrese usted, un estofado de tantos siglos...

DON GONZALO.   Y por tres mil pesetas...

---

[62] *estofado*: pintado sobre oro bruñido. Arniches juega con el doble significado en la siguiente réplica de Numeriano.

[63] Juan Valdés Leal (1622-1690). Destacado pintor sevillano.

NUMERIANO.   Sí, bueno, pero tres mil pesetas por un estofado, comprenderá usted... Además, que es cosa a la que no he tenido nunca gran afición...

DON GONZALO.   Entonces nada digo... Y ea, amigo Galán, adelántesenos usted; evitemos la maledicencia, que no nos vean llegar juntos. Les separo a ustedes, pero sólo unos minutos. No me guarde usted rencor.

NUMERIANO.   No, no, quia... ¡Cómo rencor!... ¡Por Dios!... Aprovecharé para ir a la sala de billar.

FLORA.   Bueno; pero no tardes, ¿eh?

NUMERIANO.   Descuida.

FLORA.   ¡Como tardes, te escribo!

NUMERIANO.   No, no, por Dios... Seguiréte raudo... ¡Adiós! (¡Maldita sea! ¡No sé a qué sabrá el ácido prúsico,[64] pero esto es cincuenta veces peor! (*Vase izquierda.*)

ESCENA VII

FLORA y DON GONZALO.

DON GONZALO.   Habrás comprendido que, aun a trueque de enojarte, he alejado a Galán intencionadamente.

FLORA.   Figurémelo.

DON GONZALO.   ¿Te ha dicho al fin por qué le dio las dos punteras a Picavea?

FLORA.   ¡Ay!, ni me he acordado de preguntárselo, ¿querrás creerlo?

DON GONZALO.   ¡Pero mujer!...

FLORA.   ¡No te extrañe, Gonzalo; el amor es tan egoísta!... Pero, ah, yo lo sospecho todo.

DON GONZALO.   ¿Qué sospechas?

FLORA.   Que Picavea y Galán se han ido a las manos; mejor dicho, se han ido a los pies, por causa mía.

DON GONZALO.   ¿Será posible?

---

[64] *ácido prúsico*: cianhídrico, muy venenoso.

FLORA. Como sabes que los dos me hacían el amor desde los balcones del Casino y he preferido a Galán, observo que Picavea está así como celoso, como sombrío, como despechado. No se aparta de Tito Guiloya. Los dos miran a Numeriano y se ríen. Y además hace unos minutos he visto a Picavea en un rincón del jardín hablando misteriosamente con Solita.

DON GONZALO. ¿Con tu doncella?

FLORA. Con mi doncella. ¿Tratará de comprarla?

DON GONZALO. ¿De comprarla qué?

FLORA. De ganar su voluntad para que le ayude, quiero decir... Lo sospecho; porque al pasar por entre los evónivus,[65] sin que me vieran, le oí decir a ella: "Pero ¿por qué ha hecho usted eso, señorito? ¡Qué locura!". Y él la contestaba: "Por derrotar a Galán, haré hasta lo imposible; llegaré hasta la infamia, no lo dudes!".

DON GONZALO. ¡Oh, qué iniquidad! Pero ¿has oído bien, Florita?

FLORA. Relatélo según oílo, Gonzalo. Ni palabra más ni palabra menos. Yo estoy aterrada, porque en el fondo de todo esto veo palpitar un drama pasional.

DON GONZALO. Verdaderamente hemos debido alejar de nuestra casa a Picavea con cualquier pretexto.

FLORA. Al menos no haberle invitado.

DON GONZALO. Sí, pero a mí me parecía incorrecto sin motivo alguno hacer una excepción en contra suya.

FLORA. Sí, es verdad; pero, ¡ay, Gonzalo! No sé qué me temo. ¿Tramará algo en la sombra ese hombre?

DON GONZALO. No temas; descuida. Por todo cuanto has dicho, yo también sospecho que algo trama. Pero estaré vigilante y a la primera incorrección, ¡ay de él!

FLORA. ¡Por Dios, Gonzalo, efusión de sangre, no!

DON GONZALO. Descuida. Sé lo que me cumple. No le perderé de vista. (*Vanse izquierda.*)

---

[65] *evónivus*: evónimos, arbustos.

ESCENA VIII

DON MARCELINO, NUMERIANO, TITO, TORRIJA, PICA-
VEA y MANCHÓN, *por el foro izquierda.*

DON MARCELINO.   Oye, pero venid, venid en silencio... Venid acá... Pero ¿es posible lo que decís?

TITO.   Lo que oye usted, don Marcelino.

PICAVEA.   ¡Albricias! ¡Albricias, Galán! ¡Estás sal-
vado!

NUMERIANO.   Yo no lo creo, no me fío.

TORRIJA.   Que sí, hombre, que se le ha ocurrido a
éste una solución ingeniosísima, formidable. ¡No puedes
imaginártela!

PICAVEA.   Prodigiosa, estupenda... Ya lo verás...

MANCHÓN.   Y que lo acaba todo felizmente, sin que
nadie sospeche que esto ha sido una broma.

NUMERIANO.   (*A* DON MARCELINO.) ¿Será posible?

DON MARCELINO.   Veamos de qué se trata.

TITO.   Te advierto que es una cosa que requiere
algún valor.

NUMERIANO.   Sacadme de este conflicto en que me
habéis metido, y Napoleón a mi lado es una señorita de
compañía.

DON MARCELINO.   Bueno; decid, decid pronto...
¿Qué es?

PICAVEA.   Cuéntalo tú. Verán ustedes qué colosal.

TITO.   Acercaos, no nos oigan. Es una cosa que tiene
su asunto.

NUMERIANO.   ¿Asunto? (*Se agrupan con interés.*)

TITO.   Se trata de representar un drama romántico.
Decoración: este jardín; la noche, la luna... Argumento:
Con cualquier motivo se procura que la señorita de Tre-
vélez venga hacia aquí. Tras ella aparece Picavea...

PICAVEA.   Aparezco yo...

TITO.   Siguiendo solapado y cauteloso sus pasos leves.

NUMERIANO.   Leves para vosotros; para mí, de pronóstico. Adelante.

TITO. Picavea, apelando a un recurso cualquiera, denota su presencia. Ella, sorprendida al verle, dirá: "¡Ah! ¡Oh!"; en fin, la exclamación que sea de su agrado; y entonces éste, con frase primero emocionada, luego vibrante y al fin trágica, le da a entender en una forma discreta que hace tiempo que la ama de un modo ígneo. Como Florita le ha visto muchas veces en los balcones del Casino atisbando sus ventanas, caerá fácilmente en el engaño, como cayó contigo. Y una vez conseguido esto, Picavea se manifiesta francamente rival tuyo. Le dice que te confió el secreto de su amor y que tú te anticipaste, traicionándole, y a partir de esta acusación, te insulta, te injuria, te calumnia... En esto, surges tú de la enramada, como aparición trágica, lívido, descompuesto, con los ojos centelleantes, las manos crispadas, y te increpa, le vituperas, le agredes... Suena un ¡ay!..., dos gritos, y éste te da a ti cuatro bofetadas...

NUMERIANO. ¿Cuatro bofetadas a mí? Encima de...

TITO. Son indispensables.

DON MARCELINO. Pero ¿no se podría hacer un reparto más proporcional?

TITO. No, porque las bofetadas han de dar lugar a un duelo, y el duelo es precisamente la clave de mi solución.

NUMERIANO. ¿De modo que tras lo uno... lo otro? (*Acción de pegar.*)

DON MARCELINO. Cállate... Sigue.

TITO. Galán, ofendido por la calumnia y por los golpes, le envía a éste los padrinos; pero Picavea se niega en absoluto a batirse, alegando que éste, encima de robarle el amor de Florita, le quiere quitar la vida, y que él rendirá la vida a manos de Galán, pero el amor de Florita, no. Y en consecuencia, que impone como condición precisa para batirse que los dos han de renunciar a ella, sea cual fuere el resultado del lance.

DON MARCELINO. ¡Admirable!

NUMERIANO. ¡Lo de renunciar yo, colosal!

TITO. Tú enseguida le escribes a tu prometida una carta heroica, diciendo que por no aparecer como un cobarde sacrificas tu inmenso amor; y al día siguiente se simula el duelo, y tú, fingiéndote herido, te estás en cama ocho días con una pierna vendada.

NUMERIANO.   No, las piernas déjamelas libres por lo que pueda suceder.

DON MARCELINO.   Sí, no metas las piernas en el argumento.

TITO.   Las amigas consolarán a Florita, nosotros convenceremos a don Gonzalo para que vuelva a dedicarse a la aerostación y se distraiga, y *tuti contenti*. ¿Eh, qué tal?

MANCHÓN.   ¡Estupendo!

NUMERIANO.   ¿Qué le parece a usted, don Marcelino?

DON MARCELINO.   Mal, hijo; ¿cómo quieres que me parezca?... Ahora, que, como yo no veo solución ninguna, lo que me importa es que termine pronto el engaño de estas pobres personas, sea como sea. Haced lo que queráis. (*Vase izquierda.*)

NUMERIANO.   Entonces, yo debo limitarme a salir cuando este...

MANCHÓN.   Tú vienes con nosotros, que ya te diremos.

TITO.   ¡Callad, Florita; Florita viene hacia aquí..., y viene sola!...

PICAVEA.   Como anillo al dedo. Pues no perdamos la ocasión. Cuanto antes mejor. ¿No os parece? Dejadme solo. Marchaos pronto.

TORRIJA.   ¡Que te portes como quien eres!

PICAVEA.   Zacconi[66] me envidiaría. ¡Ya me conocéis cuando me pongo lánguido y persuasivo!

NUMERIANO.   ¡Oye, y a ver cómo me das esas dos bofetadas que no me molesten mucho!

PICAVEA.   ¡Cuatro, cuatro!...

TITO.   Por aquí... Silencio. (*Vanse foro derecha.* PICAVEA *se oculta en el follaje.*)

---

[66] Ermete Zacconi, actor teatral italiano que alcanzó la fama en España tras actuar en Madrid y Barcelona.

ESCENA IX

PICAVEA, y FLORITA, *primera izquierda.*

FLORA. (*Como buscándole.*) ¡Nume!... ¡Nume!...
¡No está! (*Llama otra vez.*) ¡Nume!... Pero ¿qué ha sido
de este hombre, si dijo que vendría enseguida?...
¿Estará acaso...? ¡Dios mío, cuando se ama ya no se
vive! (*Llama de nuevo.*) ¡Nume!...

PICAVEA. (*Apareciendo.*) ¡Florita!

FLORA. ¡Ah!... ¿Quién es?

PICAVEA. Soy yo.

FLORA. (¡¡Él!!) ¡Picavea!... ¿Usted?

PICAVEA. Soy yo, que venía siguiéndola.

FLORA. ¿Siguiéndome?... ¡Qué extraño!... Pues... es
la primera vez que no noto que me siguen...

PICAVEA. Es que he procurado recatarme todo lo
posible.

FLORA. ¿Recatarse, por qué?

PICAVEA. Porque deseaba ardientemente una ocasión
para poder hablar a solas con usted.

FLORA. ¿A solas conmigo?... (¡Ay, lo que yo temía-
me!) ¿Y dice usted que a solas?...

PICAVEA. A solas, sí.

FLORA. (*Con gran dignidad.*) Señor Picavea, usted
no ignora que en mis actuales circunstancias yo no
puedo hablar a solas con un hombre, sin infligirle un
agravio a otro. Ya no dispongo de mi libre albedrío.
Beso a usted la mano, como suele decirse. (*Hace una
reverencia y se dispone a marchar.*)

PICAVEA. (*La coge la mano para retenerla.*) ¡Por
Dios, Florita, un instante!...

FLORA. He dicho que beso a usted la mano, conque
suélteme usted la mano.

PICAVEA. Yo la ruego que me escuche una palabra,
una sola palabra.

FLORA. Si no es más que una, oiréla por cortesía.
Hable.

PICAVEA.   Florita, yo no ignoro su situación de usted, desgraciadamente.

FLORA.   ¿Cómo desgraciadamente?

PICAVEA.   Desgraciadamente, sí..., no quito una letra. Y comprenderá usted que cuando ni el respeto a las circunstancias en que usted se halla ni el temor a ninguna otra clase de incidentes me detiene, muy grave y muy hondo debe ser lo que pretendo decirla.

FLORA.   (¡Dios mío!) ¡Pero, Picavea!...

PICAVEA.   ¡Más bajo..., pueden oírnos!

FLORA.   ¡Ay, pero por Dios, Picavea!... Ese tono, esa emoción... Está usted pálido, tembloroso... Me asusta usted. ¿De qué se trata? Hable usted pronto..., hable usted deprisa.

PICAVEA.   ¿Deprisa?

FLORA.   Deprisa, sí; me desagradaría que nos sorprendieran. Nume es muy celoso. Hable.

PICAVEA.   Florita, ¿usted no ha observado nunca que yo, día tras día, me he estado asomando al gabinete de lectura del Casino, para mirar melancólicamente a sus ventanas?

FLORA.   ¡Oh, Picavea!

PICAVEA.   Conteste usted..., diga usted.

FLORA.   Pues bien, sí, la verdad, lo he notado. Muchas veces le he visto a usted con una *Ilustración* muy deteriorada en la mano, hojeando las viñetas y soslayando de vez en vez la mirada hacia mi casa; pero yo atribuílo a mera curiosidad.

PICAVEA.   ¿De modo que no ha caído usted en el verdadero motivo?

FLORA.   No; yo me asomaba a la ventana, pero no caía.

PICAVEA.   Pues ha debido usted caer.

FLORA.   ¡Picavea!

PICAVEA.   Ha debido usted caer. El poema de las miradas saben leerlo todas las mujeres.

FLORA.   ¡Oh, Dios mío!... ¿De modo, Picavea, que usted también...?

PICAVEA.   ¡Sí, Florita, sí...; yo también la amo!

FLORA. (¡Dios mío! Pero ¿qué tendré yo de un mes a esta parte que cada hombre que miro es un torrezno?)

PICAVEA. (*Cogiéndole de la mano.*) Y si usted quisiera, Florita, si usted quisiera, todavía...

FLORA. (*Tratando de desasirse.*) ¡Ay, no, por Dios, Picavea, suélteme usted; suélteme usted, por compasión, que no me pertenezco!

PICAVEA. ¿Y qué me importa?

FLORA. Suélteme usted, por Dios... Repare usted que aún no estoy casada.

PICAVEA. Sí, es verdad. No sé lo que hago. Usted perdone.

FLORA. (¡Pobrecillo!) (*Alto.*) ¡Pero oiga usted, Picavea, por Dios!... ¿Usted por qué ha de amarme?... No tiene usted motivos...

PICAVEA. ¡El amor no se escoge ni se calcula, Florita!

FLORA. Olvídeme usted.

PICAVEA. No es posible.

FLORA. Acepte usted una amistad cordial. No puedo ofrecerle más. Déjeme usted ser dichosa con Galán; le quiero. Es mi primer amor, mi único amor, y por nada del mundo dejaríale.

PICAVEA. (Esta señora es un Vesubio ambulante. Tengo que apretar.) (*Alto.*) ¿De modo, Florita, que no aborrecería usted a ese hombre de ninguna manera?

FLORA. Ni aunque me dijesen que era Pasos Largos,[67] ya ve usted.

PICAVEA. ¿Y si fuera tan miserable que hubiese jugado con su amor de usted?...

FLORA. ¡Oh, eso no es posible!... (*Sonriendo.*) ¡Pero si no vive más que para mí!... ¡Si no ve más que por mis ojos!... ¿Lo sabré yo?

PICAVEA. Bueno, pero si a pesar de todo a usted le probaran que ese hombre había jugado vilmente con su corazón, ¿qué haría?

FLORA. ¡Oh, entonces mataríale, mataríale; sí, lo juro!

---

[67] *Pasos Largos*: bandido famoso en la época.

PICAVEA.   Pues bien, Florita, lo que va usted a oír es muy cruel, pero hace falta que yo lo diga y que usted lo sepa. Galán no es digno del amor de usted.

FLORA.   (*Aterrada.*) ¡Picavea!

PICAVEA.   ¡Galán es un miserable!

FLORA.   ¡Jesús! Pero ¿qué está usted diciendo? ¡Miente usted! ¡El despecho, la envidia, los celos, le hacen hablar así!...

PICAVEA.   ¡No, no; es un bandido, porque yo le confié el amor que usted me inspiraba y se me adelantó como un miserable!

FLORA.   ¡Pero eso no puede ser! ¡Sería horrible!

PICAVEA.   Además, ese hombre es un criminal que no merece su cariño, porque, sépalo de una vez: ¡ese hombre tiene cuatro hijos con otra mujer!

FLORA.   (*Aterrada, enloquecida.*) ¡¡Ah!!... ¡¡Oh!!... ¡Cuatro hijos!... ¡Falso, eso es falso! ¡Pruebas, pruebas!

PICAVEA.   Sí, lo probaré. Traeré los cuatro hijos si hace falta. Esa mujer se llama Segunda Martínez.

FLORA.   ¡¡Oh, cuatro hijos de Segunda!!

PICAVEA.   Vive en Madrid, Jacometrezo, noventa y dos. Galán es un canalla. Yo lo sostengo. (PICAVEA *hace señas con la mano para que salga* GALÁN.)

ESCENA X

DICHOS; DON GONZALO. *Después,* GALÁN, TORRIJA, GUILOYA *y* MANCHÓN. *Luego,* DON MARCELINO.

(DON GONZALO *sale cautelosamente y cae de un modo fiero y terrible sobre* PICAVEA, *cogiéndole por el pescuezo.*)

DON GONZALO.   ¡Ah, granuja! ¡Te has vendido!

PICAVEA.   (*Trémulo de horror.*) ¡¡Don Gonzalo!!

FLORA.   ¡Por Dios, Gonzalo! ¡No le mates!

DON GONZALO.   Lo que sospechábamos... ¿Lo ves? ¿Lo estás viendo?

PICAVEA.   Pero, don Gonzalo, por Dios, que yo...

DON GONZALO. ¡Silencio o te ahogo, miserable!

FLORA. ¡Ay, Gonzalo, cálmate!

DON GONZALO. ¡Quieres con tus calumnias destrozar la felicidad de dos almas, pero no te vale, reptil! Te hemos descubierto el juego.

PICAVEA. ¡Don Gonzalo, que yo no he dicho..., que no era eso!... ¡Ay, que me ahoga!

DON GONZALO. ¡Baja la voz, canalla, y escúchame! No mereces honores de caballero, pero yo no puedo prescindir de mi noble condición. Mañana te mataré en duelo.

FLORA. ¡Ay, no, Gonzalo!

PICAVEA. No, don Gonzalo, eso sí que no..., en duelo no, que yo soy inocente.

DON GONZALO. Te mataré como un perro; y ahora a la calle, en silencio, sin escándalo, sin ruido..., que no se entere nadie... (*Se lo lleva hacia la izquierda.*)

PICAVEA. ¡Pero, don Gonzalo!

DON GONZALO. (*Dándole un puntapié.*) ¡Largo de aquí, calumniador!...

PICAVEA. ¡Pero atiéndame usted!

DON GONZALO. ¡A la calle!... Ni una palabra más. (PICAVEA *vase despavorido primera izquierda.*)

NUMERIANO. (*Saliendo aterrado.*) Pero, don Gonzalo, ¿qué es esto? ¿Qué pasa? (*Le siguen* TORRIJA, GUILOYA *y* MANCHÓN.) ¡Está usted lívido!

FLORA. ¡Ay, Nume, Nume!... (*Se acerca a él.*)

DON MARCELINO. (*Saliendo.*) ¿Qué sucede? ¿Qué ha ocurrido?

DON GONZALO. Nada, nada, que voy a matar a un calumniador, nada más. Ya lo explicaré todo. Ahora basta que diga delante de todos que mi hermana es para usted. Esto nadie tendrá poder para impedirlo. Y ahora, como desagravio, un abrazo, Galán; un fuerte y fraternal abrazo.

NUMERIANO. ¡Don Gonzalo!... (*Cae desfallecido en sus brazos.*)

DON GONZALO. (*Mirándole.*) Pero ¿qué es esto? ¡Esa inercia!... ¡Esa palidez!... (*Sacudiéndole.*) ¡Galán!... ¡Galán!... ¡Se ha desvanecido!

FLORA.   Nume, Nume... ¡Ay, que no me oye!... (*Sacudiéndole.*) Nume, escucha. Nume, mira...

DON GONZALO.   Pero ¿qué será esto?

DON MARCELINO.   La emoción, la sorpresa, el disgusto quizá... Hacedle aire...

FLORA.   ¡Llevémosle a la cama!...

NUMERIANO.   (*Recobrándose súbitamente.*) No. Nada, nada...; ya se me pasa; no es nada. El sombrero, el bastón... Esto se me pasa a mí corriendo..., vamos, a escape, quiero decir... El sombrero, el bastón.

DON GONZALO.   De ninguna manera. Usted no sale de esta casa. Va usted a tomar un poco de éter. A mi cuarto, a mi cuarto. Y por Dios, señores... Confío en su discreción. Ni una palabra de todo esto... Silencio, silencio... (DON GONZALO y FLORITA *se llevan a* GALÁN *por la izquierda.*)

DON MARCELINO.   (*A los guasones, que quedan aterrados.*) ¡Picavea ha subido al cielo!

TELÓN

Fotograma de *La señorita de Trevélez,* versión cinematográfica de la "tragedia grotesca" de Carlos Arniches, dirigida en 1935 por el también dramaturgo Edgar Neville.

José Suárez y Betsy Blair en una escena de *Calle Mayor* (1955), la película de Juan Antonio Bardem basada en *La señorita de Trevélez*.

Filmoteca Nacional de España

ACTO TERCERO

C u a r t o *gimnasio en casa de* Don Gonzalo. *Puertas practicables en primer término izquierda y segundo derecha. Un balcón grande al foro. Por la escena, aparatos de gimnasia: escaleras, pesas, poleas; en la pared, panoplias con armas y caretas de esgrima, y por el suelo, una tira de linóleum y una colchoneta. Cerca del foro, un fuchibool*[68] *prendido del techo y del suelo. A la izquierda, una mesita con una botella de agua y dos vasos. En primer término izquierda, mesa, y encima algunos libros, periódicos, escribanía, carpeta, papel, caja con cigarrillos, etc., etc. En segundo término izquierda, un bargueño, y en uno de sus cajones, un revólver. Junto a las paredes, divanes; en la pared del primer término derecha, una percha con dos toallas grandes. Sillas y sillón de cuero. Es de día. En el balcón, una gran cortina.*

ESCENA PRIMERA

Don Gonzalo y Don Arístides.

(*Aparecen los dos en traje de esgrima con las caretas de sable puestas.* Don Arístides *da a* Don Gonzalo *una lección de duelo.*)

Don Arístides. Marchar, marchar. Encima. En guardia. (Don Gonzalo *va ejecutando todos estos*

---

[68] *fuchibool*: punching-ball.

movimientos de esgrima que el profesor le manda.)
Marchar. Batir, tajo. Otra vez. Uno, dos, tres. Marchar.
Finta de estocada y encima. En guardia. Romper. Romper. (*La segunda vez que* DON GONZALO *retrocede obe-
deciendo la voz de mando del profesor, tropieza con la
mesita que habrá en el foro y derriba los cacharros que
habrá en ella.*) Pero no tanto.

DON GONZALO.   ¡Demonio, qué contrariedad! En
fin, adelante.

DON ARÍSTIDES.   Marchar cambiando. Estocada.
Encima. Otra vez pare y conteste. Otra vez. Batir.
Revés. Pequeño descanso. (*Se quita la careta.*)

DON GONZALO.   (*Quitándosela también.*) ¿Y cómo
me encuentra usted, amigo Arístides?

DON ARÍSTIDES.   ¿A qué hora es el duelo?

DON GONZALO.   A las seis de la tarde.

DON ARÍSTIDES.   Se merienda usted al adversario.
Seguro.

DON GONZALO.   ¿Estoy fuerte?

DON ARÍSTIDES.   Superabundantemente   fuerte.
Pétreo.

DON GONZALO.   Picavea creo que no tira.

DON ARÍSTIDES.   Ni enganchado. Si se pueden
emplear en estos lances los términos taurinos, diré a
usted que en la corridita de esta tarde, más bien bece-
rrada —por lo que al adversario se refiere—, se viene
usted a casa con una ovación y una oreja..., más las dos
suyas, naturalmente.

DON GONZALO.   Pues a mí me habían dicho que
Picavea, en cuestión de sable, era un practicón.

DON ARÍSTIDES.   Cuando estaba sin destino, sí, señor.
Pero ahora..., ¿lo sabré yo, que he sido su maestro?...

DON GONZALO.   En fin, ¿reanudamos?

DON ARÍSTIDES.   Vamos allá. (*Requieren las armas y
vuelven a la lección.*) Finta de estocada marchando.
Encima. Romper. Uno, dos. Marchar. Dos llamadas.

DON GONZALO.   Con permiso. Un momento. Voy a
llamar al criado que se lleve estos cacharros. (*Hace que
toca un timbre.*)

DON ARÍSTIDES. En guardia. Uno, dos. Marchar. Revés. Romper. Encima, pare y conteste. Marchar. Batir. Salto atrás.

CRIADO. ¡Señor! (*No le hacen caso.*)

DON ARÍSTIDES. Marchar. A ver cómo se para, vivo... (*Comienza un asalto movidísimo. Las armas chocan con violencia.*)

CRIADO. (*Vuelve a acercarse temeroso.*) Señor... (*Siguen el asalto, avanzando y retrocediendo, sin hacerle caso, y el* CRIADO, *viéndose en peligro, se pone una careta de esgrima y se acerca decididamente.*) Señor...

DON GONZALO. ¿Qué quieres, hombre?

CRIADO. No, yo, es que, como me ha llamado el señor...

DON GONZALO. Sí, hombre, que recojas esos cacharros.

CRIADO. Está bien, señor. (*Los recoge sin quitarse la careta y luego se marcha huyendo de los golpes de sable que continúan.*)

DON ARÍSTIDES. Tajo. Uno, dos. Salto atrás. Marchar. Uno, dos, tres. Salto atrás. Marchar. Muy bien.

DON GONZALO. ¿Seguimos?

DON ARÍSTIDES. No. (*Quitándose la careta.*) Con esto y los padrinitos que tiene usted, no hace falta más; porque creo que sus padrinos... ¿son Lacasa y Peña?

DON GONZALO. Lacasa y Peña.

DON ARÍSTIDES. Entonces las condiciones serán durísimas, estoy seguro.

DON GONZALO. Imagínese usted.

DON ARÍSTIDES. Para intervenir ésos, el duelo tiene que ser a muerte. No rebajan un tanto así. Los conozco.

DON GONZALO. Además, las instrucciones que yo les he dado son severísimas: nada de transigencias, nada de blanduras.

DON ARÍSTIDES. Pues no doy veinticinco centavos por la epidermis de Picavea. (*Se cambian las chaquetas de esgrima.* DON ARÍSTIDES *por su americana y* DON GONZALO *por una chaqueta elegante de casa.*)

Don Gonzalo.   ¡Oh, ese canalla!... ¿No sabe usted lo que hizo anoche en el Casino a última hora?

Don Arístides.   Sabe Dios.

Don Gonzalo.   Abofeteó e injurió a Galán horriblemente.

Don Arístides.   ¡Qué bárbaro!

Don Gonzalo.   En tales términos, que Galán me ha escrito agradeciendo la defensa que hice de su honor, pero recabando el derecho de batirse con Picavea antes que yo.

Don Arístides.   No lo consienta usted de ninguna manera.

Don Gonzalo.   Ni soñarlo. Picavea ofendió en mi propia casa a mi hermana, proponiéndola una indignidad, valido de una calumnia. Yo soy, pues, el primer ofendido.

Don Arístides.   Sin duda ninguna.

Don Gonzalo.   Lacasa y Peña harán valer mis derechos.

Don Arístides.   ¡Buenos son ellos!

Don Gonzalo.   Y además, cuando Galán le envió los padrinos, ¿sabe usted la condición que imponía Picavea para batirse?... Pues que fuese cual fuese el resultado del lance, ¡los dos habían de renunciar a mi hermana, so pretexto de no sé qué lirismos ridículos!...

Don Arístides.   ¡Es un hombre perverso!

Don Gonzalo.   Ni más ni menos. Pero figúrese el disgusto de la pobre Flora cuando supo por Marcelino que Galán quizás tuviese que aceptar la tremenda condición, para que no pueda atribuirse su negativa a cobardía... ¡Un disgusto de muerte! En vano trato de tranquilizarla. No descansa, no duerme, no vive. ¡Cuando más feliz se creía!... ¡Y todo por culpa de ese miserable! ¡Ah, no tengo valor para hacer daño a nadie; pero la vida le hace a uno cruel, y como pueda, mato a Picavea! Se lo juro a usted.

Don Arístides.   Lo merece, lo merece... Pues, nada, don Gonzalo, hágame usted piernas y hasta luego (*Poniéndose el sombrero.*) Voy a ver a Valladares, que está muy grave.

DON GONZALO. ¡Ah, Valladares, sí; ya me han dicho... que se concertó el duelo en condiciones terribles!

DON ARÍSTIDES. A espada francesa. Con todas las agravantes.

DON GONZALO. ¿Y Valladares está en cama?

DON ARÍSTIDES. Si se va o no se va. Y el adversario también.

DON GONZALO. ¿También? ¿Y qué es lo que tienen?

DON ARÍSTIDES. Gastritis tóxica por indigestión.

DON GONZALO. ¡Ah!, pero ¿no es herida?

DON ARÍSTIDES. No, no es herida, porque desoyendo mis consejos, en lugar de batirse, se fueron a almorzar al Hotel Patrocinio, y claro, les pusieron unos calamares en tinta que están los dos si se las lían. ¡Mucha más cuenta les hubiese tenido celebrar un duelo a muerte, como yo les propuse! A estas horas, los dos en la calle. ¡Pero calamares! ¡Quién calcula las consecuencias!... Son unos temerarios. ¡Le digo a usted!...

DON GONZALO. ¡Ya, ya!... ¡Qué gentes!

DON ARÍSTIDES. Conque hasta luego; hágame piernas y no me olvide esa finta de estocada marchando, ¿eh?... Un, dos..., a fondo. Rápido, ¿eh?... (*Vase derecha.*)

DON GONZALO. Sí, sí; descuide, descuide... (*Vuelve y toca el timbre.*) Voy a ver cómo sigue esa criatura. Cree que le ocultamos la verdad, que Galán es quien va a batirse, y está que no vive. ¡Pobre Florita!... ¡Calle! ¡Ella viene hacia aquí![69]

ESCENA II

DON GONZALO y FLORA.

FLORA. (*Por la izquierda, con una bata y el pelo medio suelto.*) La felicidad es un pájaro azul, que se posa

---

[69] Probable error de Arniches, pues el personaje se encuentra solo tras la salida de Don Arístides.

en un minuto de nuestra vida y que cuando levanta el vuelo, ¡Dios sabe en qué otro minuto se volverá a posar!

DON GONZALO.   ¡Florita!

FLORA.   ¡Ay, Gonzalo de mi alma!... (*Llora amarga-mente abrazada a su hermano.*)

DON GONZALO.   ¡Por Dios, Flora; no llores, que me partes el corazón!

FLORA.   El hado fatal cebóse en mí... Clavóme su garra siniestra.

DON GONZALO.   ¡Por Dios, Florita; si no hay motivo! No desesperes.

FLORA.   ¿Que no hay motivo? ¿Que no desespere?... ¿Pero no te has enterado de lo que proyectan?

DON GONZALO.   Me he enterado de todo.

FLORA.   Picavea ha impuesto la condición de que los dos han de renunciar a mí, sea cual fuere el resultado del lance; y, claro, Galán se considera en la necesidad de aceptar para que no le crean un cobarde... ¡Y me deja-rán los dos!... Y esto es demasiado, porque quedarme sin el que sucumba, bueno; pero sin el superviviente, ¿por qué, Dios mío, por qué?

DON GONZALO.   No llores, Florita; no llores; estáte tranquila, ya te he dicho que no se baten; yo sabré evitarlo.

FLORA.   ¡Qué espantosa tragedia! Toda mi juventud suspirando por un hombre, y de pronto me surgen dos; venme, inflámanse, insúltanse, péganse y de repente se esfuman. ¡Esto es espantoso!..., ¡horrible! ¿Qué tendré yo, Gonzalo, qué tendré que no puedo ser dichosa?

DON GONZALO.   Cálmate, Florita, que yo te juro que lo serás. Cálmate.

FLORA.   Si no puedo calmarme, Gonzalo, no puedo... Porque encima de esta amargura, Maruja Peláez me ha hecho un chiste, ¡un chiste!... En esta situación... ¡Mise-rable!... Dice que mi boda era imposible ¡porque hubiera sido una boda de un Galán con una característica![70]... ¡Figúrate!... (*Llora amargamente.*) ¡Yo característica!

---

[70] *característica*: la segunda actriz de la compañía que hace papeles de carácter, es decir, de mujer madura.

DON GONZALO. ¡Infame!... ¡Escándalos, ultrajes, burlas..., y todo sobre esta criatura infeliz! ¡No, no, Florita!... No llores, seca tus ojos. ¡Ni una lágrima más! ¡Bandidos!... No, yo te juro que te casas con Galán, te casas con Galán aunque se hunda el mundo, porque el que mata a Picavea soy yo..., ¡yo!...

FLORA. ¡No, eso no, Gonzalo; eso tampoco! ¡A costa de tu vida, cómo iba yo a ser dichosa!... No, déjalo; he tenido la desgracia de enloquecer a dos hombres... ¡Lo sufriré yo sola!... Entraré en un convento...

DON GONZALO. ¿Tú en un convento?

FLORA. Sí, en un convento; profesaré en las Capuchinas... Seré capuchina... Ya he escogido hasta el nombre: Sor María de la Luz; creo que para una capuchina[71]...

DON GONZALO. ¡Pero qué locuras estás diciendo!... Crees que lejos de ti podría yo vivir tranquilo... Calla, Florita, calla; ¡no me partas el alma!

ESCENA III

DICHOS, *el* CRIADO *y luego* PEÑA *y* LACASA.

CRIADO. (*Por la derecha.*) Señor...

DON GONZALO. ¿Quién?

CRIADO. Los señores Peña y Lacasa.

FLORA. ¡Peña y Lacasa!... ¿Qué quieren? ¿Qué buscan aquí esos hombres siniestros?

DON GONZALO. Nada, nada... Déjame unos instantes. Luego hablaremos. Ten calma. Todo se resolverá felizmente. ¡Te lo aseguro!...

FLORA. ¡Ah, no, no!... La felicidad es un pájaro azul que se posa en un minuto de nuestra vida, pero levanta el vuelo...

---

[71] De nuevo Arniches juega con los dobles sentidos, pues *capuchina*, además de "religiosa de la orden de San Francisco" es una "lamparilla con apagador en forma de capucha".

CRIADO. ¿Qué?

FLORA. No te digo a ti... ¿Eres tú pájaro acaso? ¿O azul, por una casualidad?

CRIADO. Es que creí...

FLORA. ¡Estúpido!

DON GONZALO. Que pasen esos señores.

FLORA. Pero levanta el vuelo, y Dios sabe en qué otro minuto se volverá a posar. ¡Ah!... (*Vase por la izquierda.*)

CRIADO. (*Asomándose a la puerta derecha.*) ¡Señores!... (*Les deja pasar y se retira.*)

PEÑA. ¡Gonzalo!

LACASA. ¡Querido Gonzalo!

DON GONZALO. Pasad, pasad y hablemos en voz baja. ¿Qué tal?

LACASA. ¡Horrible!

PEÑA. ¡Espantoso!

LACASA. ¡Trágico!

PEÑA. ¡Funesto!

DON GONZALO. ¿Pero qué sucede?

PEÑA. ¡Un duelo tan bien concebido!...

LACASA. ¡Una verdadera obra de arte!

PEÑA. Tres disparos simultáneos apuntando seis segundos.

LACASA. Y cada disparo avanzando cinco pasos.

PEÑA. Y en el supuesto desgraciado de que los dos saliesen ilesos, continuar a sable.

LACASA. Filo, contrafilo y punta; a todo juego, asaltos de seis minutos..., uno de descanso, permitida la estocada...

PEÑA. ¡En fin, que no había escape! Un duelo como para servir a un amigo.

LACASA. ¡Oh, qué ira! ¡La primera vez que me sucede!

PEÑA. ¡Y a mí!

DON GONZALO. ¡Bueno, estoy que no respiro!... ¿Queréis decirme al fin que pasa?

PEÑA. ¡Una desdicha! Que el duelo no puede verificarse.

LACASA.   Todo se nos ha venido a tierra.

DON GONZALO.   ¿Pues?

PEÑA.   Que no encontramos a Picavea ni vivo ni muerto.

DON GONZALO.   ¿Cómo que no?

LACASA.   Ni ofreciendo hallazgo. Unos dicen que después de la cuestión le vieron salir de tu casa y desaparecer por la boca de una alcantarilla.

PEÑA.   Otros aseguran que no fue por la boca, sino que desde que supo que tenía que batirse contigo, marchó a su casa por un retrato, tomó un kilométrico de doce mil kilómetros y se metió en el rápido.

LACASA.   Corren distintas versiones.

PEÑA.   Pero Picavea, por lo visto, ha corrido mucho más que las versiones, porque no damos con él por parte alguna: ¡ni con el rastro siquiera!

LACASA.   ¡Qué fatalidad!

DON GONZALO.   ¿Habéis ido a su casa?

PEÑA.   Lo primero que hicimos. Y dice la patrona que la misma noche de la cuestión llegó lívido, sin apetito, y que a instancias suyas lo único que pudo hacerle tomar fueron unas patas de liebre, unas alas de pollo y un poco de gaseosa... Cosas ligeras, como ves, fugitivas...

LACASA.   Y tan fugitivas.

PEÑA.   Como que después de lo de las patas y las alas desapareció con un aviador; sospechan si para emprender el *raid* Madrid-San Petersburgo.

DON GONZALO.   ¡Miserable! Pone tierra por medio.

LACASA.   Aire, aire.

PEÑA.   Otros compañeros de hospedaje relatan que le oyeron preguntar qué punto de Oceanía es el más distante de la Península.

DON GONZALO.   ¡Cobarde!... ¡Ha huido!

PEÑA.   ¡Los datos son para sospecharlo!

DON GONZALO.   ¡Oh!, ¿veis?... Eso prueba que lo de Galán fue una calumnia... ¡Una repugnante calumnia! ¡Oh, qué alegría, qué alegría va a tener mi hermana!... ¡Pobre Galán!... Yo, que hasta había llegado a sospechar... ¡Le haré un regalo!

LACASA.   ¡Gonzalo, ese granuja nos ha privado de complacerte!

PEÑA.   Gonzalo, no hemos podido servirte; pero si a consecuencia de este asunto tuvieses que matar a otro amigo, acuérdate de nosotros.

DON GONZALO.   Descuidad.

LACASA.   Te serviremos con muchísimo placer. Ya nos conoces.

PEÑA.   ¡Lances de *menu*[72] o de papel secante, no!... Ni almuerzos ni actas. ¡Duelos serios, especialidad de Lacasa y mía!

DON GONZALO.   Os estimo en lo que valéis. Gracias por todo. Adiós, Peña... Adiós, Lacasa.

LACASA.   ¡A dos pasos de tus órdenes!

PEÑA.   Disparado por servirte. (*Saludan. Vanse por la derecha.*)

DON GONZALO.   Ha huido. Era un calumniador y un envidioso. Voy a contárselo todo a Florita; se va a volver loca de alegría. ¡Oh! Ya no hay obstáculo para su felicidad. Dentro de un mes, la boda. No la retraso ni un solo minuto. Y en cuanto a Galán, como compensación, le regalaré la estatua de Saturno comiéndose a sus hijos, que tengo en el jardín. Dos metros de base por tres de altura. Está algo deteriorada, porque al hijo que Saturno se está comiendo le falta una pierna...; pero en fin, así está más en carácter. (*Vase por la izquierda.*)

ESCENA IV

CRIADO, DON MARCELINO y NUMERIANO GALÁN,
por la derecha.

CRIADO.   Pasen los señores. (*Les deja paso y se va.*)

NUMERIANO.   ¿Ha visto usted qué par de chacales esos que salían?

---

[72] *menu*: leves, sin importancia.

DON MARCELINO.   Peña y Lacasa. Son los padrinos de Gonzalo. Iban furiosos y con un juego de pistolas debajo del brazo.

NUMERIANO.   A cualquier cosa le llaman juego.

DON MARCELINO.   Bueno, Galancito, ¿y a qué me traes aquí, si puede saberse?

NUMERIANO.   Pues a que me ayude usted a convencer a don Gonzalo para que me deje batirme antes con Picavea. Si no, estamos perdidos.

DON MARCELINO.   Me parece que no conseguimos nada. ¡Tú no sabes cómo está Gonzalo!

NUMERIANO.   Entonces, ¿qué hacemos, don Marcelino, qué hacemos?

DON MARCELINO.   A mi juicio, lo primero que hay que hacer es el borrador para la esquela de Picavea; porque Picavea sube hoy al cielo. A patadas, pero sube.

NUMERIANO.   ¡Ah, Dios mío!... ¿Y Florita estará...?

DON MARCELINO.   Medrosa del todo. Desde que supone que Picavea y tú vais a batiros por ella, se ha puesto mucho más romántica.

NUMERIANO.   ¡Qué horror!

DON MARCELINO.   Se ha soltado el pelo, o por lo menos el añadido; ha extraviado los ojos en una forma que ni anunciándolos en los periódicos se los encuentran, y anda deshojando flores por el jardín y preguntándoles unas cosas a las margaritas, que un día le van a contestar mal, lo vas a ver.

NUMERIANO.   ¡Virgen Santa!

DON MARCELINO.   Y se ha encerrado en este dilema pavoroso: "O Galán o capuchina".

NUMERIANO.   (*Aterrado.*) ¿Y qué es eso?

DON MARCELINO.   ¡No sé, pero debe ser algo terrible!

NUMERIANO.   ¡Ay, qué miedo! ¡Por Dios, don Marcelino, ayúdeme usted a convencer a don Gonzalo! ¡Sálveme usted! ¡Estoy desesperado! ¡Maldita sea!... De algún tiempo a esta parte todo se vuelve contra mí, ¡todo!... (*Furioso, da un puñetazo al fuchimbool, y, naturalmente, la pelota se vuelve contra él.*) ¡Caray!... ¡Hasta la pelota!...

DON MARCELINO.   ¡Calla, Gonzalo viene!

NUMERIANO.   ¡Elocuencia, Dios mío!

ESCENA V

DICHOS, y DON GONZALO, *por la izquierda.*

DON GONZALO.   (*Tendiéndoles las manos.*) ¿Ustedes?

DON MARCELINO.   Querido Gonzalo, vengo porque no puedes imaginar lo que está sufriendo este hombre.

DON GONZALO.   Pero ¿por qué, amigo Galán, por qué?

NUMERIANO.   ¡Ah, don Gonzalo, una tortura horrible me destroza el alma! Usted sabe como nadie que el honor es mi único patrimonio; por consecuencia, de rodillas suplico a usted me permita que sea yo el que mate a ese granuja que aquella noche nefasta enlodó mi honradez acrisolada...

DON GONZALO.   Bueno, Galán, pero...

NUMERIANO.   ¡No olvide usted que el miserable dijo que yo tenía no sé qué de Segunda, y yo no tengo nada de Segunda, don Gonzalo, se lo juro a usted!...

DON GONZALO.   No, hombre, si lo creo... Y por mí mátelo usted cuando quiera, amigo Galán.

NUMERIANO.   (*Abrazando a* DON GONZALO.) ¡Gracias! ¡Oh, qué alegría! ¡Ser yo el que le atraviese el corazón!

DON GONZALO.   Lo malo es que no va usted a poder.

DON MARCELINO.   (*Aterrado.*) ¿Le has matado tú ya?

DON GONZALO.   No me ha sido posible.

NUMERIANO.   Entonces, ¿por qué no voy a ser yo el que le arranque la lengua?

DON GONZALO.   Porque se la ha llevado con todo lo demás.

NUMERIANO.   ¿Cómo que se la ha llevado?

DON MARCELINO.   ¿Qué quieres decir?

DON GONZALO.   (*Riendo francamente.*) Sí, hombre, sí. Sabedlo de una vez. ¡Picavea, asustado de su crimen, ha huido!

LOS DOS.   (*Con espanto.*) ¿Que ha huido?...

DON GONZALO.   ¡Ha huido!

DON MARCELINO.   ¡Pero no es posible!

NUMERIANO.   ¡Eso no puede ser, don Gonzalo!

DON GONZALO.   Y en aeroplano, según me aseguran.

DON MARCELINO.   ¡Atiza!

NUMERIANO.   ¡Que ha huido!... ¡Dios mío, pero está usted oyendo qué canallada!

DON MARCELINO.   ¡Qué sinvergüenza!

NUMERIANO.   ¡Irse y dejarme de esta manera! ¿Es esto formalidad, don Marcelino?

DON GONZALO.   ¡Cálmese, amigo Galán!

NUMERIANO.   ¡Qué voy a calmarme, hombre!... ¡Esto no se hace a un amigo..., digo, con un enemigo!... (*A* DON MARCELINO.) ¡Irse en aeroplano!

DON MARCELINO.   (¡Y no invitarte!...) Ya, ya... ¡qué canalla!

DON GONZALO.   Calme, calme usted su justa cólera, amigo Galán. Su honor queda inmaculado, y, puesto que la dicha renace para nosotros, no pensemos ya sino en la felicidad de Florita y de usted; porque mi deseo es que se casen a escape.

NUMERIANO.   Hombre, don Gonzalo, yo a escape, la verdad...

DON GONZALO.   No quiero que surjan otros incidentes. La vida está llena de asechanzas. Acaba usted de verlo.

DON MARCELINO.   Bueno, pero Galán lo que desea es un plazo para...

DON GONZALO.   No le pongo un puñal al pecho, naturalmente; pero, vamos, ¿le parecería a usted bien que para la boda fijáramos el día del Corpus? Faltan dos meses.

NUMERIANO.   Hombre, Corpus, Corpus... No tengo yo el Corpus por una fecha propicia para nupcias... No me hace a mí...

DON GONZALO.   ¿Entonces quiere usted que lo adelantemos para la Pascua?

NUMERIANO.   ¡Qué sé yo!

DON GONZALO.   ¿Tampoco le hace a usted la Pascua?

NUMERIANO.   Como hacerme, sí me hace la Pascua, pero, vamos, es que yo..., es que yo, don Gonzalo, la verdad, quiero serle a usted franco, hablarle con toda el alma.

DON GONZALO.   Dígame, dígame, amigo Galán.

NUMERIANO.   ¿Dice usted que Picavea ha huido?

DON GONZALO.   Ha huido. Indudable.

NUMERIANO.   Pues bien, yo tengo que decirle a usted que hasta que ese hombre aparezca y yo le mate, yo no puedo casarme, don Gonzalo.

DON GONZALO.   ¡Por Dios, es un escrúpulo exagerado!

NUMERIANO.   Hágase usted cargo, si yo no vuelvo por los fueros de mi honor, ¿qué dignidad le llevo a mi esposa?

DON MARCELINO.   Hombre, en eso el muchacho tiene algo de razón.

NUMERIANO.   Ahora, eso sí, don Gonzalo, que aparece Picavea, y al día siguiente la boda.

CRIADO.   (*Desde la puerta.*) El señor Picavea.

DON GONZALO.   ¿Qué?

CRIADO.   Su tarjeta.

DON GONZALO.   (*La toma y lee.*) ¡Picavea! (*Mostrándoles la tarjeta.*)

LOS DOS.   ¡¡Picavea!! (GALÁN *cae aterrado sobre una silla.*)

DON GONZALO.   Se conoce que ha aterrizado. (*Al* CRIADO.) ¿Y este hombre...?

CRIADO.   Aguarda en la antesala. Debe encontrarse algo enfermo. Está pálido, tembloroso. Me ha pedido un vaso de agua con azahar. Por cierto que al ir a traérsela he visto que escondía todos los bastones del perchero.

DON GONZALO.   ¡Ah, canalla!

CRIADO.   Dice que tiene algo extraordinario y urgente que decirle al señor, y que le suplica, de rodillas si es preciso, que le reciba...

Don Gonzalo. Yo no sé hasta qué punto será correcto...

Criado. Dice que se acoge a la hidalguía del señor.

Don Gonzalo. Basta. Dile que pase.

Numeriano. Pero ¿le va usted a recibir?

Don Gonzalo. ¡Qué remedio!... ¿No oye usted cómo lo suplica?

Numeriano. (*A* Don Marcelino.) (¡Estoy aterrado! ¿A qué vendrá ese bruto?)

Don Marcelino. (No me llega la camisa al cuerpo.)

Don Gonzalo. Vosotros pasad a esa habitación y oíd. Y por Dios, Galán, conténgase usted, oiga lo que oiga. Marcelino, no le abandones.

Don Marcelino. Descuida. (*Vanse izquierda.*)

ESCENA VI

Don Gonzalo y Picavea; *luego,* Don Marcelino y Numeriano Galán.

Picavea. (*Dentro.*) Da... da... da... dada... dada... usted su per... su permiso?

Don Gonzalo. Adelante. (¡Dame calma, Dios mío, que yo no olvide que estoy en mi casa! Apartaré este sable, no me dé una mala tentación...) (*Coge un sable para retirarlo.*)

Picavea. (*Asomando la cabeza.*) Muy bue... ¡Caray! (*Se retira enseguida al ver a* Don Gonzalo *con el sable.*)

Don Gonzalo. Pero ¿qué hace ese hombre? (*Alto.*) Pase usted sin miedo.

Picavea. ¡Papa... pap... pa... pasaré, sí, señor; pe... pe... pero sin miedo es impopo... es imposible! Com... com... comprendo su indignación, don Gon... don Gonzalo; y por eso...

Don Gonzalo. Sí, señor, mi indignación es mucha

y muy justa; pero acogido a la hospitalidad de estas nobles paredes, nada tiene usted que temer por ahora. Tranquilícese y diga cuanto quiera.

PICAVEA. Don Gon.. don Gon... don Gonzalo, yo no sé como agradecer a usted que me haya re... re... recibido después de la su... su... susu...

DON GONZALO. Abrevie usted los períodos, porque entre la tartamudez y la abundancia retórica no acabaríamos nunca.

PICAVEA. Lo que quiero decir es que mi gratitud por la bondad de recibirme...

DON GONZALO. Nada tiene que agradecerme. Cumplo con mi deber de caballero. Hable.

PICAVEA. (*Cayendo súbitamente de rodillas a los pies de* DON GONZALO.) ¡Ah, don Gonzalo..., escúpame usted, máteme usted!... Coja usted una de esas nobles tizonas y déme usted una estocada.

DON GONZALO. Señor mío, eso no sería digno...

PICAVEA. Pues una media estocada... ¡Un bajonazo! ¡Sí! ¡Lo merezco, don Gonzalo, lo merezco, por buey!

DON GONZALO. Pero ¿qué está usted diciendo?

PICAVEA. La verdad, don Gonzalo, vengo a decir toda la verdad. Yo seguramente habré aparecido a los ojos de usted como un canalla.

DON GONZALO. Se califica usted con una justicia que me ahorra a mí esa molestia.

PICAVEA. Pues bien, don Gonzalo, de todo esto tiene la culpa...

DON GONZALO. Ya sé lo que va usted a decirme, ¿que tiene la culpa el que mi hermana le ha vuelto a usted loco?

PICAVEA. ¡Quia, no, señor, qué me ha de volver a mí la pobre señora!... Yo sólo siento por ella una admiración simplemente amistosa.

DON GONZALO. Entonces, ¿por qué dio usted lugar a aquella trágica escena?

PICAVEA. Yo, don Gonzalo, todo lo que dije y lo que hice, lo hice y lo dije por salvar a Galán únicamente.

Don Gonzalo. ¿Cómo por salvar a Galán?... ¡No comprendo!... Salvar a Galán, ¿de qué?...

Picavea. Es que a Galán, usted perdone, pero a Galán tampoco le gusta su hermana de usted.

Don Gonzalo. (*Con tremenda sorpresa.*) ¿Eh?... ¿Cómo?... ¿Qué está usted diciendo?

Picavea. Que no le gusta.

Don Gonzalo. ¡Pero este hombre se ha vuelto loco!

Picavea. No, don Gonzalo, no. Ustedes, Galán y yo hemos sido víctimas de un juego inicuo, y permítame que le suplique toda la calma de que sea capaz para escucharme hasta el fin.

Don Gonzalo. (*Con ansiedad.*) Hable, hable usted pronto.

Picavea. Don Gonzalo, la declaración amorosa que recibió Florita no era de Galán.

Don Gonzalo. ¿Cómo que no?

Picavea. Fue escrita por Tito Guiloya, imitando su letra para darle una broma de las que han hecho famoso al Guasa Club.

Don Gonzalo. ¡Oh!, pero ¿qué dice este necio?... ¿Qué nueva mentira inventa este canalla?... (*Va a acometerle.*)

Picavea. ¡Por Dios, don Gonzalo!

Don Gonzalo. Yo te juro que vas a pagar ahora mismo...

ESCENA VII

Dichos, Numeriano Galán y Don Marcelino.

Numeriano. (*Saliendo.*) Deténgase usted, don Gonzalo. Este hombre dice la verdad.

Don Gonzalo. (*Aterrado.*) ¿Qué?

Don Marcelino. Una verdad como un templo, Gonzalo.

Don Gonzalo. Pero ¿qué dices?

Don Marcelino.   Mátanos, desuéllanos..., porque cada uno tiene en esta culpa una parte proporcional. Éste, por debilidad, por miedo; éste, por inducción; yo, por silencio, por tolerancia... Pero lo que oyes es la verdad.

Don Gonzalo.   (*Como enloquecido.*) Pero ¿no sueño?... Pero ¿es esto cierto, Marcelino?

Numeriano.   Sí, don Gonzalo; hemos sido víctimas de una burla cruel. Yo no me he declarado jamás a su hermana de usted. Yo no he tenido nunca intención de casarme con ella, porque ni mi posición ni mi deseo me habían determinado a semejante cosa.

Don Gonzalo.   ¿De modo que es verdad?... ¿De modo que...?

Don Marcelino.   Han sido esos bandidos, Tito Guiloya, Manchón y Torrija, los que, aprovechando hábilmente una situación equívoca que ya te explicaré, y con propósitos de insano regocijo, de burla indigna, fraguaron esta iniquidad... ¡Una broma de casino!

Don Gonzalo.   ¡Dios mío!

Numeriano.   Y yo también soy culpable, don Gonzalo, lo reconozco. Soy culpable, porque debí, en el primer momento, decir a ustedes lo que pasaba. Pero me faltó valor. Aparte la condición pusilánime de mi carácter, la acogida cordial, efusiva, que usted me dispensó, henchido de gozo por el bien de su hermana, a la que adora en términos conmovedores, me hizo ser cobarde y preferí aguardar a que una solución imprevista resolviera el conflicto.

Don Gonzalo.   (*Repuesto del estupor, se levanta airado, violento, tembloroso.*) ¡Ah!... ¡De modo que una burla!... ¡Que todo ha sido una burla!... ¿Y por el placer de una grosera carcajada no han vacilado en amargar con el ridículo el fracaso de una vida?... ¡Y para este escarnio cien veces infame, escogen a mi hermana, a mi pobre hermana, alma sencilla cuyo único delito es que se resiste a perder el derecho a una felicidad que ha visto disfrutar fácilmente a otras mujeres, sólo porque la naturaleza ha sido más piadosa con ellas! ¡Pues no, no será!

Don Marcelino.   ¡Gonzalo!

DON GONZALO. No será; y a este crimen de la burla, frío, cruel, pérfido, premeditado..., responderé yo con la violencia, con la barbarie, con la crueldad. ¡Yo mato a uno, mato a uno, Marcelino, te lo juro!...

DON MARCELINO. ¡Cálmate, cálmate, por Dios, Gonzalo!...

DON GONZALO. No puedo, no puedo calmarme, Marcelino, no puedo. ¡Burlarse de mi hermana adorada, de mi hermana querida, a la que yo he consagrado con mi amor y mi ternura una vida de renunciaciones y de sacrificios! De sacrificios, sí. Porque vosotros, como todo el mundo, me suponéis un solterón egoísta, incapaz de sacrificar la comodidad personal a los desvelos e inquietudes que impone el matrimonio. Pues sabedlo de una vez: nada más lejos de mi alma. En mi corazón, Marcelino, he ahogado muchas veces —y algunas, Dios sabe con cuánta amargura— el germen de nobles amores que me hubiesen llevado a un hogar feliz, a una vida fecunda. Pero surgía en mi corazón un dilema pavoroso; u obligaba a mi hermana a soportar en su propia casa la vida triste de un papel secundario, o había yo de marcharme dejándola en una orfandad que mis nuevos afectos hubiesen hecho más triste y más desconsoladores. ¡Y por su felicidad he renunciado siempre a la mía!

DON MARCELINO. Eres un santo, Gonzalo.

DON GONZALO. Hay más. Esta es para mí una hora amarga de confesión; quiero que sepáis todo, todo... Yo he llegado por ella, entiéndelo bien, sólo por ella, hasta el ridículo.

DON MARCELINO. ¡Gonzalo!

DON GONZALO. (*Con profunda amargura.*) Sí, porque yo, yo soy un viejo ridículo, ya lo sé.

DON MARCELINO. ¡Hombre!...

DON GONZALO. Sí, Marcelino, sí; hasta el ridículo. Un ridículo consciente, que es el más triste de todos. Yo, y perdonadme estas grotescas confesiones, yo me tiño el pelo; yo, impropiamente, busco entre la juventud mis amistades. Yo visto con un acicalamiento amanerado, llamativo, inconveniente a la seriedad de mis años. Y todo esto, que ha sido y es en el pueblo motivo de burla, de chacota, de escarnio, yo lo he padecido con resignación y lo he tolerado con humildad, porque lo he sufrido por ella.

DON MARCELINO.   ¿Por ella?

DON GONZALO.   Sí, por ella. Como entre Florita y yo la diferencia de años es poca, las canas, las arrugas, los achaques en mí la producían un profundo horror, una espantosa consternación. Veía en mi vejez acercarse la suya, y yo entonces quise parecer joven solamente para que Florita no se creyese vieja. Y para atenuarla el espectáculo del desastre, puse sobre esta cabeza que para ser respetada debía ser blanca, y sobre este cuerpo ya caduco, unas ridículas mentiras que conservaran en ella la pueril ilusión de una falsa juventud. Esto ha sido todo. (*Llora.*)

DON MARCELINO.   (*Conmovido.*) ¡¡Gonzalo!!

PICAVEA.   Don Gonzalo, perdón; somos unos miserables.

NUMERIANO.   Usted es un santo, don Gonzalo, un santo; y si no le pareciese absurdo lo que voy a decirle, yo me ofrezco a reparar esta broma infame casándome con Florita, si usted quiere.

DON GONZALO.   No, gracias, amigo Galán; muchas gracias. Pasado ese impulso generoso de su alma buena, quedaría la realidad; mi hermana con sus años...; usted con su natural desamor... Imagínese el espanto. Quedémonos en el ridículo; no demos paso a la tragedia.

NUMERIANO.   Sí, sí, don Gonzalo, lo comprendo; pero por lo que se refiere a Tito Guiloya, a Manchón, a Torrija..., a todos los del Guasa Club, yo ruego a usted que me conceda el derecho a una venganza bárbara, ejemplar...; a una venganza...

ESCENA VIII

DICHOS, *el* CRIADO, *luego* TITO GUILOYA, *puerta derecha.*

CRIADO.   Señor..., este caballero.

Don Gonzalo. (*Leyendo la tarjeta.*) ¡Hombre!...
¡Dios le trae! Aquí le tenemos.

Don Marcelino. ¿Quién?

Don Gonzalo. Tito Guiloya.

Picavea y Numeriano. ¡¡Él!!

Don Gonzalo. Viene a continuar la burla.

Picavea. (*Coge un sable.*) Pues permítame usted
que yo...

Numeriano. (*Coge una espada.*) Y déjeme usted a
mí que le...

Don Gonzalo. Quietos. En mi casa, y en cosas que
a mí tan tristemente se refieren, yo soy quien debo
hablar.

Don Marcelino. Pero, por Dios, Gonzalo...

Don Gonzalo. Descuida, estoy tranquilo.

Numeriano. Pero nosotros...

Don Gonzalo. Métanse ustedes ahí. Les suplico
un silencio absoluto. (*Al* Criado.) Que pase ese señor.
(*Se meten los tres detrás de la cortina de la ventana de
modo que al entrar el visitante no los vea.*) Un silencio
absoluto, vean lo que vean y oigan lo que oigan.

Tito. (*Desde la puerta.*) ¿Da usted su permiso, que-
ridísimo don Gonzalo?

Don Gonzalo. Adelante.

Tito. Perdone usted, mi predilecto y cordial amigo,
que venga a molestarle, pero... altos dictados de caballerosidad que los hombres de honor no podemos desa-
tender me impelen a esta lamentable visita.

Don Gonzalo. Tome asiento y dígame lo que
guste. (*Se sientan.*)

Tito. Don Gonzalo, usted y yo somos dos hombres
de honor.

Don Gonzalo. Uno.

Tito. Usted perdone, dos, o yo no sé matemáticas.

Don Gonzalo. Sabe usted matemáticas. Uno.
Adelante.

Tito. Bueno; pues yo vengo con la desagradable
misión de convencer a usted de que el señor Picavea, mi
apadrinado, debe batirse, antes que con usted, con ese

canalla, con ese reptil, con ese bandido de Galán, cuyas
infamias probaremos cumplidamente.

DON GONZALO. ¡Chits!... No levante usted la voz,
no sea que le oiga.

TITO. Pero, ¿cómo va a oírme?

DON GONZALO. Fíjese. (GALÁN *le saluda con la
mano.*)

TITO. (*Dando un salto.*) ¡Carape! (*Lleno de asombro.*) ¿Pero qué es esto? (*A* PICAVEA.) ¿Tú aquí?... ¿Y
con Galán?... ¿Pero no habíamos quedado en que yo
vendría a buscar una solución honrosa al...? (PICAVEA
*hace un gesto encogiendo los hombros como el que
quiere expresar: "qué quieres que te diga".*)

TITO. Pero, ¿cómo se justifica la presencia aquí de
Picavea cuando habíamos quedado en que tú...? (GALÁN
hace el mismo gesto que PICAVEA.) Don Marcelino, yo
ruego a usted que justifique esta situación inexplicable en
que me hallo, porque es preciso que yo quede como
debo. (DON MARCELINO *hace el mismo gesto.*) Es decir,
¿que ninguno de los tres...? Señores, por Dios, que yo
necesito que a mí se me deje en el sitio... (*Los tres indican
con la mano que espere, que no tenga prisa*) en el sitio que
me corresponde, no confundamos. (*Pausa. Ya muy azorado.*) Bueno, don Gonzalo; en vista de la extraña actitud
de estos señores, yo me atrevería a suplicar a usted unas
ligeras palabras que hicieran más airosa esta anómala
situación. (DON GONZALO *hace el mismo gesto.*) ¡Tampoco!... ¡Caray, comparado con esta casa, el colegio de
sordomudos es una grillera!... ¡Caramba, don Gonzalo,
por Dios..., yo ruego a usted..., yo suplico a usted... que
acabe esta broma del silencio, si es broma, y que me abra
siquiera... un portillo por donde yo pueda dar una excusa
y oír una réplica, buena o mala, pero una réplica! Yo,
hasta ahora, no sé qué es lo que sucede. Hablo, y la contestación que se me da es un movimiento de gimnasia
sueca. (*Lo remeda.*) Interrogo y no se me responde.

DON GONZALO. (*Se levanta y, clavándole los ojos, se
dirige a él.* GUILOYA *retrocede aterrado. Al fin le coge la
mano.*) Y más vale que así sea.

TITO.   Don Gonzalo, por Dios, que yo venía aquí...

DON GONZALO.   Usted venía aquí a lo que va a todas partes, a escarnecer a las personas honradas, a burlar a aquellos infelices que por achaques de la vida o ingratitudes de la naturaleza considera víctimas inofensivas de su cinismo.

TITO.   (*Aterrado.*) ¿Yo?

DON GONZALO.   ¡Usted!... Y por eso, creyéndonos dos viejos ridículos, ha cogido usted el corazón de mi hermana y el mío y los ha paseado por la ciudad entre la rechifla de la gente como un despojo, como un airón[73] de mofa.

TITO.   ¿Que yo he hecho eso?... ¡Don Gonzalo, por la Santa Virgen!... Hombre, decidle, habladle, haced el favor. (*Los tres el gesto.*)

DON GONZALO.   Pero para todos llega en la vida una hora implacable de expiación. Usted, hombre jovial, cínico, desaprensivo, cruel, no la sentía venir, ¿verdad?... Pues para usted esa hora ha llegado y es ésta. Siéntese ahí.

TITO.   (*Muerto de miedo, tembloroso.*) ¡¡Don Gonzalo!!

DON GONZALO.   Siéntese ahí. Si usted estuviese en mi lugar, y mi hermana fuera la suya, y sintiera usted caer sobre su vida adorada ese dolor amargo y lacerante de la burla de todo un pueblo, ¿qué haría usted conmigo?...

TITO.   ¡Bueno, don Gonzalo, pero es que yo...! ¡Hombre, por Dios, salvadme!...

DON GONZALO.   Aquí tiene usted papel, pluma y una pistola...

TITO.   (*Dando un salto.*) ¡Don Gonzalo!

DON GONZALO.   Si conserva un resto de caballerosidad, escriba una ligera exculpación para nosotros y hágase justicia.

TITO.   (*Enloquecido de horror, coge la pistola tembloroso.*) ¡Ay, por Dios, don Gonzalo, perdón!

---

[73]   *airón*: adorno de plumas en el tocado de las mujeres.

DON GONZALO. ¡Hágase usted justicia!

DON MARCELINO. ¡Oye, pero hazte justicia hacia aquel lado, que nos vas a dar a nosotros!

TITO. (*Cayendo de rodillas.*) Don Gonzalo, perdón. ¡Yo estoy arrepentido!... Yo le juro a usted que no volveré más...

DON GONZALO. (*Quitándole la pistola violentamente.*) ¡Cobarde, mal nacido!... ¡Vas a morir!

TITO. (*En el colmo del terror, da un salto y se esconde detrás de los tres.*) ¡Socorro!... ¡Socorro!... ¡Salvadme!

NUMERIANO. (*Aterrado.*) ¡Por Dios, don Gonzalo, desvíe el cañón..., que está usted muy tembloroso!

DON GONZALO. ¡Canalla! ¡Miserable!... ¡Que se vaya pronto, que se vaya o le mato!

DON MARCELINO. ¡A la calle!... ¡A la calle! ¡Fuera de aquí, granuja!... (*Le da un puntapié y lo echa puertas afuera.*)

PICAVEA. Vamos a hacerle los honores de la casa... (*Coge un sable y sale tras él.*)

NUMERIANO. ¡De la Casa de Socorro! (*Coge otro sable y sale escapado.*)

DON GONZALO. (*Todavía excitado.*) ¡Cobarde! ¡Infame! ¡Lo he debido estrangular..., he debido matarlo!

DON MARCELINO. Cálmate, Gonzalo, cálmate. ¡No vale la pena! ¿Qué hubieras conseguido? ¡Matas a Guiloya! ¿Y qué?... Guiloya no es un hombre, es el espíritu de la raza, cruel, agresivo, burlón, que no ríe de su propia alegría, sino del dolor ajeno. ¡Alegría!... ¿Qué alegría va a tener esta juventud que se forma en un ambiente de envidia, de ocio, de miseria moral, en esas charcas de los cafés y los casinos barajeros? ¿Qué ideales van a tener estos jóvenes que en vez de estudiar e ilustrarse se quiebran el magín y consumen el ingenio buscando una absurda similitud entre las cosas más heterogéneas y desemejantes?... ¿En qué se parece un mebrillo a la catedral de Burgos? ¿En qué se parece una lenteja a un caballo al galope? Y, claro, luego surge rápida esta natural pregunta...: ¿en qué se parecen estos muchachos a hombres cultos interesados en el porvenir de la patria? Y la respuesta es tan desconsoladora como trágica... ¡En nada, en nada; absolutamente en nada!

DON GONZALO.   ¡Tienes razón, Marcelino, tienes razón!

DON MARCELINO.   Pues, si tengo razón, calma tu justa cólera y piensa, como yo, que la manera de acabar con este tipo tan nacional del guasón es difundiendo la cultura. Es preciso matarlos con libros, no hay otro remedio: La cultura modifica la sensibilidad, y cuando estos jóvenes sean inteligentes, ya no podrán ser malos, ya no se atreverán a destrozar un corazón con un chiste, ni a amargar una vida con una broma.

DON GONZALO.   ¡Ah!, ¡mi pobre hermana! ¡Qué cruel dolor! Pero ¿qué remedio? La llamaré. La diremos la verdad.

DON MARCELINO.   No. La burla humilla, degrada. Proyecta un viaje, te la llevas y estáis ausentes algún tiempo. Y ahora, si te parece, la diremos que no has podido evitar el duelo; que Galán está herido; que aceptó la condición de Picavea, que no vuelva a pensar en él.

DON GONZALO.   Sí, quizá es lo mejor. ¡Pero cómo va a llorar! ¡Ay, mi hermana!, ¡mi adorada hermana!

DON MARCELINO.   ¡Pobre Florita!

DON GONZALO.   ¡Qué amargura, Marcelino! ¡Ver llorar a un ser que tanto quieres, con unas lágrimas que ha hecho derramar la gente sólo para reírse! ¡No quiero más venganza sino que Dios, como castigo, llene de este dolor mío el alma de todos los burladores!

TELÓN

LOS CACIQUES

FARSA CÓMICA DE COSTUMBRES DE POLÍTICA RURAL
EN TRES ACTOS, ESTRENADA EN EL TEATRO DE LA COMEDIA,
DE MADRID, EN LA NOCHE DEL 13 DE FEBRERO DE 1920.

Personajes

CRISTINA
EDUARDA
DOÑA CESÁREA
TÁRSILA
ANASTASIA
MELITONA
MARÍA TERESA
CHICA 1.ª
ÍDEM 2.ª
PEPE OJEDA
ALFREDO
DON ACISCLO

DON RÉGULO
CAZORLA
CARLANCA
MORRONES, alguacil
DON SABINO
PERNILES
GARIBALDI
EUSTAQUIO
DON ALICIO
MONREAL
CHICO 1.º

La acción, en un pueblo de España. Época actual.
Derecha e izquierda, las del actor.

A Su Majestad el Rey Don Alfonso XIII

Señor:
La emoción que me produjeron las altas palabras que
escuché a Vuestra Majestad la noche que presenció la
representación de esta obra, me impulsa a dedicárosla.
Se consigna en ella una amarga y viva realidad de las
costumbres políticas españolas, expresada sincera y
noblemente; pero sería injusto no consignar también en
su primera página, con la misma sinceridad y nobleza,
que si todos los españoles se hubiesen penetrado de los
altos propósitos renovadores de Vuestra Majestad, esta
obra no hubiese podido ser escrita, porque el caciquismo ya no existiría.
Y esta rotunda afirmación tiene el valor de estar
hecha por un hombre independiente, que no tiene su
espíritu coaccionado por ninguna devoción política, ni
desea del Trono otra cosa sino la egregia bondad de
vuestra real estimación.
Madrid, 10 de marzo de 1920

Señor: A.L.R.P. de V.M.,

Carlos Arniches

ACTO PRIMERO

S A L A *de despacho en la planta baja de un caserón de pueblo, habitado por gente de buen acomodo. A la derecha, en segundo término, puerta de entrada en comunicación con el zaguán; en primero, puerta de otra habitación. Al fondo, una ventana con reja y una puertecilla que dan al huerto, inundado de sol, y del que se ven arriates llenos de flores. A la izquierda, puerta de una hoja, que comunica con habitaciones interiores. Ante esta puerta, una mesa de despacho antigua y un sillón de vaqueta. El resto del mobiliario, adecuado: antiguo, cómodo y fuerte. Un reloj de caja en lugar visible.*

ESCENA PRIMERA

EDUARDA y DON ACISCLO. *Al levantarse el telón aparece la escena sola. A poco se ve por la ventana del huerto a* EDUARDA, *que viene acongojada, huyendo. La sigue, jadeante y ansioso de amor,* DON ACISCLO; *ella le rechaza de un empujón y entra indignada en escena por la puertecilla del foro.*

EDUARDA.   ¡No, no!... ¡Por Dios, quieto!... (*Huye de él, que entra siguiéndola.*) ¡Déjeme usted o demando auxilio! (*Toda la escena en voz baja y emocionada.*)
DON ACISCLO.   ¡Es que me tie[1] usté loco!

---

[1] tienes, tiene > ties, *tie*. Véase M. Seco, *Arniches y el habla de Madrid*, Madrid, Alfaguara, 1970, p. 49.

EDUARDA. Respete usté que soy casada.

DON ACISCLO. ¡Y a mí qué me importa!

EDUARDA. ¡Qué cínico!... Pero ¿y mi marido? ¿Y su mujer?...

DON ACISCLO. He dicho que no me importa. (*Intenta ir hacia ella.*) ¡Esos ojos me tien trastornao y...!

EDUARDA. (*Con cómica energía.*) ¡Atrás!

DON ACISCLO. Pero, Eduarda, si es que...

EDUARDA. (*Heroicamente.*) ¡Si da usted un solo paso, me secciono la carótida con el raspador!

DON ACISCLO. (*Asustado.*) ¡Eduarda!

EDUARDA. ¡Atrás!... ¡O me ve usted tinta en sangre! (*En uno de sus ademanes, mete los dedos en el tintero.*)

DON ACISCLO. ¿Tinta?

EDUARDA. ¡Tinta! (*En un ademán trágico, vuelca el tintero.*)

DON ACISCLO. ¡Por Dios, el tintero!

EDUARDA. ¡Nada me importa! ¡Mi honor ante todo!

DON ACISCLO. Pero si yo...

EDUARDA. ¡Es usted un miserable!... ¡Estar yo tranquilamente en la huerta cogiendo manzanas, subida a la escalera, y de pronto sentir...! ¡Oh, qué vergüenza! (*Llora.*)

DON ACISCLO. Es que creí que se caía usté.

EDUARDA. ¿Y me iba usted a sujetar con dos dedos? (*Acción de dar un pellizco.*)

DON ACISCLO. Cuando una persona se cae...

EDUARDA. Cuando una persona se cae, se la sostiene; pero no se la retuerce... ¡Y de dónde se me ha retorcido a mí! Que... ¡Ah, si lo supiera mi Régulo! ¡Oh Régulo, Régulo!

DON ACISCLO. Y usté, Eduarda, ¿por qué no quie[2] ser una miaja complaciente y...?

EDUARDA. (*Con altivez.*) ¡Basta de indignidades!... Déjeme usted salir.

DON ACISCLO. (*Con pasión.*) Salga usté; pero no será sin que antes... (*Intenta sujetarla para darle un beso.*)

---

[2] quieres, quieren > *quies, quien.* M. Seco, *op. cit.*, p. 49.

EDUARDA. (*Rechazándole.*) ¡No, nunca!... ¡Socorro! (*Le muerde la mano.*)

DON ACISCLO. (*Retorciéndose de dolor.*) ¡Rediez, qué bocao en el dedo! ¡Se me ha comido la yema!

EDUARDA. ¡Canalla, seductor! ¡Satírico! (*Vase puerta izquierda.*)

DON ACISCLO. (*Intenta sujetarla antes que se marche.*) Eduarda... Eduarda... (*Luchan brevemente. Ella le rechaza y le coge con la puerta la americana, dejándole sujeto. Aterrado.*) ¡Atiza! ¡La americana con la puerta!... ¡Cogido por el vuelo! (*Suplicante.*) ¡Por Dios, Eduarda, abra usté; que estoy cogido! ¡Eduarda!... ¡El vuelo!³... ¡Eduarda!...

ESCENA II

DON ACISCLO y DOÑA CESÁREA, *por la primera derecha.*

DOÑA CESÁREA. ¡Hola, hombre!

DON ACISCLO. ¡Mi mujer! *Tableteau!*

DOÑA CESÁREA. ¿D'ande⁴ sales?

DON ACISCLO. Pues de ahí, de la...; que venía de...

DOÑA CESÁREA. ¿No ibas con doña Eduarda por el huerto?

DON ACISCLO. Sí, con ella iba; que quería unas manzanas.

DOÑA CESÁREA. ¿Y qué la dio, que sentí un grito?

DON ACISCLO. Como darla, no la dio na; pero arrimó la escalera, se subió al árbol y de poco se cae.

DOÑA CESÁREA. Pos ya no tie edad pa andarse por las ramas.

DON ACISCLO. ¡Toma! Eso la he dicho yo; pero...

DOÑA CESÁREA. (*Cambiando el tono irónico por*

---

³ *vuelo*: extensión de una vestidura en la parte que no se ajusta al cuerpo.

⁴ De dónde > D'ande. Véase M. Seco, *op. cit.*, pp. 39 y 48.

otro más acre y resuelto.) Ni tú tampoco la tienes de andarla a los alcances.

Don Acisclo.   ¡Cesárea!... (*Se sopla el dedo dolorido.*)

Doña Cesárea.   ¡Que te creerás que no lo estoy notando too[5]!... ¡Así que una es tonta! ¡Te figurarás que me chupo el dedo como tú!

Don Acisclo.   ¡Mujer, yo!...

Doña Cesárea.   ¡Y ten cuidao, no te corte yo los vuelos!

Don Acisclo.   (¡Ojalá!)

Doña Cesárea.   ¡Que no me dejas una en paz!... ¡Que me ties más reconsumía!... ¡Ahí, agarrao como una rata!... ¿Te paece[6] bonito? (*Le zarandea.*)

Don Acisclo.   (*Avergonzado.*) ¡Cesárea!...

Doña Cesárea.   (*Amenazadora.*) ¿Qué debía hacer yo ahora?

Don Acisclo.   ¡Pues traerme otra americana u abrir por detrás!

Doña Cesárea.   ¡Maldita sea!... Y que te coste,[7] que el día que me harte se lo digo a don Régulo, que ya lo ties conocío; que ése, por cuestión de celos, le pega un tiro a su familia.

Don Acisclo.   Mujer, después de too, por una broma...

Doña Cesárea.   ¡Por una broma!... ¡Acisclo, parece mentira que tú, ¡tú!, el dueño, el amo, el rey del pueblo, una persona de tu mando y de tu valer, un hombre al que too el mundo le tie miedo, que haces que se le mude la[8] color a los más templaos...; un hombre que causa un respeto que eriza, ahora, por esa tía cursi..., ahí prendío como un murciélago!... ¡Si alguien se enterara!... ¡Si yo no tuviera prudencia!... (*Levanta el pestillo, abre la puerta y deja en libertad a* Don Acisclo.)

---

[5] todo > too. Véase M. Seco, *op. cit.*, p. 49.
[6] parece > *paece*. Véase M. Seco, *op. cit.*, p. 39.
[7] *coste*: conste.
[8] Sobre el cambio de género, véase M. Seco, *op. cit.*, p. 79.

DON ACISCLO. Mujer, los hombres semos[9] hombres, Cesárea, y con esto ya está dicho que semos mu[10] poca cosa... Salomón era Salomón, y en cuestión de faldas, u de lo que se llevase en aquel entonces, pues... ya te acordarás que sumó dos mil y pico... Y Napoleón, con ser el que era..., pues... también se sumaba lo suyo... Conque uno, que es una meaja[11] menos... pues algún sumandillo...

DOÑA CESÁREA. ¡Sumandillo, y llevas veintidós en lo que va de mes, y estamos a cinco!...

ESCENA III

DICHOS y MORRONES, el alguacil.

MORRONES. (*Segunda derecha. Desde fuera.*) Ave María Purísima.

DOÑA CESÁREA. ¿Quién se extraña?

MORRONES. ¿Se pue pasar?

DON ACISCLO. ¡El alguacil! Pasa, Morrones.

MORRONES. (*Con gran respeto.*) ¡Güenos[12] días nos dé Dios; con permiso de ustés!

DOÑA CESÁREA. Regulares que sean.

DON ACISCLO. ¿Qué te trae por acá tan de mañana?

MORRONES. Pos naa, que tengo un desgusto,[13] con permiso de usté, que no sé cómo no le da a uno itiricia.[14]

DON ACISCLO. ¿Pues qué pasa?

MORRONES. Pues pasa que don Sabino, el médico; el Perniles y el Garibaldi, pus m'han hecho de venir a molestarle a usté, con permiso de usté, porque quien

---

[9] *semos*: somos. Véase M. Seco, *op. cit.*, pp. 49 y 85.
[10] muy > *mu*. Véase M. Seco, *ibid.*, p. 45.
[11] miaja > *meaja*. Véase M. Seco, *ibid.*, p. 42.
[12] Buenos > *Güenos*. Véase M. Seco, *ibid.*, p. 51.
[13] disgusto > *desgusto*. Véase M. Seco, *ibid.*, pp. 40 y 71.
[14] *itiricia*: ictericia.

hablale[15] de no sé qué cosas nómalas y urgüentes;[16] que me lo he tenío que apuntar. (*Mira un papel.*)

DON ACISCLO.   ¿Quejas tenemos?

MORRONES.   ¡Qué sé yo!... Cuatro garambainas[17]... Que si los sueldos, que si el riego, que si la contrebución[18]... Naa, lo e siempre: potrestas.[19]

DOÑA CESÁREA.   ¡Madre, qué tropa!... Pero si esos protestan de too.

MORRONES.   Toma, como que el año pasao les cayó la Lotería y elevaron una potresta por haberles caído en la de tres pesetas.

DON ACISCLO.   Güeno, pues les dices que aguarden, si quieren, que yo voy a tomar el chocolate. Eso si no encuentras alguna razón de las tuyas pa que se vayan.

MORRONES.   Yo, si usté lo manda, razones siempre tengo. Les abro la puerta y les abro la ventana y ellos escogen: u se marchan u los marcho. (*Acción de echarlos.*)

DON ACISCLO.   Déjales, que todavía no es el caso. Pero como me hurguen mucho, les va a doler, ¡por éstas! Que esos tres me andan buscando las cosquillas...

DOÑA CESÁREA.   ¿Y viene con ellos Garibaldi, el republicanote ese?...

MORRONES.   El mismo. Ahora ice que s'ha sindicao con un garrote que tiene así de gordo.

DOÑA CESÁREA.   ¡Mala troná en ellos! ¡Valiente gentuza! (*Vanse* DON ACISCLO *y* DOÑA CESÁREA *primera derecha.*)

---

[15] *hablale*: hablarle.
[16] *nómalas y urgüentes*: anómalas y urgentes.
[17] *garambainas*: tonterías.
[18] *contrebución*: contribución, impuesto.
[19] *potrestas*: protestas.

ESCENA IV

Morrones, Don Sabino, Perniles y Garibaldi,
por la segunda derecha.

Morrones.   (*Desde la puerta.*) Que les da a ustés su premiso[20]...; pero pa pasar aquí hay que limpiarse los pies.

Don Sabino.   (*Entra. Se descubre.*) Buenos días.

Perniles.   (*Entra. Se descubre.*) A la paz de Dios.

Garibaldi.   (*Pasa sin quitarse el sombrero.*) Libertá, fraternidá...

Morrones.   Quítate el sombrero.

Garibaldi.   Igualdá.

Morrones.   Igual da; pero quítatelo. (*Se lo quita y lo tira sobre una silla.*)

Don Sabino.   ¿Has tenido la bondad de decirle al señor alcalde...?

Morrones.   Le he dicho lo que tenía que icir,[21] y dice que si quien ustés esperale, que le esperen; que ahora saldrá...

Don Sabino.   Entonces... (*Mira como buscando una silla.*)

Morrones.   Que ahora saldrá con su señora a dar un paseo y que golverá a la una; pero que ustés hagan lo que sea de su convenencia, que él no se va a privar de sus cosas por naidie.[22]

Don Sabino.   Pues esperaremos; ¿no os parece?

Perniles.   ¡Qué remedio! Yo no me voy sin que me oiga. (*Van a coger sillas para sentarse.*)

Garibaldi.   Ni yo... Le quio[23] presentar al *noy*[24] del fresno. (*Por el garrote.*)

---

[20] *premiso*: permiso.
[21] *icir*: decir.
[22] nadie > *naidie*. Véase M. Seco, *op. cit.*, pp. 45 y 51.
[23] *quio*: quiero.
[24] *noy*: chico, muchacho.

MORRONES.   (*Muy extrañado.*) ¿Pero es que se van ustés a sentar?

DON SABINO.   Hombre, si es posible...

MORRONES.   (*Como resignándose.*) Güeno; pero cojan ustés taburetes, que las sillas son para los amigos políticos.

PERNILES.   Ta bien. (*Se sientan en taburetes.*)

MORRONES.   (*A* GARIBALDI.) Y tú, tira ese cigarro; que aquí no se pue fumar.

GARIBALDI.   ¿Y por qué fumas tú?

MORRONES.   No se pue fumar viniendo de vesita.[25] (*A* PERNILES, *que se vuelve a mirar el reloj.*) ¿Y tú qué miras?

PERNILES.   Hombre, iba a mirar la hora...

MORRONES.   ¡La hora!... En seguida si fua yo el alcalde iba a tené un reló destapao pa que se aprovechasen d'él los del partido contrario... Mañana lo forro.

GARIBALDI.   Lo que debías tú de hacer, aunque seas alguacil y estés amparao por ciertos mandones, es mirarte una miaja más en la atención de las personas que necesitan del monecipio[26] y no avasallar a too Cristo por menos de naa.

MORRONES.   Tú lo que vas a hacer es callarte la boca ahora mismo.

GARIBALDI.   Y prencipalmente[27] por don Sabino lo he dicho, que es una persona médica y respetable, llena de canas; que uno al remate no es letrao ni muchísimo menos, y anda con Dios, y que le falten a uno, que tan hecho está uno a trancas como a barrancas.

MORRONES.   Tú eres un parlero que hablas más de la cuenta, y si no te callas, te agarro de los cabezones y sales... (*Le amenaza.*)

GARIBALDI.   (*Enfurecido.*) ¡Prueba y te doy con el *noy*!...

---

[25] visita > vesita. Véase M. Seco, *op. cit.*, p. 40.

[26] municipio > *monecipio*. Véase M. Seco, *ibid.*, pp. 43 y 146.

[27] principalmente > *prencipalmente*. Véase M. Seco, *ibid.*, p. 40.

MORRONES. ¿A mí?... (*Se dispone a acometerle.*)
¡Por vida e...!

ESCENA V

DICHOS y DON ACISCLO, *por la primera derecha.*

DON ACISCLO. (*Autoritario y despótico.*) ¿Qué es
eso?

MORRONES. Señó alcalde... Era que...

DON ACISCLO. ¡Silencio! Anda pa un rincón, que es
lo tuyo.

MORRONES. No dejarme... ¡Maldita sia[28]! (*Va a sentarse junto a la puerta, refunfuñando.*)

DON ACISCLO. (*Se va a su mesa y se sienta.*) Sentarse.

MORRONES. Y encima les dice que se asienten.[29] ¡Se
cae usté de güeno! Así le tratan.

DON ACISCLO. A callar. Sentarse he dicho.

LOS TRES. Con permiso. (*Se sientan con cómica
rapidez.*)

DON ACISCLO. Pues ustés dirán... (*Se levantan los
tres como para hablar.*) ¡Sentarse he dicho! (*Vuelven a
sentarse con mayor rapidez que antes.*) Sé que me quien
ustés hablar. Acedo;[30] pero uno a uno y cuidaíto con lo
que se dice. Escomenzaremos[31] por usté, don Sabino.

DON SABINO. (*Poniéndose en pie.*) Como usté
mande.

DON ACISCLO. Conque usté dirá qué istentino[32] se le
ha deteriorao.

---

[28] sea > *sia*. Véase M. Seco, *ibid.*, p. 38.
[29] Formación de palabra mediante prefijación. Véase M.
Seco, *ibid.*, p. 100.
[30] accedo > *acedo*. Véase M. Seco, *ibid.*, p. 56.
[31] *escomenzaremos*: comenzaremos. Vulgarismo. Véase M.
Seco, *ibid.*, p. 143.
[32] intestino > *istentino*. Véase M. Seco, *ibid.*, p. 63.

DON SABINO.   Pues... nada, señor alcalde, que un servidor de usted...

DON ACISCLO.   Por muchos años.

DON SABINO.   Por muchos años, sí, señor... Me veo, bien a mi pesar, en la precisión de molestarle respetuosamente, acuciado por las dolorosas necesidades de la vida. Porque, claro, aunque uno es un humilde médico rural, pues tiene uno que comer de vez en cuando; tiene uno que vestir, llamémoslo así; tiene uno que...

DON ACISCLO.   Exigencias no faltan, no.

DON SABINO.   Las igualas[33] son cortas; las visitas, escasas..., y como el digno Ayuntamiento de su acertadísima presidencia tiene la bondad de adeudarme...

DON ACISCLO.   (*Agriando mucho más el gesto y dando un golpe en la mesa con una regla; carraspea.*) ¡Ejem!...

DON SABINO.   (*Sobrecogido, trata de dulcificar el concepto.*) ...Nada, siete efímeras y cortas anualidades, que importan la insignificante suma de catorce mil quinientas pesetas; pues yo, agotados todos mis recursos para la vida, me permito elevar a usted una humilde súplica...

DON ACISCLO.   (*Dando otro reglazo sobre la mesa.*) ¡Dita sia!... ¿Y tie usté la frescura de venir aquí con esas quejas?

DON SABINO.   ¿Cómo la frescura, señor alcalde?

DON ACISCLO.   ¡La frescura! No quito una letra.

MORRONES.   (*Enardecido.*) No quite usté una.

DON SABINO.   Yo creía que elevar una humilde queja...

DON ACISCLO.   ¡Una humilde queja!... Pero cuidiao que hace falta descaro, don Sabino.

DON SABINO.   ¡Señor alcalde!

DON ACISCLO.   Vamos a ver: ¿Qué le debían a usté en el último pueblo?

DON SABINO.   Once anualidades.

DON ACISCLO.   ¿Y en el anterior?

DON SABINO.   Nueve.

---

[33] *igualas*: convenio entre médico y cliente por el que aquél presta a éste sus servicios mediante una cantidad fija anual.

DON ACISCLO.   ¡Y viene usté a estrellarse conmigo, que no le debo más que siete!

DON SABINO.   Señor alcalde...

DON ACISCLO.   ¿Le ha pagao a usté alguno?

DON SABINO.   No, señor.

DON ACISCLO.   ¿No le han pagao los otros y quie que le pague yo!... Pórtese usté bien, debiendo menos que los demás, pa que encima se lo agradezcan con estas exigencias.

DON SABINO.   ¡Peor me lo agradecen a mí, que no me pagan y encima me maltratan, don Acisclo!

DON ACISCLO.   Usté se lo ha buscao.

DON SABINO.   ¿Yo?

DON ACISCLO.   ¡Sí, señor, ea! Que si no lo digo, reviento. Usté se lo ha buscao por ser enemigo político mío.

DON SABINO.   ¿Yo enemigo de usted?

DON ACISCLO.   Y encubierto y solapao, que son los malos.

DON SABINO.   ¡Don Acisclo!

DON ACISCLO.   Y le voy a usté a probar su malquerencia, que la tengo conocía en toos los detalles. Aquí, en este pueblo de mi mando, no hay más que dos partidos políticos, ¡dos!..., porque no quiero confusiones: el miísta, que es el mío, y el otrista, que son toos los demás; güeno, pues en los dos últimos años se han muerto cinco personas en el pueblo...; pues toos de mi partido. Y eso no se lo aguanto yo ni a usté ni a nadie. Conque, u se mueren cinco personas del partido contrario en el término de dos meses u no cobra usté un real.

DON SABINO.   Señor alcalde, es que los otristas no son más que tres.

DON ACISCLO.   Pues que se mueran dos veces cada uno.

DON SABINO.   Y, además, se cuidan mucho.

DON ACISCLO.   Pues se pone usté d'acuerdo con el boticario. Pa too hay recursos. Y como remate, ¿usté cree que estoy yo aquí p'aguantar menosprecios de nadie?...

DON SABINO.   ¿Menosprecios?

DON ACISCLO.   ¡Sí, señor, menosprecios!... Va usté a visitar a la mujer del sargento de la Guardia Civil u a la del registrador, y a ellas sellos, jarabes, píldoras, emplastos, sanguijüelas... ¡Viene usté a ver a mi mujer, y manesia fervecente[34] naa más!

DON SABINO.   Es que eran distintas las dolencias.

DON ACISCLO.   Pamplinas. A mi mujer hay que darla dobles recetas que a too el mundo, tenga lo que tenga; que pa eso es mi mujer.

DON SABINO.   Pero si usted permitiera que yo le explicase...

DON ACISCLO.   Ni una palabra. De forma que me presenta usté una istancia[35] en papel sellao de tres reales y se la da usté a ése (Por MORRONES.), que ya sabe lo que tiene que hacer con ella.

MORRONES.   Sí, señor.

DON SABINO.   Pero...

DON ACISCLO.   Otro.

DON SABINO.   Señor alcalde, perdone usté que le diga que esto es conculcar la ley.

DON ACISCLO.   Está usté errao.

DON SABINO.   ¿Yo errao?...

DON ACISCLO.   Errao completamente. A ver, el veterinario.

PERNILES.   (Se levanta.) Servidor.

DON ACISCLO.   (Lo de la manesia lo tenía yo clavao en el alma...) (Alto.) Expón, Perniles.

PERNILES.   Pues yo, señor alcalde, vengo como concejal d'oposición...

DON ACISCLO.   Ya sé que eres otrista; no me lo recalques.

PERNILES.   A decirle a usté que me se haga justicia; porque lo que están haciendo conmigo los sabuesos de usté es una gorrinada.

DON ACISCLO.   Oye, tú... ¡A ver las palabritas que usas, que no estamos en sesión!

---

[34] *manesia fervecente*: magnesia efervescente.
[35] *istancia*: Instancia.

PERNILES.   Es que hay que hablar claro.

DON ACISCLO.   En el Ayuntamiento, las porquerías que quieras; aquí, con urbanidaz.

PERNILES.   Es que ya no hay cristiano que aguante esto; que no me dejan vivir; que el tío Marcos, amparao en usté, ha cogío el agua del acequión de las Jarillas pa su molino y nos quita de regar a los que tenemos derecho pa ello.

DON ACISCLO.   ¡Pero es que él es primo mío, mía[36] tú éste!

PERNILES.   Más primos somos nosotros, que pagamos y no regamos.

DON ACISCLO.   ¿Y qué quies decir con eso?

PERNILES.   Pues con eso quio decir que antes toos cogíamos buenas calabazas, que es la prencipal cosecha del pueblo; pero hogaño, como no consienten de regar más que a sus amigos de usté, pues resulta que las mejores calabazas son las del partido miísta.

DON ACISCLO.   Ca partío tié las calabazas que se merece. Si vosotros hubieseis votao lo que yo sus[37] decía, no las habría como las vuestras; pero ya que me hicisteis de perder la elección, calabacines y gracias.

PERNILES.   ¿Es decir, que voy a mirar yo con sosiego que me se pierdan toas las cosechas?

DON ACISCLO.   Tú verás lo que te conviene, Perniles; porque aquí no hay más que dos caminos: u te haces miísta u vas a regar cuando estornudes.

PERNILES.   ¿De moo que la conciencia política...?

DON ACISCLO.   Riega con ella.

PERNILES.   Güeno, y últimamente, si no me dejan regar, que no me manden el recibo del agua, ¡eso es!

DON ACISCLO.   ¡Alto allá! Eso es otra cosa. El recibo te lo mandan, porque en la cuenta e regantes resulta un líquido[38] en contra tuya.

PERNILES.   ¡Pero qué líquido va a resultar si no me dan agua!

---

[36]   mira > *mía*. Véase M. Seco, *ibid.*, p. 54.
[37]   os > *Sus*. Véase M. Seco, *ibid.*, p. 46.
[38]   *líquido*: saldo.

DON ACISCLO.   No es líquido de humedaz, es de arit-
mética, y ties que enjugarlo.

PERNILES.   Pues si no me dan agua, el otro líquido
que lo enjuague el secretario. (*Se sienta.*)

DON ACISCLO.   Eso lo veremos, que tú eres muy
altanero, y u pagas u te se embarga, que ya me ties conocío. Otro. A ver, tú, Garibaldi, ¿vienes también sobre
alguna protesta?

GARIBALDI.   Servidor vengo sobre su cuñao de usté,
que me ha tirao dos coces el macho, porque lo tien ense-
ñao a cocear a los republicanos de una manera, que en
cuanto se habla de Lerroux,[39] no hay quien pare a su lao.

DON ACISCLO.   Yo, en las opiniones políticas del
macho, no me puedo meter.

GARIBALDI.   Bueno, está bien; eso ya me lo arre-
glaré yo, porque estoy educando a mi burra de una
forma, que de que oiga mentar a La Cierva,[40] de una coz
le va a quitar la cabeza a un santo. Pero de camino
vengo a hacerle a usté una denuncia.

DON ACISCLO.   ¿Contra quién?

GARIBALDI.   Contra su consabido cuñao, Anastasio
Mangola, alias Jaro.

DON ACISCLO.   Tú dirás.

GARIBALDI.   Pues naa; paso por lo del macho, paso
por que sea cartero, paso por que sea cojo siendo cartero y paso por que siendo cojo y cartero no sepa leer ni
escribir; pero por lo que no puedo pasar de nenguna[41] de
las maneras es por la forma que tiene de repartir la
correspondencia.

DON ACISCLO.   ¿Qué forma tiene, vamos a ver?

GARIBALDI.   Pues naa, que coge las cartas y las deja
encima una mesa a la puerta de su casa. Usté va y mira;
que hay una carta y que es pa usté, pues deja usté cinco
céntimos y se la lleva; que no es pa usté, pues deja usté

---

[39] Alejandro Lerroux (1864-1949). Periodista y político
republicano.

[40] Juan de la Cierva (1864-1938). Político conservador.

[41] ninguna > *nenguna*. Véase M. Seco, *ibid.*, p. 40.

diez y la coge si quiere. Y cuando se presenta el interesado a reclamar pues le ice: "¡Haber venío antes!".

DON ACISCLO.   ¿Y qué pero tíes que ponerle a
eso?... ¡Yo no os entiendo! Estáis clamando día y noche
por la libertá y en cuanto un funcionario público sus
deja en libertá...

GARIBALDI.   Es que queremos libertá con orden y
con justicia, que es lo que no hay en este pueblo.

DON ACISCLO.   (*Airado y dando golpes en la mesa.*)
¿Qué estás diciendo?

GARIBALDI.   El Evangelio; que hay que icir las cosas
como sean.

PERNILES.   (*Animado por el ejemplo de* GARIBALDI.)
Sí, señor; que esto es peor que la Inquisición, pa que
usté lo sepa.

GARIBALDI.   Porque aquí, pa que le dejen respirar a
uno y no le quemen la cosecha u le maten el ganao, tie
que votar lo que usté quiera y hacer lo que usté quiera
y ser esclavo de usté.

PERNILES.   U de su señora de usté.

GARIBALDI.   U de su otra señora...

DON ACISCLO.   (*Indignado.*) ¡Garibaldi!

PERNILES.   U de sus amigos, u de las crías de sus amigos, u de los amigos de sus crías.

GARIBALDI.   Pa pagar las contribuciones, nosotros;
pa cobrar, los compinches...; pues no, señor. ¡Esto no
pue ser!

PERNILES.   Y no será. Que antes que vivir en este
atropello, es mejor echarse por los caminos a pedir una
caridá e Dios.

DON ACISCLO.   ¡Que estáis faltando a la ley!

DON SABINO.   (*Airado.*) Pero ¿qué entiende usté por
ley?

DON ACISCLO.   Una cosa que me permite poner
multas; conque cincuenta duros caa uno. Morrones,
avisa a la Guardia Civil.

DON SABINO.   ¡Que avise a quien le dé la gana; pero
hay que acabar con esta ignominia; hay que vivir como
seres civilizados, como hombres siquiera, porque

cuando se vive hundido en la infamia de una tiranía bestial e ignorante, es preferible la muerte..., cien veces la muerte!... Y hay que luchar...

LOS DOS. Sí, señor.

DON SABINO. Hay que luchar; pero no por unas míseras pesetas perdidas, no; hay que luchar porque el oprobio y la esclavitud en que vivimos es vergüenza para la civilización y ludibrio[42] y escándalo para la patria. ¡Muera el caciquismo!... ¡Muera cien veces!...

LOS DOS. ¡Muera!... (*Vanse gritando: "¡Muera!"*)

DON ACISCLO. ¡Canallas! ¡Granujas!... ¡A la calle!... ¡Me han atropellao! ¡Me han desacatao!... ¡Dan gritos revolucionarios!

MORRONES. (*Que ha sacado una escopeta de la primera derecha y quiere ir tras ellos.*) ¡Déjeme usté a mí, que les voy a dar cevelización[43]!...

DON ACISCLO. (*Conteniéndole.*) No; quieto, Morrones...; ahora, no, que es de día y salen de mi casa. (*Le quita la escopeta y la esconde.*)

MORRONES. ¡Eso les vale!... ¡Maldita sia!...

DON ACISCLO. Pero ven acá, vamos a hacer una denuncia por desacato. Los tengo medio año en la cárcel. ¡Por éstas!

MORRONES. ¡Medio año!... ¡Seis años de cadena perpetua caa uno y no pagan, no sea usté primo!

DON ACISCLO. Es verdá. ¡Seis años! Veinte años... cuarenta años... (*Vase primera derecha.*)

ESCENA VI

CRISTINA y EDUARDA, *del huerto. Se levanta la cortina de la ventana y asoma la cara dulce y graciosa de* CRISTINA. *Por el otro extremo asoma* EDUARDA.

CRISTINA. ¿No hay nadie?

---

[42] *ludibrio*: escarnio.
[43] *cevelización*: civilización.

EDUARDA. Nadie. Pasa, Cristina, pasa. (*Entran de puntillas. Cristina trae unas flores en la mano.*)

CRISTINA. Tengo miedo que nos puedan oír.

EDUARDA. Pasa, pasa sin temor; siéntate aquí y cuéntamelo todo. ¡Oh, pero quién iba a figurarse que tú...! ¡Habla, hija, habla! (*Se sientan.*)

CRISTINA. Sí; sí, señora doña Eduarda; es preciso que hablemos, porque yo necesito una persona buena como usté a quien abrirle mi corazón, contándole todo lo que me sucede.

EDUARDA. Claro, así te encontraba yo de triste y de pensativa. ¡Pero cómo iba a imaginar! ¡Oh, tu aventura es una aventura llena de interés, de poesía, de pasión!...

CRISTINA. ¡Me ha costado ya más lágrimas!... ¡Si supiera usté...!

EDUARDA. Sigue, sigue..., ¿y dices que se trata de un joven esbelto, de ojos oscuros, fuerte como un pugilista, ágil como un berebere?...

CRISTINA. Sí, señora; es alto, elegante, de ojos grandes, pelo negro, labios finos..., dientes blancos...

EDUARDA. ¡Una tontería de moreno, vaya!

CRISTINA. ¡Usté no puede imaginarse un hombre más guapo, doña Eduarda!

EDUARDA. Ya lo creo que puedo. Tú no conoces mi fuerza imaginativa. Además, tú te expresas con un calor, que no es que describes, es que fotografías... Y sigue, sigue...; ¿dices que cuando estabas ahogándote, él, heroicamente, se lanzó al agua?

CRISTINA. Sí, señora; cuando yo estaba ahogándome, de pronto él se tira al agua, coge la botella, llena el vaso, me lo da, bebo un sorbo y me pasa la espina.

EDUARDA. (*Con cierto desencanto.*) ¡Ah! ¿Pero no fue un naufragio?

CRISTINA. No señora, fue una raspa.[44] Si ya se lo he dicho a usté, sino que usté se ha empeñao que me pasó en el océano, y fue en una fonda.

---

[44] *raspa*: espina.

EDUARDA.   Confiesa que en el mar hubiese sido más romántico; pero, en fin, todo es ahogarse. Sigue, sigue.

CRISTINA.   Pues, como digo, fue en la fonda del balneario de la Robla,[45] donde yo había ido acompañando a mi tía Constanza. Allí encontré a Alfredo.

EDUARDA.   ¡Ay! ¡Alfredo! ¡Hasta el nombre escalofría!

CRISTINA.   Antes de aquello de la espina había notao yo que aquel joven me miraba con interés y que decía al pasar alguna palabra cariñosa; pero ya desde aquella tarde nos acompañó sin falta en todos nuestros paseos, y al cabo, una noche de luna muy clara, muy clara, después de cenar, fuimos a dar una vuelta por la carretera y se me declaró.

EDUARDA.   ¡Oh!... Sigue.

CRISTINA.   Se me declaró pintándome un amor..., ¡ay doña Eduarda!

EDUARDA.   ¿Rosáceo?

CRISTINA.   No me acuerdo, porque yo no estaba para colores... Pero ¡qué frases me dijo tan discretas y tan amables!... Y claro, como una, metida en estos poblachos, no ha oído jamás a un joven educado tres palabras cariñosas y bien dichas, pues yo, a medida que me pintaba su cariño, iba sintiendo interiormente una alegría y un temblor que yo no sabía cómo disimularlo.

EDUARDA.   ¿Y tú qué le dijiste, qué?

CRISTINA.   Pues le dije que aquello no podía ser formal, que era que quería burlarse de mí; que yo no podía gustarle...; en fin, todas esas tonterías que dice una mujer cuando quiere decir que sí y no sabe cómo.

EDUARDA.   ¡Oh, qué cándida ingenuidad!

CRISTINA.   Él, entonces, me contó toda su vida. Y yo no sé, vamos, porque a los hombres no los puede una creer...; pero qué sé yo, se me figuró que aquél me hablaba con un sentir honrao y verdadero. Me dijo que era pobre, muy pobre.

EDUARDA.   ¡Pobre!... ¡Qué poemático!

---

[45] Municipio de la provincia de León.

CRISTINA.   Que no tenía padres.

EDUARDA.   ¡Huérfano!... ¡Qué elegíaco!

CRISTINA.   Que vivía con un tío.

EDUARDA.   ¡Vivir con un tío!... ¡Mi ideal!

CRISTINA.   Y yo..., pues también le conté mi vida. Le dije que era huérfana como él, que vivía enterrada en esta tristeza de pueblo con un hermano de mi padre que me administraba la fortuna, y que se me figuraba que esto me tenía amarrada a mis tíos, que querían casarme a su gusto pa que no pudiese escapar de su lao, y que yo tenía ansia de un cariño leal y verdadero que me sacara de esta esclavitud y de estos egoísmos. Él me escuchaba así como emocionao, y luego, con voz temblorosa, me prometió quererme siempre, venir por mí, casarse conmigo, sacarme del pueblo... Yo entonces lloré al oírlo, nos cogimos las manos y..., ¡me da un sofoco recordarlo!...

EDUARDA.   ¡Dime! ¡Dime!

CRISTINA.   ¡Y luego nos dimos un beso!

EDUARDA.   ¡Oh, un beso!... ¡Ah Cristina, qué recuerdos se despiertan en mí!

CRISTINA.   ¡Pues ya ve usté si es infamia, al día siguiente de aquella noche tan feliz desapareció del balneario sin despedirse siquiera!

EDUARDA.   ¡Qué perfidia! ¡Qué ingratitud!...

CRISTINA.   Yo lloré sin consuelo. Aquello me pareció una burla. En el hotel se murmuraba que se había ido sin pagar. Yo no hice caso; pero luego caí en la cuenta...

EDUARDA.   El que se conoce que cayó en la cuenta fue él.

CRISTINA.   Caí en la cuenta de que quizá, arrepentido de haberme engañao, no quiso ni despedirse.

EDUARDA.   ¡Pobrecilla!

CRISTINA.   A los pocos días volvimos al pueblo, aquí me paso estas horas largas llorando y pensando en él. ¿Volverá? ¿No volverá? ¡Las margaritas que yo he deshojado!...

EDUARDA.   ¡Volverá!, ¡ten esperanza!

CRISTINA.   ¡No; no volverá, doña Eduarda! Aquello

fue una broma con una pobre señorita de pueblo. Como
una no sabe expresarse, no tiene modales, ni elegancia,
ni nada... ¡Claro, cuesta tan poco engañarnos!... ¡Si viera
usté, tengo una rabia y un coraje! ¡Ser una señorita de
pueblo!... ¡Me da una pena!... (*Llora.*)

EDUARDA.   Por Dios, Cristina, no llores, no llores;
que me estás atormentando cruelmente. (*Se levanta.*)

CRISTINA.   ¿Yo?...

EDUARDA.   ¡Sí, ea!... Quiero también hacerte mi
confesión. Me estás atormentando, porque, sábelo de
una vez, tu aventura renueva en mi alma el dolor de un
episodio parecido.

CRISTINA.   Doña Eduarda, ¿qué dice usted?

EDUARDA.   Lo que oyes. ¡Qué mujer no tiene su
dardo en el corazón!... ¡Ah, esos amores fugitivos, esas
poéticas aventuras de unos días, dejan en el alma una
huella tan perdurable!... Yo también conocí otro como
tu Alfredo. El mío se llamaba Rigoberto. Rigoberto
Piñones de Vargas. Como guapo, el Apolo del Belve-
dere era un Charlot a su lado.[46] Pertenecía a una gran
familia valladolisoletana.[47] Tú ya habrás oído hablar de
los piñones de Valladolid.

CRISTINA.   Muchísimo; sí, señora.

EDUARDA.   Era tierno, blanco, suave, apasionado,
donjuanesco, arrogante..., y, para colmo, me dijo que
era militar.

CRISTINA.   ¿Pero todo eso sería antes de casarse
usted con el señor Blanco?

EDUARDA.   ¡Ah, claro, hija!; eso fue mucho antes de
que yo pusiera los ojos en Blanco! ¡Tú no puedes imagi-
narte cómo idolatré a Rigoberto! ¡Aquello era la enaje-
nación, el arrebato, el traumatismo! ¡Yo también tengo
mi noche de luna, mis promesas ardientes murmuradas
en un jardín solitario!... Yo también gusté de la miel de
un beso furtivo... ¡Ah Cristina!

---

[46] Referencia contrastiva que evidencia la popularidad
alcanzada por el personaje de Charles Chaplin.

[47] *valladolisoletana*: vallisoletana.

CRISTINA.   ¡También!

EDUARDA.   También. Me lo dio en la rotonda, en la rotonda de mi casa. ¡Mamá dormitaba, yo confiéme, él incitóme... y, al fin, imprimiómelo! ¡Cuánto adoréle! Pero ¡oh funesta coincidencia!, también el mío, como el tuyo, desapareció un día súbitamente.

CRISTINA.   ¿Es posible?

EDUARDA.   Lo que oyes. Y a poco averigüé, aterrada..., que no se llamaba Rigoberto, sino Exuperio; que lo de los Piñones era una superchería y que lo único que tenía de militar era la licencia absoluta y un gorro de cuartel.

CRISTINA.   ¡Qué horror!

EDUARDA.   ¡Qué horror y qué sacrilegio!

CRISTINA.   ¿Sacrilegio?

EDUARDA.   Sacrilegio, sí; porque ¡hay más!...; ¡pásmate, aquel hombre estudiaba para sacerdote!

CRISTINA.   ¡Jesús!

EDUARDA.   Era un ordenado de Epístola,[48] es decir, era un desordenado, porque todo se lo gastaba en juergas. Tuvieron que echarlo del seminario. No te digo más.

CRISTINA.   ¡Qué desengaños hay en la vida!

EDUARDA.   Pues ya lo ves; pasó el tiempo, me casé, soy fiel a mi esposo, y, sin embargo, recuerdo tanto a aquel hombre que cuando mi marido dice por ahí que estamos a partir un piñón, me pongo como la grana...

CRISTINA.   ¡Lo creo!

EDUARDA.   Vamos, Cristinita, vamos hacia el jardín. Necesito aire... Tu relato y mi recuerdo me retraen a rememoraciones que... ¡Ah!

CRISTINA.   (*Cogiendo una margarita que lleva en el pecho.*) ¿Volverá? ¿No volverá?... Sí, no...; sí, no... (*La va deshojando. Hacen mutis por el jardín.*)

---

[48] *ordenado de Epístola*: subdiácono; su principal ministerio es cantar la Epístola en la misa.

ESCENA VII

CARLANCA y CAZORLA, *por la segunda derecha; luego,*
MORRONES, *por la primera derecha.* CARLANCA *es un*
tipo de matón de pueblo, feo, peludo, cejijunto, de
mirar atravesado. CAZORLA, *fino, redicho, vestido con*
humildad, pero pulcramente. Vienen jadeantes, pálidos,
consternados. Hablan con agitación, con ira.

CAZORLA.   ¡Ay, párate, Carlanca, párate; que no
puedo más!

CARLANCA.   Y yo vengo con la lengua fuera; pero
déjalo, no le hace que reventemos. ¡Hay que ponerlos
sobre aviso, tien que saber la gravedad de la cosa!

CAZORLA.   ¿Quién habrá sido el ladrón?

CARLANCA.   ¡No sé; pero el que haiga[49] sido, mialas,
si no me las paga con su sangre!... Llamemos.

CAZORLA.   ¡Ay, qué disgusto más horrible! ¡Ay, en
cuanto se entere don Acisclo!...

CARLANCA.   Cae en una aploplejía. ¡Pero ni pa unto
va a servir el que tenga la culpa! ¡Lo asesino!... (*Lla-*
mando.) ¡Ave María Purísima!...

CAZORLA.   ¡Ay Carlanca, no llames; que yo no
tengo valor pa darles el trago!

CARLANCA.   No hay que perder tiempo. Sería peor.
¡Pero déjate, que al causante, mal rayo si no le clavo la
faca en las entrañas!... (*Volviendo a llamar.*) ¡Alabao
sea Dios!

MORRONES.   (*Saliendo primera derecha.*) ¿Quién?

LOS DOS.   Morrones... (*Le coge cada uno de un*
brazo.)

MORRONES.   ¡Señor Cazorla! ¡Carlanca!...

CAZORLA.   ¿Y el señor alcalde?

MORRONES.   Pero ¿qué pasa que vienen ustedes más
blancos que un papel?...

---

[49] haya > *haiga*. Véase M. Seco, *ibid.*, p. 85.

CAZORLA.   ¡Pues pasa que el mundo se nos viene encima!

MORRONES.   ¡Mi madre!

CARLANCA.   Que ya puedes ir escogiendo el presidio que te guste más.

MORRONES.   Recontra; ¿pero va en serio?

CAZORLA.   El Evangelio es una chirigota comparao con lo que acabas de oír.

MORRONES.   Pero...

CARLANCA.   Arrea, avisa a don Acisclo y a la señá Cesaria que salgan a escape.

MORRONES.   (*Inicia el mutis.*) Voy, voy...

CARLANCA.   (*Deteniéndole.*) ¡Ah, escucha!...; para que no se asuste así, de pronto, dile que no es nada; pero que se traiga el revólver, por si acaso.

CAZORLA.   Eso. Y añádeles que la cosa no tiene importancia; pero que si no está el médico, que lo avisen.

MORRONES.   Bueno. (*Va a marcharse.*)

CAZORLA.   (*Vuelve a detenerlo.*) Oye..., y manda, como cosa tuya, que hagan una meaja de tila.

MORRONES.   ¿Pa cuántos?

CAZORLA.   Kilo y medio. Arrea. (*Vase primera derecha.*)

CARLANCA.   ¡Pobre don Acisclo!

CAZORLA.   Bueno, y si al decírselo se nos muere, ¿qué hago?

CARLANCA.   Pues en cuanto le veas con síntomas así como pa entierro, te callas.

CAZORLA.   ¡Pero, Dios mío! ¿Quién habrá sido el delator?

CARLANCA.   Yo lo sabré y ¡ay de él! ¡Iremos a presidio; pero le rajo! ¡Por de contao!

CAZORLA.   Calla, que salen.

ESCENA VIII

Dichos, Doña Cesárea y Don Acisclo, *por la primera derecha.*

Doña Cesárea. ¿Qué pasa?

Don Acisclo. ¿Qué ocurre, qué dice Morrones, que dicen ustés...?

Doña Cesárea. ¡Madre, qué caras!

Don Acisclo. ¿Se nos ha quemao la parva?

Doña Cesárea. ¿S'ha muerto el ganao?

Carlanca. ¡Peor!

Doña Cesárea. ¡Peor!

Don Acisclo. Hablen ustés, que m'ahogo de angustia. ¿Qué es lo que pasa?

Cazorla. ¡Ay don Asciclo, en diez años que llevo al frente de la secretaría de este Ayuntamiento, nunca le he dado a usted un mal disgusto!

Don Acisclo. Sí, bueno, ya lo sé; pero...

Cazorla. Cuando se le murió a usted su suegra, pa evitar que usted se afligiese, le dije que era la mía; así yo me hacía la ilusión y usted no se disgustaba.

Doña Cesárea. (*Impaciente.*) Bueno; pero ahora, ahora...: ¿qué es lo que pasa ahora?

Carlanca. Pues ahora pasa que les tenemos que dar a ustés el desgusto más grande de su vida.

Don Acisclo. ¡Canastos! ¿Y si es un desgusto, por qué no se lo dan ustés a otro?

Cazorla. Es intransferible, don Acisclo; si no a estas horas ya se lo había yo dao al señor cura u a otro amigo de confianza.

Don Acisclo. ¡Pues venga, venga, por Dios, lo que sea!

Doña Cesárea. ¿De qué se trata?

Cazorla. Pues verán ustedes. Estaba yo en el Ayuntamiento, con aquel expediente que me dijo usté que lo estudiase para ver cómo podíamos dejar de resolverlo, cuando en esto llega una carta pa usté, y como usté me tiene autorizao pa abrirlas, la abro, la leo y me caigo redondo.

DON ACISCLO.   ¿De quién era?

CARLANCA.   De don Demetrio.

DON ACISCLO.   ¿De nuestro antiguo diputao?

CAZORLA.   El mismo. Aquí está.

DON ACISCLO.   ¿Y qué dice?

CAZORLA.   Óiganla ustedes, si tienen valor, y juzguen de mi espanto.

LOS DOS.   A ver, a ver...

CAZORLA.   (*Leyendo.*) "Señor don Acisclo Arrambla Pael.[50] Mi querido Acisclo: Si no tienes agua de azahar en casa, no empieces la lectura de esta carta."

DON ACISCLO.   ¿Tenemos?

DOÑA CESÁREA.   Creo que sí. Sigue, Cazorla.

CAZORLA.   (*Lee.*) "Porque tu corazón municipal y patriota va a sufrir el más terrible de los golpes."

DON ACISCLO.   ¡Golpes a mí!...

CAZORLA.   (*Leyendo.*) "Cuando yo tenía vuestra representación en Cortes, tu gestión al frente del Municipio estaba garantizada, pero desde que los otristas me arrebataron el acta, dándosela a ese imbécil de García Moyuelo, que una terrible amenaza se cernía sobre vosotros..."

DOÑA CESÁREA.   ¡Amenaza!...

DON ACISCLO.   ¡Rediez!

CAZORLA.   (*Lee.*) "Y esta amenaza va a realizarse al fin."

DON ACISCLO.   ¡Pero qué es! ¿Qué amenaza es ésa?

CARLANCA.   ¡Tenga usted valor, don Acisclo!

CAZORLA.   (*Leyendo.*) "A petición de algunos elementos de ese pueblo, García Moyuelo ha solicitado del Presidente del Consejo de Ministros, enemigo acérrimo del caciquismo, que se envíe un delegado con órdenes severísimas..."

DON ACISCLO.   ¡Santo Dios!

CAZORLA.   (*Leyendo.*) "Para que inspeccione tu

---

[50] *Arrambla Pael*: arrambla para él.

gestión administrativa durante los dieciocho años que
llevas al frente de ese Municipio."

Don Acisclo.   (*En el colmo del furor.*) ¿Investigarme a mí?... ¿Pero quién manda eso?... ¿Pero qué
ladrón se va a atrever a eso?...

Doña Cesárea.   Calma, Acisclo, calma, deja que
siga. ¡Adelante!...

Cazorla.   (*Lee.*) "Aseguran que ese Ayuntamiento
es una cueva de ladrones."

Don Acisclo.   ¡Cómo ladrones!... ¿Pero dice ladrones?

Cazorla.   Con todas sus letras. Mire usté. (*Le muestra la carta.*)

Don Acisclo.   (*Leyéndolo.*) ¡Ladrones nada más!...
¡Digo, nada menos!

Cazorla.   (*Lee.*) "El delegado que os envía, hombre enérgico y resuelto, ha prometido al ministro que, o
le rendís cuentas hasta el último céntimo, u os trae a
Madrid atados codo con codo."

Todos.   ¡Codo con codo!

Cazorla.   (*Leyendo.*) "Uno de estos días enviarán
al pueblo una sección de la Guardia Civil, para apoyar
la gestión del delegado."

Doña Cesárea.   ¡Santo Dios!

Carlanca.   ¡La Guardia Civil!

Don Acisclo.   ¡Qué infamia!... (*Con sonrisa sarcás-
tica.*) ¡No dejarle venir solo!

Cazorla.   (*Leyendo.*) "Yo, enterado de la cosa por
una confidencia secreta, me he creído en el deber de avi-
sarte para que os preparéis, y como yo sé que tú llevas
los libros de una forma especial, como persona que sabe
muy bien lo que se lleva, te aconsejo un procedimiento
expeditivo: quema los libros o quema el Ayuntamiento."

Don Acisclo.   ¿Y si quemáramos las dos cosas?

Carlanca.   ¡Es una idea!

Cazorla.   (*Leyendo.*) "Y por último, vigilad sin
descanso. El delegado y su secretario llegarán a ésa de
incógnito. Quieren sorprendernos. Quizá estén ya entre
vosotros."

MORRONES. ¿Entre nosotros?... (*Mira por todos los rincones.*)

CAZORLA. (*Acabando de leer.*) "Calma y astucia, ¡Maura,[51] no!... Tuyo siempre, Demetrio Sánchez Cunero.[52]"

DON ACISCLO. (*En el colmo de la ira.*) ¡Ay Cesárea, que me ahogo, que me siento morir!

DOÑA CESÁREA. ¡Ladrones, canallas, granujas!

DON ACISCLO. ¡Quieren mi perdición!... ¡Infames! ¡Asesinos! ¡Treinta y dos años haciendo en este pueblo lo que me ha dao la gana, y no tenerse en cuenta esta antigüedad! ¡Ay, darme agua!... ¡Me rechinan los dientes! ¡Me retuerzo de coraje! (*Le dan convulsiones de ira.*)

DOÑA CESÁREA. ¡Por Dios, Acisclo, no te pongas de esa forma!

CARLANCA. ¡Por Dios, señor Alcalde! Calma. Fúmese usted un cigarro. (*Se lo da.*)

CAZORLA. Desabrocharlo... hacerle el aire.

DON ACISCLO. ¡Investigarme a mí!... ¿Yo codo con codo?... Antes asesino, machaco, trituro, incendio...

DOÑA CESÁREA. Sujetarlo, que voy a hacerle tila. (*Vase por la izquierda.*)

ESCENA IX

DICHOS, *menos* DOÑA CESÁREA.

MORRONES. ¡La Guardia Civil!

DON ACISCLO. (*Aterrado.*) ¡Dónde?

MORRONES. Digo que la Guardia Civil es lo que más me ha ofendío a mí.

CARLANCA. (*Iracundo.*) ¡No asustes sin motivo, so animal!

---

[51] Antonio Maura (1853-1925): político y Presidente del Gobierno en tres ocasiones.

[52] *Cunero*: candidato o diputado a Cortes extraño al distrito y patrocinado por el gobierno.

DON ACISCLO.   ¡Hay que quemar los libros!

CARLANCA.   Pero si los quemamos, es posible que vayamos a la cárcel.

CAZORLA.   ¡Pero si no los quemamos, es seguro!

DON ACISCLO.   ¡Sí, hay que incendiarlo, arrasarlo, quemarlo too!... Darme fuego... ¡Yo lo quemo too!... ¡Darme fuego!...

MORRONES.   ¡No, por Dios!...

DON ACISCLO.   Darme fuego, hombre, que estoy muy nervioso y quiero fumar.

CAZORLA.   ¡Ah, bueno!... (*Le dan una cerilla cada uno.*)

DON ACISCLO.   ¿Hacerme esto a mí?... Yo, que ha llegao una Nochebuena, y capones al ministro, tortas al subsecretario, leña al director general[53]...

CARLANCA.   ¡Ya les daría yo capones, pero no de pluma!

CAZORLA.   Bien, dejemos fruslerías; no hay que perder tiempo. Vamos a pensar rápidamente lo que nos conviene hacer.

DON ACISCLO.   Bueno, total: ¿en qué renuncio puen cogernos?

CARLANCA.   En casi naa.

CAZORLA.   Lo más dudoso es lo de la cárcel. Ya sabe usté que había catorce presos con una consignación de dos pesetas, que en total eran veintiocho diarias. Un día los cogió usté a todos, los dejó en libertad...

DON ACISCLO.   Sí, y me se olvidó suprimir la consignación el primer año... y los demás años, pues pa que no creyesen que había sío de mala fe..., lo fui cobrando y....

CARLANCA.   ¡Una distracción cualquiera la tiene, señor!

CAZORLA.   También es grave lo del monte de las Jarillas, que es del procomún,[54] y éste pidió el aprovechamiento que era del pueblo pa fundar, con el producto,

---

[53] Obsérvese la anfibología de *capones*, *tortas* y *leña*.

[54] *procomún*: utilidad pública.

un asilo de ancianos... Y el aprovechamiento, pues se ha aprovechao; ahora, que el asilo...

DON ACISCLO.   Sí, hombre, sí; que no pue estar uno en too y me distraje...

CARLANCA.   ¡Ancianos, ancianos!... ¡Pa lo que van a vivir!...

CAZORLA.   Porque lo de que estén cerradas las escuelas hace ocho años, no creo yo que...

CARLANCA.   ¡Eso qué le importa a nenguno!...

DON ACISCLO.   ¡Pa qué quie nadie saber leer en este pueblo, si lo único que hay que leer son los rótulos de las calles y cuatro o cinco números atrasados de *La Lidia*, que tie el sacristán!...

CAZORLA.   Pues claro, porque yo creo que tengamos sin pagar al médico siete años y doce sin abonar naa a la Diputación, y que los fondos pa enseñanza... y el aprovechamiento de riegos... cuatro tonterías...

CARLANCA.   Too eso, naa... ¡Espuma de virutas, que dijo Maura![55]

CAZORLA.   ¡Y que se vean toos los Ayuntamientos de España, a ver si están mejor!...

DON ACISCLO.   (*Con resolución.*) Bueno, de toos modos hay que prevenirse. Pa las ocasiones son los hombres. Verán ustés cómo lo arreglo yo too en dos boleos. Morrones.

MORRONES.   Mande usté.

DON ACISCLO.   En ti confío.

MORRONES.   Un perro.

DON ACISCLO.   Márchate inmediatamente y búscame catorce hombres que quieran ir a la cárcel por tres pesetas diarias, con oción[56] a escoger los delitos que más les gusten. Cuasi[57] toos con caras de criminales...

MORRONES.   Está bien.

DON ACISCLO.   En seguía me sacas de donde los

---

[55] Una de las definiciones parlamentarias más célebres del destacado orador y político.

[56] opción > *oción*. Véase M. Seco, *op. cit.*, p. 56.

[57] Casi > *Cuasi*. Véase *ibid.*, p. 143.

haiga nueve ancianos. De ambos sexos los nueve. Y sobre la marcha, sea como sea, te haces con veinticuatro chicos, de los cuales doce u catorce sean chicas.

MORRONES.   Catorce presos, nueve ancianos, veinticuatro chicos; que varias sean chicas... Descuide usté. Dentro e media hora estoy aquí con el ganao. (*Vase por la segunda derecha.*)

DON ACISCLO.   Hala..., vuela...

CAZORLA.   Lo malo es que no tenemos ningún chico que sepa leer.

DON ACISCLO.   No importa.

CAZORLA.   ¿Y si quieren examinarlos?

DON ACISCLO.   Pues se le dice a la señá Társila, la mujer del sacristán, que les enseñe a uno u dos cuatro historias de Historia, cuentas y pamplinas de ésas; les pregunta usté que ande están las montañas de Navarra, y muy brutos tien que ser pa no decirle a usté que en Aragón. Y despachaos.

CARLANCA.   ¡Si se pudieran arreglar los libros tan fácilmente!...

DON ACISCLO.   Too se andará; deje usté descansar al macho.

ESCENA X

DON ACISCLO, CARLANCA, CAZORLA y DON RÉGULO, *por la segunda derecha.*

DON RÉGULO.   (*Entrando.*) Señor Alcalde... Señores...

DON ACISCLO.   ¡Don Régulo!

DON RÉGULO.   Vengo explosivo, la indignación me corroe, me crispa la ira...

DON ACISCLO.   ¿Se ha enterao usté?

DON RÉGULO.   De todo. Es una indignidad lo que ese Gobierno centralista y canallesco quiere cometer con nosotros.

CARLANCA. ¡Quieren investigarnos!

CAZORLA. ¡Ajustarnos las cuentas!

DON RÉGULO. ¡Las cuentas!... ¡Jamás mientras yo viva en este pueblo! Un caballero español y cristiano no tolera semejante bochorno.

CAZORLA. Muy bien.

DON ACISCLO. Y luego, que aparte de lo de caballero y de lo de cristiano, si se enteran que cobra usté como matrona de consumos,[58] era otro bochorno.

CARLANCA. ¡Desconfiar de nosotros!

DON RÉGULO. No debemos tolerarlo. Somos los nietos de los Comuneros,[59] y el que tiene en su escudo el león rampante de Castilla y seis rodelas en campo de azur, no se deja investigar.

DON ACISCLO. ¿Y qué haríamos? ¿Usté qué opina?

DON RÉGULO. Déjenme ustedes a mí. Que venga ese delegao. Ya saben ustedes que yo le pego un tiro a una mosca a veinte metros. Viene, examina los libros y en cuanto haga una multiplicación que no nos convenga le mando los padrinos. Cuestión de honor.

CARLANCA. ¡Eso es ser un caballero!

DON RÉGULO. A un hidalgo español no hay quien le ajuste nada. Al menor recelo, a la más leve sospecha le cruzo la cara.

CAZORLA. La verdad es que usté con la pistola en la mano...

DON RÉGULO. Acuérdense ustedes de mi duelo con Menéndez, el teniente de la Guardia Civil. Se permitió mirar malévolamente a mi Eduarda y le tuve cojo medio año de un balazo en el peroné.

DON ACISCLO. Sí, vamos; pero por cosa de mujeres, no...

DON RÉGULO. (*Saca una pistola.*) ¿Quieren ustedes

---

[58] *matrona de consumos*: matrona pagada con impuestos municipales.

[59] *Comuneros*: protagonistas del levantamiento de varias ciudades castellanas contra el poder central de Carlos I a principios del siglo XVI.

que machaque aquella avispa que acaba de pararse en el marco del reloj?

CARLANCA.   No, hombre, por Dios; no hace falta.

DON RÉGULO.   (*Se guarda la pistola.*) Está bien. Pues ya lo saben ustedes: no hay que intimidarse. Unámonos ante el enemigo común. Unámonos y seremos fuertes. *La force premier que le droit.*[60]

CAZORLA.   Eso lo he leído yo en alguna parte.

DON RÉGULO.   En los hongos.[61] Unámonos y podremos hacer lo que nos dé la gana, que es para lo que se une todo el mundo. Aprendamos de las sencillas lecciones de las cosas más nimias. ¿Qué es un grano de arroz por sí solo?... Nada; pero junta usté muchos granos, adiciona un pollo y paella... Pues imitemos el ejemplo del arroz y uniéndonos como sabrosos granos, no seremos pa ella, pero seremos pa nosotros. La unión *fait la force*[62]. De otro hongo.

LOS TRES.   Muy bien.

DON ACISCLO.   Tiene usté razón.

DON RÉGULO.   Y últimamente, para cuando se me acabe la razón, me queda la puntería. Yo soy un caballero, no una cocinera. ¡Yo no me dejo ajustar cuentas!

ESCENA XI

DICHOS y DOÑA CESÁREA, *por la izquierda.*

DOÑA CESÁREA.   ¡Ya están ahí!... ¡Ya han venío, ya han venío!

DON ACISCLO.   ¿Quién?

DOÑA CESÁREA.   El delegao y su secretario.

DON ACISCLO.   ¿Qué dices?

DOÑA CESÁREA.   ¡Lo que oyes!

[60] La fuerza antes que el derecho.
[61] Se refiere a las etiquetas puestas en la parte interior de los *hongos*, sombreros de fieltro muy comunes en la época.
[62] *fait la force*: hace la fuerza.

Don Acisclo.   ¡Mi madre!

Don Régulo.   ¡Ánimo!

Cazorla.   ¡Lo ve usté!

Doña Cesárea.   Están en el Hotel Anastasia.

Don Acisclo.   ¿Cómo lo sabes?

Doña Cesárea.   Pues por la Jesusa, que mandéla a la fonda ande tiene sirviendo a su sobrina pa que se enterara, y l'han dicho que acaban de llegar dos forasteros. El uno mu bien vestío y más joven, y el otro, ya entrao en años, pero elegante también.

Don Régulo.   ¡Ellos son!

Doña Cesárea.   A más, ha dao la coincidencia que no haría una hora que estaban en el pueblo esos dos señores cuando han llegao ocho parejas de la Guardia Civil.

Cazorla.   Pues ya no hay duda.

Carlanca.   ¡La Guardia Civil!

Doña Cesárea.   Y creo que el teniente ha ido en seguida a saludar a los forasteros.

Carlanca.   No diga usté más. ¡Ellos son!... ¡Codo con codo!...

Don Acisclo.   ¿Y qué señas tienen?

Doña Cesárea.   Pues el delegao creo que es un señor muy delgao, y el que no es delegao también es delgao, pero no tanto. Parece s'han metío en el cuarto y que tratan de esquivar que la gente los vea.

Don Acisclo.   ¡Ah, traicioneros!

Cazorla.   ¡Quieren cogernos desprevenidos!

Doña Cesárea.   Creo que de que han llegao, han pedío dos jarros de agua. Se supone que pa lavarse.

Carlanca.   ¡Qué raro, lavarse por la tarde!

Doña Cesárea.   La Jesusa ha avertío[63] a la Anastasia, de mi parte, que los vigilen, y allí está de guardia.

Don Régulo.   Bien hecho. Y yo, si a ustedes les parece, voy a organizar hábilmente el espionaje, y en cuanto sepa tanto así de interés, vengo a enterarles en un vuelo.

---

[63] advertido > *avertío*. Véase M. Seco, *ibid.*, p. 57.

Don Acisclo.   Bien pensao. Vaya usté a ver qué averigua.

Don Régulo.   Hasta ahora.

Doña Cesárea.   Salga usté por la puerta del callejón. (*Vanse los dos por la izquierda.*)

ESCENA XII

Dichos y Morrones, *por la segunda derecha.*

Morrones.   Señor Alcalde... (*Forman todos un grupo y discuten en voz baja.* Don Acisclo *se acerca a* Morrones.)

Don Acisclo.   ¿Has hecho mi encargo?

Morrones.   Sí, señor.

Don Acisclo.   ¿Traes presos, viejos y niños?

Morrones.   Traigo una muestra de caa cosa.

Don Acisclo.   ¿Pues?

Morrones.   Presos no encuentro. Ni por seis pesetas quie ir nadie a la cárcel.

Don Acisclo.   ¡Qué canallas!... ¡Con las veces que han estao de balde!

Morrones.   Por fin, he convencío a dos, por nueve pesetas uno con otro, que no sé si servirán pa creminales[64]...

Don Acisclo.   ¡A nueve pesetas la pareja! ¡Cómo se ha puesto too!... ¡Abusones!

Morrones.   De ancianos tampoco hay abundancia con esto de la gripe; pero verá usté luego lo mejor que he encontrado. Y los chicos me los está recogiendo mi mujer. Le he dicho que los pague a seis pesetas la media docena... Ya tenía nueve cuando me he venío; pero los nueve de ambos sexos, como usté quería.

Don Acisclo.   Bueno, aguarda ahora, y vosotros venir p'acá. (*Los lleva aparte.*) Vosotros sois mis pies y

---

[64] criminales > *creminales*. Véase *ibid.*, p. 40.

mis manos. Tú eres la estucia,[65] tú el valor. Ya estamos solos. Semos hombres. Hay que echar el corazón por la boca. Con esos delegaos hay que hacer algo..., pero algo radical, ¿me expreso?

CARLANCA.   Tengo lo mío.

DON ACISCLO.   ¿Qué?

CARLANCA.   Cojo la manta y el retaco, me aposto esta noche detrás de una esquina, y... (*Acción de disparar.*)

DON ACISCLO.   ¡Chis! Esos procedimientos son mu antiguos.

CARLANCA.   Mu antiguaos, pero de *requiescat in pace.*

DON ACISCLO.   Otra cosa, otra más... (*Pensando.*) ¡Más de ahora!

CARLANCA.   ¿Y meterles un perro rabioso en el cuarto de la fonda?

DON ACISCLO.   Hombre, eso no me acaba a mi de disgustar; tie cierta novedá y no cae en el Código.

CAZORLA.   No cae, pero tropieza. Abandonemos lo delictivo, señor alcalde. ¡Yo, yo tengo el único procedimiento!

DON ACISCLO.   Venga.

CAZORLA.   No nos engañemos; si esos hombres investigan de veras vamos a la cárcel. De forma que yo que usted, lo que hacía era sobornarlos. Esto es vulgar, pero seguro. Dinero..., agasajos..., obsequios..., discursos..., músicas, cohetes, comidas...

DON ACISCLO.   Ties razón... Es lo más prudente.

CAZORLA.   Que les conviene el unto y se van... ¡vayan con Dios! A enemigo que huye... usted lo pase bien. ¡Que no se van..., ahí de mi ingenio!

DON ACISCLO.   ¿Qué piensas?

CAZORLA.   Es mi secreto. Pero si no se van, yo les juro a ustedes que buscaré quien les haga marcharse a uña de caballo,[66] dejándose aquí el dinero que les haya usted dado, los obsequios y quizá la piel; y todo sin responsabilidad nuestra.

---

[65] *estucia*: astucia.
[66] *a uña de caballo*: deprisa.

DON ACISCLO.   ¿De veras?

CAZORLA.   ¡Palabra! ¡Me juego la vida! ¡Por éstas! ¡Ya lo tengo medio maquinao!

DON ACISCLO.   ¡Eres mu grande, Cazorla! ¡Digno de mí!

CARLANCA.   ¡Qué hombre! ¡Y no tener una mala condecoración!

DON ACISCLO.   Deja, que too se andará.

ESCENA XIII

DICHOS y DON RÉGULO, *por la segunda derecha.*

DON RÉGULO.   Señores..., señores...

DON ACISCLO.   ¿Qué pasa?

DON RÉGULO.   ¡El delegao que viene!

LOS TRES.   ¡Que viene!

DON RÉGULO.   Que viene hacia aquí. Preguntó en la fonda las señas de usted, y él y su secretario se dirigen a esta casa.

DON ACISCLO.   Pos hay que prepararse. Voy a arreglarme un poco. (*Llamando.*) ¡Morrones!

MORRONES.   (*Del huerto.*) Mande usté.

DON ACISCLO.   Ahí tenemos a esos tíos... aguárdalos aquí y me pasas el recao... (*Suena una campanilla.*)

DON RÉGULO.   Ya están ahí, ya están ahí.

DON ACISCLO.   Toos dentro. Que esperen.

CAZORLA.   Dinero, amabilidad, agasajos..., ¡y luego!... (*Gesto malicioso.*)

DON ACISCLO.   Sé lo que hay que hacer, descuide... Adentro. (*Vanse los cuatro por la primera derecha.*)

ESCENA XIV

MORRONES, PEPE OJEDA y ALFREDO.

PEPE.   (*Asomando por la segunda derecha.*) ¿Da vuecencia su permiso?

MORRONES.   Pasen ustés alante.

ALFREDO.   Felices y municipales.

PEPE.   ¿Tengo el honor de estrechar la diestra (*Le da la mano.*) del señor alcalde de este excelentísimo...?

MORRONES.   No, señor; soy el alguacil. Ustaquio Morrones, pa servir a usté y la compaña.

PEPE.   ¡Hombre, Morrones!...

MORRONES.   Sí, señor...

PEPE.   ¡Ya decía yo que usted me parecía algo municipal! ¿En qué ayuntamiento no hay morrones?

MORRONES.   (*Muy sonriente.*) Sí, señor, sí...

PEPE.   Pues nosotros deseábamos entrevistarnos con el señor alcalde de esta muy noble, muy invicta, muy leal y muy calurosa villa. ¡Porque cuidado que hace aquí calor, mi estimado y discreto alguacil!

ALFREDO.   ¡Y cuánta mosca tienen ustedes, caramba!

MORRONES.   ¿Usted ve que hay tantas?... ¡Pues casi toas son nacías en el pueblo!

PEPE.   ¡Claro, las forasteras no tienen sitio!

MORRONES.   Poco.

PEPE.   Pues si usted nos hiciera el obsequio de avisar al señor alcalde... y decirle que deseamos...

MORRONES.   Con muchísimo gusto. Aguarden ustés unas miajas. (*Vase por la primera derecha después de hacer una gran reverencia.*)

ESCENA XV

PEPE OJEDA y ALFREDO.

ALFREDO.   ¡Ay, tío! Estoy que no respiro.

PEPE.   ¡Por Dios, Alfredo, cálmate, que tienes una cara de asustao que va a comprometernos!

ALFREDO.   Es que si esto nos sale mal...

PEPE.   ¡Qué va a salirnos!

ALFREDO.   Estoy temblando.

PEPE.   Confía en mí. Ya no es hora de retroceder. ¡Adelante! *Audaces fortuna juvat.*[67]

ALFREDO.   Sí, pero ahora que me veo aquí, tengo un pánico...

PEPE.   Además, ¿tú no me has asegurao que la chica te quiere?

ALFREDO.   Hombre, yo creo que sí.

PEPE.   ¿Entonces...?

ALFREDO.   Pero es que tengo entendido que ese don Acisclo es una mala bestia, y en cuanto averigüe que soy un pelafustán,[68] sin dos reales, que vengo con la pretensión de casarme con su sobrina, que es muy rica, según mis referencias... ¡Yo creo que nos mete en la cárcel!

PEPE.   ¡En la cárcel! ¡No cabemos!... Ya te he dicho que confíes en mí. Para algo te acompaño. Con que la chica te quiera, que ella te quiere, tuya ha de ser, haga el tío cuanto se le antoje.

ALFREDO.   Es que a mí, se lo juro a usted, me molesta sobre todas las cosas la idea de que nadie pudiera imaginar que es una codicia vergonzosa la que me impulsa a esta aventura. Yo quiero a esa muchacha porque es bonita, porque es sencilla, porque es buena. Su recuerdo es una alegría en mi corazón. Nada me importa lo que tenga, ni para nada pensé en su dinero, hasta el punto que lo único que me aflige y me asusta ahora es que alguien, y aun quizá ella misma, pudiera creer que soy un señorito tramposo que viene a explotar la candidez y el amor de una muchacha de pueblo para salvarse con su fortuna. No, eso no, tío, ¡eso no lo quiero!

PEPE.   ¡Poco a poco, Alfredito!... Es que esa indignidad tampoco la apadrinaría yo. Tu limpio linaje no cede al mío en limpieza; que si la Cerda fue tu familia, la Cerda fue la mía. ¡Quieres nada más limpio! Ahora que yo he venido aquí acompañándote porque considero

---

[67] *Audaces fortuna juvat*: La fortuna ayuda a los audaces. Es significativo el uso de frases latinas por parte de un personaje que pretende embaucar a los demás.

[68] *pelafustán*: holgazán y pobretón.

necesario subrayar tu romántico amor con una línea sutil de practicismo; porque yo entiendo que tú eres tan rico como la muchacha.

ALFREDO.   ¿Yo?

PEPE.   Sí, señor, tú. Porque en los tiempos que corremos todo hay que capitalizarlo. Y a la fortuna de la chica yo opongo la tuya, no menos grande.

ALFREDO.   ¿Pero qué está usted diciendo?

PEPE.   Una realidad como un rascacielos; porque si don Acisclo administra a esa bella joven fincas urbanas, predios rústicos y sumas en metálico, es decir, una fortuna sustantiva, yo en cambio administro lo que pudiera llamarse tu fortuna estética, es decir, tu figura arrogante, tu belleza masculina...

ALFREDO.   ¡Tío!

PEPE.   Tu belleza masculina, que estamos solos; aunque esto te lo digo yo a ti en la plaza de toros, si se tercia. Tus atractivos personales, tu juventud, tu simpatía, tu elegancia.

ALFREDO.   ¡Pero, tío!...

PEPE.   Elegancia. Porque no tiene nada que ver que no hayas pagado el traje. Y todas estas prendas que se manifiestan en ti, constituyendo un tesoro interno, externo y aun medio pensionista..., ¿no son nada?

ALFREDO.   Por Dios, tío, ¡eso son fantasías!...

PEPE.   ¡Cómo fantasías! Tu fortuna es tan positiva como la de ella y más privilegiada. ¡La belleza es la gloria de los dioses! Veinticinco mil pesetas las tiene cualquiera. Una mirada dulce, horadante y revoloteadora es privilegio de los elegidos... El bello Narciso, Paris, Ulises, tú, La Cierva[69] y dos o tres más... ¡De modo que estamos a ellas!

ALFREDO.   Bueno; pero si tú le dices al tío todo eso...

PEPE.   ¡Ah, no; eso, no! No soy tan indiscreto. Al tío le diré lo que nos dijo Menéndez: que venimos a adquirir una gran finca rústica para la implantación de un enorme

---

[69] Equiparación burlesca dirigida al político Juan de la Cierva. Véase nota 40.

negocio de avicultura, ideado por mí, y que consiste en la cruza de loros con palomas mensajeras, con el fin de que éstas puedan dar los recados de palabra.

ALFREDO.   Eso es.

PEPE.   Y que queremos establecer aquí grandes criadores lorocolombófilos. Mientras, tú te pones al habla con la chica..., y veremos lo que se presenta.

ALFREDO.   Bueno, es que yo pienso que, como no tenemos un real, si no podemos pagar la fonda, pues dentro de dos días...

PEPE.   Chis. No te importe. Todo se resolverá. El acaso no desatiende a los bienintencionados.

ALFREDO.   Y diga usted, tío: ¿no hubiese sido mejor lo que yo me proponía? Haber solicitado una ocupación, tener trabajo y luego haber venido...

PEPE.   ¡Por Dios, Alfredo!... ¡Trabajar!... ¡No insistas, caramba! No me hables a mí de trabajo. Nada de propósitos antiprogresivos. Fíjate en las aspiraciones del proletariado universal. Ahí tienes las *trade unions* de Inglaterra, los *sein feiner*, los *forein besteblat. L'internationel*[70] y todas las grandes colectividades societarias; todas las grandes masas obreras uniéndose para no hacer nada o para hacer lo menos posible... ¿Y vamos ahora nosotros (hombres cultos) a volver la cara a las corrientes modernas?... ¡De ningún modo!... ¡Trabajo, no!

ALFREDO.   Sí, bueno, tío; pero es que si no trabajamos...

PEPE.   Tú observa cómo a medida que la gente es más progresiva y más culta, ¡quiere trabajar menos y ganar más!... Pues bien, yo, absolutamente identificado con este noble propósito societario, pretendo ir de un salto a su absoluta consecución. Yo no trabajaré ni tanto así hasta que se logre la triplicación de los sueldos y la supresión total del trabajo. ¡Porque si te dan mucho dinero y no te dan tiempo para gastártelo, qué haces!

[70] Agrupaciones sindicales y políticas del movimiento obrero europeo.

¡Viene el desequilibrio anunciado por los marxianistas[71]... y eso, no! Yo no quiero la grave responsabilidad
de volver la cara a los grandes ideales humanos. ¡Nada
de trabajo!... De modo que... (*Se escucha rumor de voces
femeninas en el huerto.*)

ALFREDO.   ¡Calle usted, por Dios!

PEPE.   ¿Pues?...

ALFREDO.   ¡Ella..., parece su voz! (*Va a mirar.*) ¡Sí,
es ella!... Viene, se acerca...

CRISTINA.   (*Dentro.*) ¡Por aquí, venga usted por
aquí!... (*Entra y queda muda de estupor al ver a
ALFREDO.*) ¡Ah! ¡Alfredo!

ALFREDO.   ¡Cristina! (*La abraza apasionadamente.*)

CRISTINA.   ¡Tú!

ALFREDO.   ¡Chist!

EDUARDA.   (*Entrando.*) ¿Pero con quién hablas?

CRISTINA.   ¡Él!

EDUARDA.   ¡Oh!

PEPE.   (*A* EDUARDA.) ¡Señora!...

EDUARDA.   (*Mirándole con fijeza y estupor, que se
resuelve en una tremenda exclamación de sorpresa.*)
¡Ah!... ¡Tú!

PEPE.   ¡Eduarda!

EDUARDA.   ¡El ordenado!... (*Quedan juntas. Ellos se
separan.*)

ESCENA XVI

DICHOS, DON ACISCLO, DOÑA CESÁREA, DON RÉGULO,
CAZORLA, CARLANCA y MORRONES, *por la primera
derecha.*

DON ACISCLO.   (*Con traje de fiesta. Muy grave.*)
Señores...

PEPE.   Señor alcalde... Perdone usted que respetuosamente me presente yo solo... José María de Ojeda...
(*Señalando a* ALFREDO.) Mi...

---

[71] *marxianistas*: marxistas.

DON ACISCLO.   Mucho gusto; pero no hace falta.
Sabemos quienes son ustedes y a lo que vienen.

PEPE.   (*Con gran sorpresa.*) ¿A lo que venimos?

ALFREDO.   (*Ídem.*) ¿Saben ustedes a lo que venimos?

DON ACISCLO.   Ce por be.

PEPE.   ¡Por be! (*A* ALFREDO.) (¡Ay Alfredo, que
dice por be!)

ALFREDO.   (*A* PEPE.) (Nos meten en la cárcel.)

PEPE.   (Y nos reciben en comisión.) (*Alto.*) Entonces, si nos permitiera usted explicarnos...

DON ACISCLO.   Ni una palabra. Sé cómo hay que tratar ciertas cosas, y en esta casa no tendríamos libertad
para expresarnos...

PEPE.   Sin embargo, yo...

DON ACISCLO.   (*Categórico.*) De forma, que ustedes
se vuelven a la fonda, descansan y esperan mi visita.

PEPE.   Señor alcalde, yo, a pesar de lo que usted
ordena, quisiera merecer...

DON ACISCLO.   Morrones..., acompáñalos a la fonda;
que los pongan en el salón principal, el mobiliario de
lujo...

ALFREDO.   (¡Atiza!)

DON ACISCLO.   Un retrato del rey.

PEPE.   ¡Hasta Su Majestad!... ¡Caramba, señor alcalde;
pero tanto honor...!

DON ACISCLO.   ¡Café, puro y copa después de las
comidas!...

PEPE.   ¡Pero, señor alcalde..., puro y copa!

DON ACISCLO.   ¡Y mondadientes; pero sin estrenar!... Todo por mi cuenta.

PEPE.   (*A* ALFREDO.) (¡Por su cuenta!... ¿Has oído?,
¡por su cuenta!)

ALFREDO.   Bueno; pero todas estas distinciones...

DON ACISCLO.   Las que ustés se merecen. ¡Conque a
la fonda!

ALFREDO.   Pero...

DON ACISCLO.   ¡A la fonda!

PEPE.   (*A* ALFREDO.) (En fin, déjalo. Él sabrá
por qué lo hace...) (*Alto.*) ¡A la fonda! ¡Respetuosos

servidores!... (*Saludando.*) Señora, señores, señorita; señores...

ALFREDO. (*Ídem.*) Señorita, señora, señores; señora...

PEPE. Alguacil... (*Reverencia a todos.*)

MORRONES. No; yo voy con ustés...

PEPE. ¡Ah, sí, es verdad!... ¡Mis cordiales saludos a todos!...

DON ACISCLO. (*A* MORRONES.) ¡Ah, y que les pongan plato de dulce jueves y domingos!...

PEPE. ¡Por Dios, es demasiado!... Basta con los domingos.

DON ACISCLO. ¡Jueves y domingos!

PEPE. Nada, nada; ¡jueves y domingos! ¡Señor alcalde, esa amable exageración repostera es que me diluye en gratitud!... ¡Mis más rendidas cortesías!... ¡Señora..., señores..., señorita...; señora!...

ALFREDO. (*A* OJEDA.) (¡Pero este tío!...)

PEPE. (Bueno, este alcalde lo rifas a cinco duros la papeleta y te las quitan de las manos...) ¡Esto es una joya municipal! (*Alto.*) Señores...

ALFREDO. Señoras... (*Vanse.*)

DON ACISCLO. (*A* CRISTINA.) Cristina..., ¡ven aquí!

CRISTINA. ¡Tío!

DON ACISCLO. (*La coge de la mano.*) ¡Si quieres salvar a tu tío, si quieres salvar al pueblo que te ha visto nacer..., enamora a ese joven!

CRISTINA. (*En el colmo del estupor.*) ¡Tío!...

DON ACISCLO. ¡Enamora a ese joven!

TELÓN

ACTO SEGUNDO

S A L A *en el Hotel Anastasia. Puerta de entrada a la izquierda. Dos a la derecha. Al fondo, dos balcones que dan a la calle, con puertas vidrieras. Por ellos se ven un balcón y una ventana de la casa de enfrente. El balcón tiene un letrero que dice:* CÍRCULO DE LA AMISTAD. *Es practicable, así como la ventana.*

ESCENA PRIMERA

ANASTASIA, MELITONA, EUSTAQUIO *y* MORRONES. *Dirigidos por* ANASTASIA, MELITONA *y* EUSTAQUIO *cambian la sillería vieja de cretona, que adornaba la sala, por otra no menos antigua y deteriorada, pero de damasco o de algo semejante que suponga un mayor lujo; así como las cortinas que hay ante las puertas las sustituyen por otras más lujosas. Añaden, además, los muebles, adornos y utensilios que en el diálogo se indican. Al empezar el acto,* EUSTAQUIO *está subido en una escalerilla, acabando de colocar una cortina en sustitución de otra.* MELITONA *pone unas sillas y quita otras.* ANASTASIA *pasa el plumero a unos cuadros que deben ser colocados.*

MORRONES.   ¿De moo y manera que s'ha enterao usté de too?
ANASTASIA.   Que sí, hombre, que sí. Y le ices a don Acisclo que too s'hará y como lo que él tie mandao. Y

200

que se tratará a esos señores mismamente como si fuan[72] dos príncipes.

MORRONES. Sí, señora; porque lo que él me tie dicho fue que me dijo, dice: "Pos ándate corriendo y le dices a la señá Anastasia que a esos dos señores foraste-ros pues y que les ponga a su disposición la sala princi-pal con toos los muebles de lujo".

ANASTASIA. Pos ya lo estás viendo: el espejo dorao, la cómoda e mármol y la sillería buena; que no siendo al obispo, no dejo sentar a nadie.

MORRONES. Y me añadió que les pusiese usté un retrato del rey en la sala, la mecedora menos derrengá, endredones,[73] alfombra pal suelo y escupidera.

EUSTAQUIO. ¡Atiza!

MORRONES. Y dos toallas ca uno... ¡Cosa que no comprendo pa qué!

MELITONA. Una pa ca mano será.

ANASTASIA. Pero oye tú, Morrones...; ¿pero quién serán esos dos personajes pa tanto ringorrango?

MORRONES. ¡Yo no lo sé; pero va a usté a sabé quién serán!

MELITONA. Tú lo sabes.

MORRONES. Que no, palabra.

ANASTASIA. Y bien que lo sabes, sino que eres más secretero que un candao.

MORRONES. Que no, señora, y que no lo sé; que si lo supiera, lo icía.

EUSTAQUIO. ¿Ni te lo feguras[74]?

MORRONES. Ni por ensoñación.

MELITONA. Pos tie que ser gente mu gorda, porque pa puneles[75] escupiera, carcúlate...

EUSTAQUIO. Como que aquí no se l'ha puesto a nai-die, no siendo a un deputao que vino, que le gustaba echar toas las colillas en el mesmo sitio... ¡Mia que es tontería!

---

[72] fueran > *fuan*. Véase M. Seco, *op. cit.*, p. 39.

[73] *endredones*: edredones.

[74] figuras > *feguras*. Véase *ibid.*, p. 40.

[75] *puneles*: ponerles.

MELITONA.   (*Riendo.*) ¡Se ven unas cosas!...

MORRONES.   Yo lo único que pueo deciles a ustés, de tes pa intrenós,[76] es que pa mí esas presonas son dos presonas que pican muy alto, ¡pero muy alto!

EUSTAQUIO.   Pos si pican muy alto, yo les quitaba el retrato e Joselito.[77]

ANASTASIA.   Eso voy a hacer, porque toreros pa presonajes no me hace.

MELITONA.   Y digo yo que éste tendrá que serví a la mesa con el "mokin"[78] y guantes.

ANASTASIA.   Natural.

EUSTAQUIO.   "Mokin" tengo; es corto; pero es "mokin". Ahora, que los guantes son de cuando hice el servicio, y a más de ser verdes, pues les faltan dos deos, que se los corté este invierno cuando tuve sabañones. De moo que pa mí, que los guantes no están a la altura de esos señores.

ANASTASIA.   Hombre, claro, si les faltan dos deos...

MORRONES.   ¡Ah! Y una avertencia que me ha hecho el señó alcalde pa ti, Melitona.

MELITONA.   ¿Pa mí?

MORRONES.   Que si entras a servirles a esos señores pa cualisquier cosa que te llamen y te dieran un abrazo, pos que te aguantes.

MELITONA.   ¿Y por qué me tengo que aguantar que me abracen?

MORRONES.   ¡Pues porque es como un servicio del Estao!

ANASTASIA.   Naturalmente; una cosa que te manda el monicipio, no vayas a hacer lo que haces con toos; que largas más guantás, que los primeros ocho días paece y que tien erisipela.

---

[76] inter nos > *intrenós*. Véase *ibid.*, p. 62.

[77] *Joselito*: José Gómez Ortega (1895-1920). Una de las célebres figuras del toreo.

[78] *"mokin"*: smoking, término que Arniches refleja con diferentes grafías. Véase M. Seco, *ibid.*, p. 76.

Cubierta de *Los caciques,* en la edición de Teatro
Selecto, 1941.

Una escena de *Los caciques,* en representación dirigida por José Luis Alonso. Teatro de la Latina, 1987.

Foto: Chicho
Centro de Documentación Teatral

MELITONA.   Pos a ver si una se va a dejar que la abracen.

MORRONES.   Güeno; pero tú reflexiona que en esta ocasión te dejas dar un abrazo y es un mérito que haces p'al Ayuntamiento.

ANASTASIA.   Hay cosas mu serias y ésta no se hace cargo. Cómo será de arisca, que ca vez que vienen seño-res formales, como jueces u canónigos, u cosa así, la tengo que bajar al entresuelo; porque, claro, en esas pre-sonas cualisquier[79] hinchazón es más notao.

MORRONES.   ¡La juventú y que no mira na!... ¿De moo y manera que estamos entendíos?

ANASTASIA.   Dile al señó alcalde que s'hará too a su satifación.

MORRONES.   Pos tanto gusto y d'aquí a otro ratejo.

ANASTASIA.   Adiós, Morrones, y que te vaya bien.

MORRONES.   (*A* MELITONA.) Y ya lo sabes, si t'hacen así... (*La abraza.*) u así... (*Le da un pechugón.*)

MELITONA.   (*Dándole una bofetada.*) ¿Que no haga así?

MORRONES.   (*Tanteándose las muelas a ver si se le mueven.*) Justo.

MELITONA.   Descuida. (*Vase* MORRONES *por la izquierda.*)

ESCENA II

ANASTASIA, MELITONA y EUSTAQUIO.

EUSTAQUIO.   (*Extendiendo una alfombra.*) Pero, ¡madre mía!..., ¿quién serán esos dos presonajes?... ¡Yo estoy loco!...

ANASTASIA.   ¡Pa mandá el señó alcalde lo que ha mandao, y por su cuenta, carcúlate! Ahora, que yo no me queo con las ganas de sabelo.

---

[79] *cualisquier*: cualquier.

MELITONA.   Ni yo. Tenemos que hacer lo que haiga
que hacer para averigualo.

EUSTAQUIO.   Y malo será que entreambas...

ANASTASIA.   Y más que yo tengo un estinto[80] que de
que allega uno, a la media hora ya sé si es melitar u
comisionista y empleao.

MELITONA.   ¿Y en qué lo conoce usté?

ANASTASIA.   Pos unas veces en que me lo icen ellos
y otras en que se lo pregunto yo.

EUSTAQUIO.   Perespicacias[81] que hay.

ANASTASIA.   Pero con éstos m'ha fallao. Callarse,
que me paece que ya los oigo.

MELITONA.   (*Va a la puerta y mira.*) Sí, ellos son.

ANASTASIA.   Mucho cumplimiento, ¿eh?

ESCENA III

DICHOS, PEPE OJEDA y ALFREDO, *por la izquierda.*

ALFREDO Y PEPE.   (*Pequeño saludo.*) ¡Señora!

ANASTASIA.   ¡Excelentísimos señores! (*Exagerada
reverencia, en la que le acompañan* EUSTAQUIO y MELI-
TONA.)

PEPE.   Ya nos han dicho abajo que hemos sido tras-
ladados de cuarto, ¿es cierto?

ANASTASIA.   Por orden del señó alcalde; sí, señor;
excelentísimo señor. (*Reverencia de los tres.*)

ALFREDO.   (Sigue mi perplejidad.)

ANASTASIA.   El señó Ayuntamiento ha ordenao que
se les pusiá a los excelentísimos señores en la sala principal, como corresponde al rango de presonas tan pren-
cipales. (*Reverencia de los tres.*)

EUSTAQUIO.   ¡Excelentísimos señores!

PEPE.   (*Por* EUSTAQUIO.) (Ese animal se va a dejar
las narices en el suelo.)

---

[80] instinto > *estinto*. Véase M. Seco, *op. cit.*, p. 40.
[81] *perespicacias*: perspicacia.

ALFREDO.   Sí, señor; aquí tenemos dos alcobas mu aparentes pa los señores. (*Reverencia.*)

EUSTAQUIO.   Una pa caa uno... (*Reverencia.*)

PEPE.   Admirable.

ANASTASIA.   Y la sala, como ven los excelentísimos señores, tiene dos balcones, que son esos... que dan a la calle, pa cuando se quian asomar.

EUSTAQUIO.   La calle está abajo. (*Reverencia.*)

ANASTASIA.   Y enfrentito tien los señores el Casino.

PEPE.   Verdaderamente panorámico.

ALFREDO.   Círculo de la Amistad... Muy bien.

EUSTAQUIO.   Sí, señor. Pero aquí, en el pueblo, le llaman La Escorpionera.

PEPE.   De un delicado humorismo.

ALFREDO.   ¿Y nuestro equipaje?

MELITONA.   Ya lo tiene el excelentísimo señorito en su cuarto. (*Se lo indica.*)

ALFREDO.   ¡Ah, pues con permiso!... (*Entra en el primero.*)

EUSTAQUIO.   Y vosotros ya sus podéis retirar si no sus manda naa el excelentísimo señor.

PEPE.   Nada, nada... Muchas gracias.

EUSTAQUIO.   Servidor. (*Reverencia.*)

MELITONA.   Servidora. (*Otra reverencia.*)

PEPE.   Por Dios, criatura; que te vas a caer.

MELITONA.   No le hace.

PEPE.   (¡Vaya una postal! ¡Qué colores!) (*Alto.*) Eres una tricomía.[82]

MELITONA.   ¿Qué dice el señor?

PEPE.   ¡Qué tricomía!

MELITONA.   ¡Ay, qué señor; que micomía! (*Vase por la izquierda.*)

---

[82] *tricomía*: tricromía. Estampación hecha mediante la combinación de tres tintas de diferente color.

ESCENA IV

ANASTASIA y PEPE OJEDA.

ANASTASIA. (*Que queda recogiendo plumeros y paños de limpieza.*) Y qué, ¿le gusta al excelentísimo señor cómo ha quedao la sala?

PEPE. Señora, el salón de Gasparini es la garita de un centinela comparado con esto. ¡Verdaderamente suntuosos! (Si yo pudiera sacarle a esta señora por qué nos agasajan de esta forma.)

ANASTASIA. (¡Cómo le sacaría yo quién es!)

PEPE. Ahora, que lo que yo deploro vivísimamente es haber venido a producir a ustedes esta molestia suntuaria, este trasiego ornamental...

ANASTASIA. No, señor; no faltaría otra cosa. Muchísimo gusto. Lo que ustés se merecen y naa más.

PEPE. ¡Oh! No diga usted eso; tanto agasajo nosotros, dos personas tan...

ANASTASIA. Y una lo que siente es no haber sabío antes lo que eran ustés.

PEPE. ¡Oh, eso, no; por Dios! ¿Pero qué es lo que somos nosotros, diga usted?... ¡Haga usted el favor de decírmelo! ¿Qué somos nosotros?...

ANASTASIA. ¡Toma, pues menúo!... Digo... ¡Nada! ¡Una friolera!... ¿Y por qué no han querío ustés decirlo al llegar?

PEPE. Pues no lo hemos querido decir, porque francamente..., porque no lo sabíamos que aquí se nos estimase de manera tan halagüeña.

ANASTASIA. Aquí crea el señor que, aunque esto es un humilde pueblo, se sabe tratar a las presonas de categoría, como son los excelentísimos señores. (Voy a ver si son melitares.) (*Alto.*) ¿Y ustés de qué son?

PEPE. (*Palpándose con asombro.*) ¿Cómo que de qué somos?... (¿Nos habrán tomado por dos Sajonias?[83])

---

[83] *sajonias*: chuletas Sajonia.

ANASTASIA.   Sí; ¿que de qué son?

PEPE.   Pues somos de arcilla mortal perecedera, señora.

ANASTASIA.   ¡Sí, sí; arcilla!... ¡Que me lo va usté a hacer de creer! ¡Usté es una presona mu gorda!

PEPE.   ¿Yo?

ANASTASIA.   ¡Pero mu gorda!

PEPE.   Cincuenta y ocho kilos cuatrocientos gramos, señora. Ya ve usted que la cosa no...

ANASTASIA.   Sí, sí; ya, ya... (No se lo saco, es muy ladino.) (*Alto.*) Pos naa, cualquier cosa que les ocurra a los señores no tie el señor más que poner el deo ahí (*Indicando el botón de un timbre.*) y apretar pa dentro y aluego dar dos palmas por si no suena, que casi nunca suena, y en seguía venimos, cuando lo oímos.

PEPE.   Sí, señora; muchas gracias.

ANASTASIA.   Y del reló tampoco hagan caso los señores, y de que sienta el señor que dan las once, me lo viene usté a icir, que yo le diré la hora que es. Que este reló no lo entiende más que servidora.

PEPE.   Descuide usté, que por nosotros puede apuntar lo que quiera.

ANASTASIA.   Ah, y en la meceora siéntese usté con cuidao, que renguea del lao derecho; que vino un ministro una vez, y esos ministros se columpian de una forma que too lo esgualdramillan.[84]

PEPE.   Sí, señora; que se dan mucho aire.

ANASTASIA.   Conque a la excelentísima disposición de usté, y ustés desimulen, porque si sé yo lo que son ustés, a cualisquier hora les pongo esta mañana como les he puesto en el almuerzo atún en escabeche; ¡m'ha dao una rabia!... (*Vase, por la izquierda, haciendo reverencias.*)

PEPE.   Bueno; yo confieso que desde que he llegado a casa del alcalde, la perplejidad está a punto de sumirme en la idiotez. Yo no me explico lo que nos sucede. Yo no entiendo por quién nos toman o con

---

[84] *esgualdramillan*: esguardamillar: desbaratar.

quién nos confunden...; porque yo tengo cierto parecido
con Lloyd George;[85] pero, caramba, a la legua se conoce
que no hablo en inglés.

ESCENA V

PEPE OJEDA y ALFREDO, *por la primera derecha.*

ALFREDO.   ¡Bueno, tío, tenemos unas alcobas que
estupefaccionan!... ¡Qué camas!... ¡Cinco mantas en
cada una!

PEPE.   ¡Caracoles!... ¡Cinco mantas!... Oye: ¿no será
una ironía alusiva a la frescura de que nos consideran
poseídos?

ALFREDO.   Hombre, no lo creo. ¿Y usted ha sacado
algo en limpio de esa señora?...

PEPE.   Absolutamente nada. Sigo agitándome en el
caos, Alfredo. He tratado de sonsacarla con cierta habilidad, y lo único que me ha dicho de un modo concreto
es que si ella sabe quiénes somos, esta mañana no nos da
escabeche. De lo que he deducido que nos suponen dos
personas a las que no se las puede escabechar, y esto ya
es un buen síntoma.

ALFREDO.   Pues yo le declaro a usted, tío, que me
encuentro sumido en la confusión más absoluta. Cada
hora que pasa es mayor mi sorpresa. Cuando creíamos
que nos iban a recibir de un modo hostil y agresivo, nos
colman de atenciones, nos anegan en lujo.

PEPE.   Nos recomiendan para una mesa luculesca[86] y
nos lo sufragan todo, que es lo verdaderamente inaudito.

ALFREDO.   Bueno, ¿y usted a qué atribuye esto?

PEPE.   Pues yo atribuyo esto a dos cosas: o a enaje-
nación mental complicada con delirio despilfarrante

---

[85] Político inglés (1863-1945).
[86] Lucio Licinio Lúculo. General y cónsul romano que des-
lumbró a sus contemporáneos por su proverbial vida dispen-
diosa.

por parte de don Acisclo o a que ese tío se ha enterao
de tus pretensiones y se trae la táctica de colmarnos de
agasajos e ir de obsequio en obsequio hasta favorecer-
nos con dos billetes de vuelta para la corte, con el fin
de que nos restituyamos con una celeridad cicloniana
a la calle de Argumosa, cuarenta y cinco, abando-
nando tus pretensiones a la mano de su opulenta
sobrina.

ALFREDO.   Tiene usted razón; es muy posible que
sea eso.

PEPE.   Es casi seguro. ¡Como esta gente es tan pérfida!...

ALFREDO.   ¡Ah, pues sería vano su propósito!...
¡Renunciar yo a Cristina!... ¡Jamás! ¿Ha visto usted qué
encanto de criatura, tío?

PEPE.   Eso no es criatura; eso es meter la mano en el
saco de una tómbola y que te toque la Venus de Milo.
¡Qué suerte tienes!

ALFREDO.   Bueno, y esa señora que estaba con ella y
que ha dado un grito gutural al verle a usted... ¿Quién
es?... Porque también eso me ha sorprendido.

PEPE.   ¿Que quién es?... ¡Calla, hombre, que no he
caído al suelo al verla porque no había alfombra; que si
no, pierdo el conocimiento!

ALFREDO.   ¿Pero la conoce usted?

PEPE.   ¡Una ex víctima! De esto haría ya cinco lustros... Yo habitaba en la calle de los Tres Peces; ella era
mi vecina. Un día se asomó a la ventana, hice así (*Un
revuelo de ojos.*), la incendié y aún le queda rescoldo;
estoy seguro.

ALFREDO.   ¿Y esa señora es casada?

PEPE.   Lo ignoro; pero de todas formas puede sernos
de gran utilidad en el desenvolvimiento de los sucesos
que nos aguardan.

ALFREDO.   Sobre todo, por ser amiga de Cristina.

PEPE.   En fin, pronto saldremos de dudas. El alcalde
nos ha anunciado su inmediata visita. Esperemos.

ALFREDO.   Sí, esperemos. (*Pasea. Dan las tres en el
reloj.*) Las tres.

PEPE.   No... No hagas caso del reloj hasta que se lo consultemos a la dueña del hotel. (*Deteniéndole.*) Ni te sientes en la mecedora hasta que ella te diga cómo tienes que columpiarte.

ALFREDO.   ¡Es curioso!

PEPE.   Ya me ha dicho que me dará un cuaderno con instrucciones para usar el mobiliario sin peligro.

ALFREDO.   Verdaderamente en estos tristes pueblos españoles todo es extraño, temeroso, desconcertante...

PEPE.   Porque todo es viejo, solapado, sin sentido renovador... Muebles y personas... ¡Todo tiene un misterio, un secreto, una mácula!...

ALFREDO.   Cierto; sí, señor; certísimo; tan cierto, que yo, que deseo ardientemente la visita de don Acisclo, al mismo tiempo temo, no sé por qué, que el enigma se aclare. (*Dan golpes como llamando en la puerta izquierda.*)

PEPE.   Calla. (*Alto.*) ¿Quién?

ESCENA VI

DICHOS, EUSTAQUIO y MELITONA.

EUSTAQUIO.   ¿Dan los excelentísimos señores su permiso?

PEPE.   Adelante quien sea. (*Entran* EUSTAQUIO *con cuatro pollos, unas largas ristras de chorizos y dos jamones, y* MELITONA *con otros dos jamones, dos barriles de aceitunas, una orza de arrope y tres o cuatro quesos.*)

EUSTAQUIO.   Pasa, Melitona. (*Entran los dos.*) Pos los señores dirán aónde y cómo quieren que dejemos too esto.

ALFREDO.   ¿Cómo todo eso?

PEPE.   ¿Pero qué es eso?

EUSTAQUIO.   Pos cuatro pollos, seis ristras de unas longanizas que aquí llamamos fritangueras, cuatro jamones, aceitunas, arrope y, además...

ALFREDO.   Bueno; ¿pero todo eso...?

MELITONA.   Too eso es un regalo pa los excelentísimos señores.

PEPE.   ¿Un regalo para nosotros?...

EUSTAQUIO.   Sí, señor; too esto lo ha traído el tío Mangola y el señor Aniceto con una carta, aquí presente... (*La saca de la faja y se la da.*)

PEPE.   ¡Qué raro!... Veamos... (*Lee.*) "Excelentísimo señor don José María de Ojeda: Al saber por Nemesio Ullares, alias Carlanca, la llegada de vuescencia, dos humildes y fieles servidores le quien significar con este pobre obsequio su gran respeto y simpatía. Somos contratistas del mercao. Servidores de usté pa too lo que sea menester en cuerpo y alma. Que se lo coman con salú y a mandar a estos sus humildes servidores, Calixto Mangola, Aniceto Barranco. Las longanizas son de confianza." Bueno; pero este señor Mangola...

ALFREDO.   ¿Pero este Mangola por qué se ha molestado?

MELITONA.   No podemos decirle al excelentísimo señorito.

EUSTAQUIO.   ¿Lo dejamos aquí?

PEPE.   No; la volatería dejarla en el corral, que ya dispondremos. Lo demás amontonarlo en esta mesa.

EUSTAQUIO.   (*Enseñándole los pollos.*) ¡Son mu majos!

PEPE.   Sí; son unos pollos que harían buen papel hasta en el Ritz;[87] regordetes y tomateros. (*Lo deja todo amontonado y se lleva los pollos.*)

MELITONA.   Con premiso. (*Se van por la izquierda.*)

ESCENA VII

ALFREDO y PEPE; *luego,* ANASTASIA.

ALFREDO.   (*En el colmo de la estupefacción.*) Bueno, tío; pero ¿qué es esto?

---

[87] *Ritz*: prestigioso y elitista hotel madrileño.

PEPE.   ¡Pues esto es Mangola, ya lo ves!

ALFREDO.   ¡Yo estoy atónito, absorto!... ¿Pero usted comprende...?

PEPE.   ¡Yo qué voy a comprender, hombre!... Este kilómetro de longaniza acaba de enrarecer las tinieblas de mi espíritu. Porque yo, últimamente, me explico lo de instalarnos con comodidad, me explico el tratamiento, el postre de cocina; pero que venga Mangola y nos ponga una tienda de ultramarinos, eso no me lo explico yo... ¡Ni se lo explica Aristóteles!

ALFREDO.   ¡Porque, vamos, aquí en este pueblo, es que cree usted que le van a pegar un tiro y le ponen un estanco!

PEPE.   ¡Ni más, ni menos!... Y que no cabe duda que esto no es confusión; aquí lo tienes bien claro. (*Lee el sobre de la carta.*) "Señor don José María de Ojeda." ¡Esto es un cuento de hadas!

ALFREDO.   Esto es una paliza que nos esnuca en cuanto caigan de su burro.

PEPE.   De sus burros. Si te refieres a nosotros no singularices; que no me gusta quedarme solo.

ANASTASIA.   (*Por la izquierda.*) ¿Dan ustés su premiso?

PEPE.   Adelante, señora Anastasia.

ANASTASIA.   Acaba de llegá el señor secretario, que viene a hacerles a ustés una vesita; que si le puen ustés recibir... Aquí m'ha dao la trajeta.

PEPE.   (*La coge y lee.*) "Justino Cazorla, secretario del Ayuntamiento. Ánimas Benditas, dieciocho, bajo."

ALFREDO.   ¿Pero viene solo?

ANASTASIA.   Sí, señor; solo.

PEPE.   ¿No viene el señor alcalde?

ANASTASIA.   No, señor; viene don Justino naa más. Eso sí, de too lujo. Ya verán ustés elegancia.

PEPE.   Pues que pase. (*Vase* ANASTASIA.)

ALFREDO.   ¿Lo ve usted, tío?... Lo que sospechábamos. El alcalde no se atreve a afrontar cara a cara la cuestión y nos envía a éste para que nos eche.

PEPE. Es muy posible. Estemos sobre aviso. Prudencia y precaución. Llévate las longanizas. Me hace poco serio.

ALFREDO. Las meteré aquí. (*Entra por la primera derecha.*)

ESCENA VIII

PEPE OJEDA y CAZORLA; *luego,* ALFREDO.

CAZORLA. (*Desde la puerta.*) Felices y augurales. ¿Da usted su aquiescencia penetrativa?

PEPE. (¡Caray, qué léxico!) (*Alto.*) Sí, señor; pase usted adelante.

CAZORLA. Discúlpeme, señor mío, si en una forma poco rectilínea y cediendo a presiones jerárquicas, me permito intercalar en sus familiares sosiegos la inoportunidad de una intromisión esporádica.

PEPE. (*Alto.*) Alfredo, sal; que ha venido un pariente de Sánchez de Toca.[88] (ALFREDO *sale y le hace una reverencia.*)

CAZORLA. No; perdone usted, señor Ojeda; no me une ningún lazo consanguíneo con el susodicho primate, aunque por honra preclara yo tendríalo.

PEPE. No; yo lo decía porque verdaderamente, señor Cazorla, se expresa usted con una corrección tan académica como desusada en estos pequeños pueblos, donde se precisa un lenguaje vulgar para la recíproca comprensión.

CAZORLA. Exacto de toda evidencia; pero es que servidor dispone en su riqueza idiomática de lo que pudiéramos llamar dos léxicos o lenguajes. Lengua de diario o trapillo para conversar con el elemento trashumante y analfabeto de la localidad y lenguaje de lujo para ocasiones como la presente, en que he de dirigir mi verbo

---

[88] Joaquín Sánchez de Toca (1852-1942). Escritor y político conservador que destacó por su formación cultural.

sonoro y preciosista a personalidades relevantes que pueden gustar las exquisiteces filológicas de las más selectas locuciones.

PEPE.   Vamos, un lenguaje de blusa y otro de chaqueta; digámoslo así.

CAZORLA.   Exacto.

ALFREDO.   Es originalísimo.

CAZORLA.   En el primero uso las frases más corrientes, como mecachis, caramba, ¡un cuerno! ¡Que te crees tú eso!..., y similares, y en el segundo, intercalo los bonitos vocablos, estulticia, exégesis, arcaico, cariátide y miasmas, jugándolo todo ello con un sentido de agilidad y aristocratismo que me envidia acerbadamente el señor Azorín.[89]

ALFREDO.   Muy bien. Bueno; pero a nosotros háblenos usted con toda sencillez, Cazorla.

PEPE.   A nosotros nos habla usted en mangas de camisa...

CAZORLA.   ¡Señor!...

PEPE.   Literariamente, claro está.

ALFREDO.   (*Ofreciéndole un cigarro.*) ¿Usted fuma?

CAZORLA.   Estoy incurso en el consuntivo y depauperante vicio; sí, señor. (*Toma el cigarro.*)

PEPE.   Pues avance sin temor y obligérese romboideamente en ese adminículo arrellanatorio. (*Señalándole una silla.*) (A mí no me achicas tú.)

ALFREDO.   (*Quitándole el sombrero, al ver que se hace un lío entre los guantes, el sombrero, el bastón y el cigarro.*) Y si no se opone, dejaremos aquí su exornación craneana y borsalinesca.[90] (*Lo deja en una silla.*)

---

[89] José Martínez Ruiz, cuya fama como maestro en la utilización del lenguaje era tan reconocida que permitía alusiones en los escenarios, fue un admirador de Carlos Arniches.

[90] Probablemente se refiere a un tipo de sombrero de fieltro que fue puesto de moda por la familia Borsalino, procedente de Alessandria (Piamonte). También es posible que se refiera a un sombrero parecido al llevado, por entonces, por Borsalino, célebre y elegante gángster marsellés.

CAZORLA. Gratitudes mil. (*Se sientan.*)

PEPE. (*Al ver que* CAZORLA *trata en vano de encender un encendedor.*) Parece que la torcida[91] está infulminable.

CAZORLA. (*Algo contrariado.*) No; sabe usted que en casa, cuando se acaba la bencina le echan anís del Mono[92] y casi nunca prende. Pero con paciencia... (*Sigue disparando.*)

PEPE. Bueno, ¿y qué trae el señor Cazorla por este su cuarto hotelero?

CAZORLA. Pues servidor viene, ante todo, en nombre del Consistorio que indignamente secretarieo, a ofrendarles los más férvidos testimonios admirativos y las más respetuosas sumisiones (*Sigue disparando.*)

PEPE. Pues trasfusióneles usted nuestros más rendidos, ¡qué digo rendidos!..., nuestros más derrengados testimonios de inenarrable gratitud, aunque no nos expliquemos la cortesía concejalesca.

ALFREDO. Tome una cerilla. (*Se la ofrece.*)

CAZORLA. No; si es cuestión de amor propio. En cuanto vienen personas de Madrid me pone en ridículo; pero a mí delante de forasteros, no... (*Sigue disparando.*)

PEPE. Pero no se moleste, si con una cerilla...

CAZORLA. No es molestia, es perseverancia. Ítem más, vengo también a adquirir, *de visu*, la seguridad de que su aposentamiento corresponde a cuanto se debe a su jerarquía y el Municipio tiene decretado.

ALFREDO. Ah, en eso esté usted absolutamente tranquilíneo.

PEPE. Las satisfacciones hospederiles y los aditamientos alimenticios sobrepasan a lo que pudo fantasear nuestra más exaltada apetencia.

CAZORLA. (*Que sigue disparando.*) Celébrolo, e *ipso facto*...

ALFREDO. ¿Pero por qué no quiere usted aceptar? (*Ofreciéndole su cigarro para que encienda.*)

---

[91] *torcida*: mecha.
[92] La más popular y reconocida marca de anís.

CAZORLA.   No; perdone usted; es cuestión personal. Veremos quién puede más. (*Sigue disparando.*)

PEPE.   Convénzase usted que lo de hoy es mono.

CAZORLA.   ¡Qué sé yo!... Pues como les iba diciendo, satisfechas mis dos encomendadas averiguaciones, deseo..., y voy con esto a internarme en un campo absolutamente confidencial..., (*Acercan los tres las sillas sin levantarse para estar más juntos.*) deseo decirles, en nombre del señor alcalde, que le disculpen esta primera visita, que me encomienda a mí, compenetrado de la dificultad de los primeros *pour parters,*[93] dada la enojosa cuestión que les trae a esta villa.

ALFREDO.   ¡Hombre, eso de enojosa!... (*Todos otro avance con las sillas.*)

PEPE.   Bueno; pero dígame usted, señor Cazorla; vamos a ver. ¿Ustedes saben a lo que venimos nosotros aquí?...

CAZORLA.   (*Mira a todos lados. Otro avance con las sillas.*) Lo sabemos exactamente, sí, señor...; lo sabemos todo, pero todo.

ALFREDO.   Entonces, ¿el señor alcalde?

CAZORLA.   Pues el señor alcalde, encantado de su presencia en el pueblo, vendrá dentro de breves instantes al frente de una Comisión del Casino, que está organizando el homenaje en que pretendemos festejar a ustedes.

PEPE.   ¿Festejarnos a nosotros?... Pero...

CAZORLA.   (*Otro avance.*) Pero antes, señor Ojeda, me ha encomendado don Acisclo una delicada misión.

ALFREDO.   ¿Delicada?... ¿A ver si ahora...?

CAZORLA.   (*Un poco azorado.*) Facilítenmela ustedes, ahorrándome para cumplirla, sutiles disculpas y enojosos alegatos. (*Se levanta y saca un sobre del bolsillo del pecho.*) Internado en este *envelope*[94] encontrarán algo que es súplica y ofrenda. Cuando yo me ausente rasguen, extraigan y mediten. (*Se lo da.*) Nada más.

PEPE.   ¿Pero de qué se trata?

[93] *pour parters*: contactos.
[94] *envelope*: sobre.

ALFREDO. ¿Qué es?

CAZORLA. Me reitero en cordial servidumbre. (*Coge todos sus chismes apresuradamente e indica el mutis.*)

PEPE. Pero...

CAZORLA. Suyísimo. (*Vase por la izquierda.*)

PEPE. ¡Pero esta carta!...

ALFREDO. ¡Qué hombre más estrafalario!

CAZORLA. (*Entra de nuevo, radiante de satisfacción, con el encendedor encendido.*) ¡Por fin!

LOS DOS. ¡Enhorabuena!

CAZORLA. ¡No era mono!... (*Vase.*)

ALFREDO. Bueno; ¿y qué contendrá este sobre?

PEPE. Esto es una carta diciendo que nos larguemos.

ALFREDO. Abra usted a ver.

PEPE. (*Rasga el sobre y mira.*) ¡Alfredo!

ALFREDO. ¡Tío!

PEPE. ¡Cógeme, que me derrumbo!

ALFREDO. ¿Pero qué es?

PEPE. (*Sacando dos billetes.*) ¡Dos mil pesetas!

ALFREDO. ¡Dos mil pesetas!

PEPE. Bueno; la vorágine espantosa de la duda, acaba de sorberme.

ALFREDO. ¡Yo ya no sé qué es esto!

PEPE. Pues dos mil pesetas, ¿no te lo digo?

ALFREDO. ¿Pero a qué vienen esas dos mil pesetas?

PEPE. Hombre, dos mil pesetas vienen siempre a una cosa agradabilísima.

ALFREDO. Supongo que no tendrá usted la pretensión de quedarse con ellas.

PEPE. Te diré.

ALFREDO. ¿Cómo te diré?... Hay que arrojárselas a la cara inmediatamente.

PEPE. No; groserías, no.

ALFREDO. ¿Por qué, por qué nos las dan?

PEPE. Hombre, yo lo ignoro, pero recuerdo lo que decía Tales de Mileto:[95] "Si te piden una peseta, pregunta

---

[95] Filósofo griego. El más ilustre de los llamados siete sabios de Grecia.

por qué te la piden. Si te la dan, no preguntes por qué".
El que te la da es el encargado de saberlo.

ALFREDO.   Argucias.

PEPE.   Filosofías. A mí me puedes quitar la razón; a
Tales de Mileto, no. (*Se las guarda.*)

ALFREDO.   Pero no comprende usted...

PEPE.   (*Sorprendido.*) Calla, que todavía hay algo
dentro del sobre... (*Rebusca.*) Sí, una tarjeta. (*La lee.*)
"Desistan de lo que les trae y no serán las últimas. Acisclo Arrambla Pael."

ALFREDO.   ¿Lo ve usted?... ¿Lo está usted viendo?...
"Desistan de lo que les trae." Es decir, que ese inmundo
sujeto nos adula, nos agasaja, nos colma de honores y
nos da ¡hasta dinero!..., ¡para que yo, cobardemente, me
vaya del pueblo renunciando a su sobrina! ¡Cree, sin
duda, ese miserable, que es un repugnante egoísmo lo
que nos trae aquí!... ¡Pues no, no me voy; no me iré ni
con dádivas, ni con halagos, ni con millones!... ¡No, no
y no!

PEPE.   Hombre, Alfredito, no te exaltes.

ALFREDO.   En cambio, estoy seguro que Cristina, la
pobre Cristina, está a estas horas encerrada en su habitación como en una mazmorra, para que yo no la hable,
para que yo no la vea. Para que yo...

ESCENA IX

DICHOS, CRISTINA y EDUARDA, *por la izquierda.*

CRISTINA.   (*Asomándose por la puerta izquierda.*)
¡Alfredo!

ALFREDO.   ¡Cristina!... ¡Tú!

CRISTINA.   (*Corriendo a él.*) ¡Por fin a tu lado! ¡Me
parecía imposible!

ALFREDO.   ¡Pero tú! ¡Tú aquí, Cristina mía! (*Se
cogen las manos efusivamente y hablan aparte con apasionada vehemencia.*)

EDUARDA.   (*Aparece en la puerta con digna severidad*

y saluda a OJEDA *con una inclinación ceremoniosa.*)
Caballero...

PEPE. (*Yendo a ella con impulso cordial.*) ¡Eduarda!

EDUARDA. (*Deteniéndose con un gesto altivo.*) Yo le
llamo a usted caballero, porque no sé cómo llamarle.

PEPE. (*Resignado ante la ironía.*) Eduarda...

EDUARDA. Todavía ignoro su verdadero patroní-
mico... Exuperio... Rigoberto...

PEPE. José María.

EDUARDA. (*Dudando.*) ¡Bah!

PEPE. ¡José María, por éstas! (*Jurando.*) Eduarda,
no me guarde usted rencor. Han pasado cinco lustros. El
tiempo todo lo purifica. Yo comprendo que para usted
fui un calavera.[96]

EDUARDA. ¿Cómo un calavera? ¡Un osario!

ALFREDO. (*Trayendo de la mano a* CRISTINA.) Pero,
a todo esto, ven que te presente. Mi tío.

PEPE. ¡Señorita, encantadísimo de usted! (*Presentando* ALFREDO *a* EDUARDA.) Mi sobrino.

EDUARDA. (*Le da las puntas de los dedos.*) ¡Amable
joven!

CRISTINA. ¿De modo que viniste sólo por mí?

ALFREDO. A cumplirte mi palabra, ¿no es verdad, tío?

PEPE. Exactamente; y garantiza la seriedad de
semejante propósito, el que nuestro primer paso en este
pueblo ha sido ir a visitar a su pariente y tutor.

ALFREDO. Y de ti estábamos hablando precisamente cuando llegasteis, y con cierta inquietud, te lo
aseguro.

CRISTINA. Con inquietud, ¿por qué?

ALFREDO. Pues porque, francamente, tu tío nos ha
recibido con tan exagerada amabilidad y con tales mues-
tras de esplendidez..., que sospechamos, no sin cierto
fundamento, que lo que pretende es que yo desista, por
las buenas, de tu cariño y me vaya de aquí.

CRISTINA. ¿Pero qué estás diciendo? ¡Todo lo contrario!

---

[96] *calavera*: hombre de poco juicio.

ALFREDO.   ¡Cómo todo lo contrario!

CRISTINA.   ¡Que mi tío está encantadísimo con que nos queramos!

PEPE.   ¡Pero es posible!

EDUARDA.   Como que vinimos aquí porque él nos mandó con la excusa de que vigiláramos los detalles del alojamiento.

ALFREDO.   (*Asombrado a* OJEDA.) ¿Pero es posible?... ¿Pero ha oído usted cosa igual?

CRISTINA.   Verás. Cuando llegasteis a casa, nosotras oíamos absortas los encargos que hacía a Morrones para que fueseis espléndidamente tratados. Os despidió sin escucharos siquiera, y de pronto, cuando os alejabais, me coge de la mano, me atrae hacia sí, y señalándote me dice conmovido: "¡Cristina, si me quieres, enamora a ese joven!"

ALFREDO.   ¡Canastos!

PEPE.   ¡Señorita!

ALFREDO.   ¿Pero dijo eso?

EDUARDA.   Como si lo hubieran ustedes oído. La suplicó que le amase a usted; yo fui testiga.[97]

ALFREDO.   ¡Ay, tío!; pero suplicarte él mismo que...

PEPE.   Bueno; el cuentecito ese de Pinocho[98] en el Japón, es un precepto evangélico comparado con lo que nos está pasando en esta localidad. Honores, dádivas, regalos en especie, donativos en metálico, y encima ¡mandarle a uno la novia!... Bueno, o este pueblo pertenece al partido judicial de Jauja,[99] o yo no lo entiendo.

ALFREDO.   (*A* CRISTINA.) ¿Pero tú no sospechas a qué puede obedecer todo esto?

CRISTINA.   No lo sé, Alfredo, no lo sé. Yo sólo

[97] Sobre la utilización de este femenino, véase M. Seco, *op. cit.*, pp. 80-81.

[98] *Pinocho*: popular personaje infantil creado por el escritor Carlos Lorenzini.

[99] *Jauja*: localización con la que se denota todo lo que se quiere presentar como tipo de prosperidad y abundancia.

pienso en este instante, que te quiero con locura, que estoy a tu lado y que soy la más feliz de las mujeres.

ALFREDO.   ¡Cristina mía! (*Quedan hablando aparte en voz baja.*)

PEPE.   (*Se acerca melancólicamente a* EDUARDA, *que se ha sentado lejos en una silla.*) ¡Eduarda!... La mano inexcusable del Destino nos acerca de nuevo. (*Señala a los muchachos.*) He aquí el pasado que reverdece. ¿No los envidias?

EDUARDA.   ¡No me tutees, que soy casada!

PEPE.   ¡Casada tú!... ¡Oh!... ¿Tú casada?

EDUARDA.   ¿Lo sientes?

PEPE.   Lo siento por tu marido..., porque...

EDUARDA.   ¡Pepe!... Bueno, ¿te llamas Pepe, definitivamente?

PEPE.   ¡Pepísimo!

EDUARDA.   ¡No hago el ridículo!

PEPE.   ¡Lo de Pepe, machacao!

EDUARDA.   Pues bien, Pepe: tú tienes la culpa si me encuentras vinculada a otro hombre. Me abandonaste.

PEPE.   Ya te he dicho que aquello fue una calaverada.

EDUARDA.   Pero, ¡ah!, una calaverada que me produjo trastornos mentales horribles... Estuve dos años medio loca... Como me hiciste creer que te llamabas Piñones, que eras seminarista y capitán, todo a un tiempo, pues yo, en mi desvarío, aborrecí el cascajo y no hacía más que decir *Dominus vobiscum* y saludar militarmente. ¡Con lo que yo te amaba!... ¡Abandonarme!

PEPE.   ¡Si vieras cuánto te he recordado!

EDUARDA.   ¿Es de verdad, Pepe?

PEPE.   Como me llamo Rigober... Caramba, perdona, que..., que me sentía transportao a aquellas locuras de cinco lustros ha.

EDUARDA.   ¡Ah!... ¡Cinco lustros transcurridos! Y dime, Pepe, ¿cómo me encuentras?

PEPE.   Mejor que antes, Eduarda.

EDUARDA.   (*Alegre.*) ¿De veras?

PEPE.   Tú eres como el oro: el tiempo te avalora y te embellece.

EDUARDA.   ¡Oh, qué galantería tan metalúrgica! Pero, ¡ah!... Estoy olvidando... Bueno, caballero...

PEPE.   ¡Por Dios, Eduarda, no vuelvas a la seriedad! ¡Quiero ver en tus labios aquel ritus de alegría que tanto me gustaba!

EDUARDA.   ¡Ah, mi ritus, mi ritus!... Esfumóse en el dolor y en el tiempo. (*Va a caer sentada en una silla.*)

PEPE.   (*Deteniéndola.*) ¡No, ahí no te sientes que hay manteca! (*Se sientan en otro lado y siguen hablando.*)

ALFREDO.   (*Alto, a* CRISTINA.) ¿Pero es de veras que dudabas que yo volviese?

CRISTINA.   Sí, Alfredo, sí; no quiero engañarte, lo dudaba. Cuando se ama mucho, mucho, mucho, todo es duda... El tiesto de mis margaritas siempre ha estado sin flores. ¡A quién iba yo a preguntar si volverías!

ALFREDO.   ¿Y qué te contestaban, vamos a ver?

CRISTINA.   Pues, como las flores son buenas, cuando una me decía que no, otra, al verme llorar, me consolaba diciéndome que sí, que vendrías..., que te esperase.

ALFREDO.   Pues ya ves cómo las que negaron mintieron.

CRISTINA.   Pero mira; yo, en cambio, a mi corazón a todas horas le decía lo mismo. Si vuelve será mi amor de siempre; si no vuelve, mi recuerdo de toda la vida.

ALFREDO.   ¿Pero por qué dudabas?

CRISTINA.   ¡Qué sé yo!... Creí que nunca podría interesarte una pobre señorita de pueblo.

ALFREDO.   ¿Y por qué no?... ¡Una señorita de pueblo!... Precisamente por eso me interesaste más.

CRISTINA.   ¡Amabilidad!

ALFREDO.   No lo creas. La señorita de pueblo siempre me ha inspirado a mí una profunda, una viva simpatía.

CRISTINA.   ¿De veras?

ALFREDO.   Cuando en mis viajes he visto, paseando por los andenes de las pequeñas estaciones, esos grupos de muchachas cogidas del brazo, me ha parecido siempre adivinar en la mirada de sus ojos dulces el cansancio de la vida monótona, y en su triste sonrisa, el anhelo de una existencia mejor. ¡Con qué resignada melancolía miraban alejarse el tren!... A mí, te digo que me daban ganas de cogerlas a todas en un puñado y llevarlas a otro mundo, y a otra vida que valiera la pena vivirse, fuera de aquel estrecho ambiente pueblerino, egoísta y brutal, que sólo ellas encantaban con el hechizo de su juventud.

CRISTINA. ¿Pero llevártelas a todas?... ¡Con que te llevases una!...

ALFREDO. ¡Sí, pero una que vale por todas!... Una, que quizá no esté ducha en las artes de una vida refinada, en los encantos de una gentil desenvoltura, como las señoritas de grandes ciudades, pero cuyo aspecto de simpática cortedad me dice a mí, no sé por qué, que posee un alma blanda, de matiz suave... ¡Alma propicia a un amor largo, leal y profundo!... ¿Me engañé?

CRISTINA. ¿Qué has de engañarte?... Ahora, que yo, así muchas cosas bonitas, como tú, no sabré decir, pero sentirlas, sí; sentirlas las sentiré todas..., ¡todas las que hagan falta para quererte una vida entera!

ALFREDO. ¡Cristina!

CRISTINA. ¡Alfredo!

PEPE. ¡Eduarda!

EDUARDA. ¡Pepe! (*Hablan y ríen.*)

ESCENA X

DICHOS, DON RÉGULO y CAZORLA, *en el balcón del Casino.*

CAZORLA. (*Asomándose recatadamente por las persianas entreabiertas.*) ¡Mire usted, don Régulo, mire usted los hombres que nos manda el Gobierno para moralizarnos!

DON RÉGULO. (*Asomándose.*) ¡Porra! ¡Mi mujer bromeando con él!

CAZORLA. ¡Silencio! Seguiremos observando. (*Retira a* DON RÉGULO.) La víbora ha picado. El veneno hará lo suyo. ¡Sois míos! (*Cierra, después de lanzar una mirada mefistofélica. Se escuchan en la calle los sones de una charanga lejana que va acercándose poco a poco y el alegre griterío de la multitud.*)

ESCENA XI

DICHOS, ANASTASIA, MELITONA, EUSTAQUIO y MORRONES, *por la izquierda.*

CRISTINA.   ¡Música!... ¿Oyen ustedes?
ALFREDO.   ¿Pero qué música es ésa?
PEPE.   ¿Qué ocurrirá?
EDUARDA.   (*Que se asoma al balcón.*) Es la charanga del tío Maillo.
PEPE.   ¿Pero es que hay fiesta en el pueblo?
CRISTINA.   ¡No, qué ha de haber! Por eso me choca.
EDUARDA.   Y vienen hacia aquí, y les sigue la gente.
CRISTINA.   ¡Anda, y ponen colgaduras en el Casino! (*Un mozo pone colgaduras con los colores nacionales en el Casino.*)
PEPE.   (*Asustado, a* ALFREDO.) Oye, pero ¿será eso también por nosotros?
ALFREDO.   ¡Mucho me lo temo!...
PEPE.   Oye, tú, ¿se me puede confundir a mí con el obispo?... Porque yo ruedo ya de conjetura en conjetura... (*Entran* MELITONA, ANASTASIA, EUSTAQUIO y MORRONES, *por la izquierda. Vienen jadeantes, emocionados y muy alegres.*)
MORRONES.   Excelentísimo señor...
PEPE.   (*Atónito.*) ¿Es a mí?
MORRONES.   A usía excelentísima, que vengo de parte del señor alcalde a decirle a usté, que si pue vuecencia recibir a la señá maestra, y a los alunos[100] de las escuelas públicas, y a una comisión del Casino que viene a festejar a usía.

---

[100] *alunos*: alumnos.

PEPE. ¡A festejarme a mí!

EUSTAQUIO. A usía; conque usté dirá.

ALFREDO. ¿Pero esa música y esos cohetes son por nosotros?

EUSTAQUIO. ¡Por ustés!

PEPE. ¿Lo estás viendo?

CRISTINA. ¡Por nosotros!... ¿Pero a qué santo?

PEPE. ¡No sé, porque yo me llamo Nicomedes!..., ¡digo!... (*Estallan cohetes, repican las campanas, vuelve a sonar la música, grita la gente.*)

MORRONES. Conque, ¿qué les digo a las comisiones?

PEPE. Sí, que suban, que suban. (*Todos van hacia la puerta de la izquierda.*)

ALFREDO. Bueno, tío, yo creo llegado el caso de que pregunte usted de un modo concreto con quién nos confunden.

PEPE. Quia, hombre; con esta gente pérfida nada de lealtades. Aguarda: malo será si a alguna de estas comisiones no le saco yo por quién nos toman.

CRISTINA. Ya están ahí; ya suben.

ANASTASIA. Viene too lo mejor del pueblo.

EUSTAQUIO. ¡Ahora verá usté lo güeno!

ESCENA XII

DICHOS, DOÑA TÁRSILA, CHICOS y CHICAS; *luego,* DON ACISCLO, DOÑA CESÁREA, DON RÉGULO, CAZORLA, CARLANCA, DON ALICIO, SOCIOS *del Casino,* SEÑORI-TAS, *etc., etc. Entra* DOÑA TÁRSILA, *una señora con lentes, ridículamente vestida y con un peinado muy raro y muy liso. Lleva un papel de música en una mano y una batuta en la otra. La sigue un coro de* CHICAS y CHICOS, *que traen un estandarte. Vienen formados de cuatro en fondo cantando y andando a pasos rítmicos.*

TÁRSILA, CHICOS y CHICAS (*Al mismo tiempo. Cantan, avanzando hacia* OJEDA, *y a medida que avanzan, él retrocede, también a compás, como asustado de aquello.*)

¡Loor, loor, loor!...
¡Oh, insigne y gran señor!
Por tu visita honrosa,
la juventud estudiosa
te aclama con fervor.
¡Loor, loor, looor!...

(*Durante el himno han entrado las Comisiones con trajes de fiesta, se colocan ordenada y convenientemente, de modo adecuado, para que el conjunto pueda resultar más cómico.*)

DOÑA TÁRSILA.   Con la venia del señor Alcalde. (*Reverencia.*) Excelentísimo señor: Cábeme la inmerecida honra de ofrendar a vuecencia este tierno plantel cultural, delicadas flores. (*A un niño.*) (Mateo, no te toques las narices que está feo...) (*Alto.*) Delicadas flores que cultivó una servidora, humilde maestra superior, que no es normal,[101] por envidias, e hija del pedagogo don Zacarías Ullera, mi señor padre, honra y prez de la magistratura docente nacional. Feo está que una servidora lo diga, pero mi señor padre era una persona muy docente; mucho más docente que yo. Con honda pena lo manifiesto. Sin embargo, como se murmura en la corte que si los ayuntamientos tienen o no tienen abandonadas sus obligaciones respecto a instrucción pública, yo quiero dar a vuecencia un mentís mostrándole los progresos de estos tiernos niños y niñas, que no diré yo que sean unos Merlines,[102] pero sí honra y prez de la infancia estudiosa y crecedera. (*A un niño.*) (Tiburcio, que me das con el estandarte.) (*Alto.*) Y ahora, con permiso de vuecencia, me voy a permitir examinarlos, individual y corporativamente, para que se juzgue de su instrucción. Con la venia.

PEPE.   (Oye, párvulo, no metas el dedo en el arrope; haz el favor.) (*Alto.*) Siga...

[101] Recuérdese, para entender el juego de palabras, que los maestros se formaban en las llamadas escuelas normales.
[102] *Merlín*: personaje legendario de la literatura caballeresca. Era hechicero y poeta y se le atribuyen las más fantásticas hazañas.

DOÑA TÁRSILA. ¿Si quiere vuecencia, empezaremos por la jografía[103]?

PEPE. Por la jografía o por la jometría, me es igual...

DOÑA TÁRSILA. Vamos a ver... Úrsula Canana.

CHICA 1.ª. (*Dando un paso al frente.*) Servidora...

DOÑA TÁRSILA. A ver, tenga usted la bondad de decirnos: ¿cuántos golfos hay en España?...

CHICA 1.ª. Muchísimos, golfos hay muchísimos...

DOÑA TÁRSILA. Muy bien... ¿Y cabos, hay muchos cabos?

CHICA 1.ª. Cabos también hay muchísimos.

DOÑA TÁRSILA. ¡Pero determínelos!

CHICA 1.ª. Pues el Finisterre, en Vizcaya; el Ortegal, en Gerona; el..., el...

DOÑA TÁRSILA. ¿Cómo se llama el que hay en Huelva?... Cabo de... (*Acción de pegar.*)

CHICA 1.ª. Cabo de..., cabo de...

CHICO 1.º. ¡Miau!

CHICA 1.ª. ¡Gato!

PEPE. Gata, rica.

DOÑA TÁRSILA. Como verá vuecencia, salvo la confusión del sexo, todo lo demás...

PEPE. Sí; una verdadera monada. ¡Parece mentira!, y a la edad que tiene; porque esta niña no habrá cumplido aún los treinta y seis años.

CHICA 1.ª. ¡Me voy pa los dieciocho!

PEPE. Bueno, pues vete; anda, rica, vete y no vuelvas; anda.

DOÑA TÁRSILA. Ahora va a ver vuecencia un discípulo aventajado. Aniceto Recocho.

CHICO 1.º. Servidor.

DOÑA TÁRSILA. ¿Qué son líneas paralelas?

CHICO 1.º. Mauregato, Sisebuto, Recaredo, Cindasvinto...

DOÑA TÁRSILA. ¿Pero qué estás diciendo, so zarrapastroso?

CHICA 2.ª. Es que él dice los reyes godos, porque lo

---

[103] geografía > *jografía*. Véase M. Seco, *op. cit.*, p. 41.

de las paralelas me lo tenía usté que haber preguntao a
mí. Mire usté el papel y verá.

DOÑA TÁRSILA.   (*Confusa.*) ¿El papel?...

CHICA 2.ª.   Estos dos eran los reyes... Paralelas, mi
hermana y yo...

DOÑA TÁRSILA.   Sí, sí; bueno... (Me estáis haciendo
correr un ridículo que eriza.) (*Alto.*) Bien; pues di, di...
¿Qué son líneas paralelas?

CHICA 2.ª.   Pues aquellas que no se prolongan por
mucho que se encuentren. ¿Ve usté cómo era yo?

DOÑA TÁRSILA.   (¡Maldita sea tu estampa, so cafre!)

PEPE.   Bueno; basta, basta... Si no me lo dijeran cree-
ría que estas criaturas habían estudiado en Bolonia.[104]

DON ACISCLO.   Y ahora, excelentísimo señor, pocas
palabras de mi parte. Ya ha visto usted nuestra juventud
estudiosa cómo aprovecha los desvelos del monecipio,
de forma que sólo nos resta que, iso fazto,[105] don Alicio
Carrascosa, aquí presente, llamao por su elocuencia el
Melquiades de Pancorbo[106] (DON ALICIO *hace una gran
reverencia.*), su ciudad natal, va a tener el honor de ofrecerle el homenaje que le preparamos. Ande usté don
Alicio.

TODOS.   Chis... (*Silencio, expectación.*)

DON ALICIO.   (*En tono de oratoria rural.*) Excelentísimo señor: Mis nobles y queridos conterráneos. El ilus-
trísimo Ayuntamiento de esta villa, conjuntamente con
el Casino de la misma, que tengo el honor de presidir,
han organizado un banquete que, a manera de modesto
homenaje, se ofrecerá mañana a este nuestro ilustre y
preclaro huésped.

PEPE.   (*A un chico.*) (¡Niño, deja las morcillitas!)

DON ALICIO.   ¡Ah, mis leales y queridos villalganceños, los sentimientos patrióticos se exaltan ante las

---

[104] Referencia al prestigio de los estudiantes y graduados en
el Colegio Español de Bolonia, los bolonios.

[105] ipso facto > *iso fazto*. Véase M. Seco, *op. cit.*, p. 218.

[106] Referencia comparativa al político y orador Melquiades
Álvarez (1864-1936).

grandes y meritorias personalidades, honra de la nación!

PEPE. (*A* ALFREDO.) Me han tomado por un político. Lo que yo me figuraba.

DON ALICIO. Y mucho más cuando el ciudadano integérrimo que nos honra con su visita no es un político.

PEPE. (*A* ALFREDO.) Pues no soy un político.

DON ALICIO. No es un político ni mucho menos, y, claro, que ante tal negativa, vosotros me preguntaréis: ¿es acaso un hombre de ciencia?... No.

PEPE. (*A* ALFREDO.) No.

DON ALICIO. ¿Es un escritor eminente?... No.

PEPE. No.

DON ALICIO. ¿Es un artista ilustre?... No.

PEPE. (*Asombrado.*) Tampoco.

DON ALICIO. ¿Pues qué es este hombre, me preguntaréis?... Y yo voy a deciros lo que es este hombre.

PEPE. (¡Gracias a Dios!)

DON ALICIO. Pues este hombre es ¡nada menos! que el módulo representativo de una nueva función generatriz del Estado, en su relación legislativa, ¿he dicho legislativa?..., jurídica, dentro de las modernas ideologías plasmadas en las grandes síntesis aspirativas de la Humanidad... ¡Eso es este hombre!

PEPE. ¡Ca, hombre!

DON ALICIO. Sí, hombre; eso y nada más.

ALFREDO. (*A* PEPE.) (¿Qué será eso de módulo?)

PEPE. (*A* ALFREDO.) (No sé; pero me suena a algo así como a marisco.)

ALFREDO. (*A* PEPE.) (Pues sí que nos ha sacado de dudas.)

DON ALICIO. Y ahora que ya sabéis quién es, una sola palabra para terminar. Conterráneos, honremos a este hombre; porque honrándole, nos honramos. He dicho. (*Aplausos, bravos, felicitaciones.*)

PEPE. Señores, unas palabras...

TODOS. (*A* PEPE.) (¿Pero qué va usted a decir?)

PEPE. (*A* ALFREDO.) (Una cosa parecida a la suya. Yo no me aguanto eso de módulo.) (*Alto.*) Villalganceños:

Honrándome exageradamente ha dicho, en disculpable exaltación el elocuente orador que me ha precedido en el uso de la palabra, que yo soy un módulo. Pues bien, sí, quizá yo sea un módulo; pero él, en cambio, es una espátula.

ALFREDO.   (*Asustado, le tira de la americana.*) ¡Tío!

PEPE.   Una espátula con la que se extiende sobre el lienzo de las realidades españolas el vivo anhelo del espíritu nacional que trata laudablemente de incorporarse, en la plenitud de todas sus conciencias, a la marcha triunfadora de los pueblos libres hacia los nuevos ideales del Derecho y de la Justicia...

TODOS.   ¡Bravo, bravo! (*Aplauden.*)

PEPE.   Villalganceños: pocas palabras más. Al honrarme a mí, ¿vosotros sabéis qué ideales exaltáis?

TODOS.   ¡Sí, sí!

PEPE.   Al ofrecerme este homenaje, ¿vosotros sabéis lo que significo yo?

TODOS.   ¡Sí, sí!

PEPE.   ¿Vosotros sabéis quién soy yo?

TODOS.   ¡Sí, sí!

PEPE.   Pues si vosotros sabéis quién soy yo, yo no...; yo no os molestaré en volveros a informar respecto a mis legendarias y tradicionales convicciones. He dicho. (*Aplausos.*)

DON ALICIO.   ¡Viva España!

TODOS.   ¡Viva!

DON ALICIO.   ¡Sí, viva la España de Sagunto y de Numancia, de Colón y de Hernán Cortés, del Dos de Mayo y de Covadonga! (*Aplausos frenéticos.*)

TODOS.   ¡Vivaaaa! (*Llorando todos, se abrazan; suena la música, repican las campanas, estallan los cohetes. Van desfilando, después de estrechar la mano y felicitar a* OJEDA. *Cantando.*)

DOÑA TÁRSILA, CHICOS y CHICAS.   (*Al mismo tiempo.*)

> Loor, loor, loor...
> ¡Oh insigne y gran señor!,
> etcétera, etc.

(*Vanse todos.*)

ESCENA XIII

PEPE OJEDA y ALFREDO.

ALFREDO.   ¡Pero, tío!

PEPE.   (*Cayendo derrengado sobre una silla.*) ¡Ay Alfredo!

ALFREDO.   ¿Qué le pasa a usted?

PEPE.   ¡Que mi confusión sigue en aumento; que yo estoy muy malo; que yo no sé lo que me pasa! ¿A qué vienen esas explosiones patrióticas? ¿Por quién me toman? ¡Media hora hablando y aún no lo sé!

ALFREDO.   Sin embargo, tío, a mí me parece que empiezo a comprender...

PEPE.   ¿Tú?

ALFREDO.   Sí. Todo eso sospecho que lo hacen porque nos temen.

PEPE.   ¿A nosotros? ¿Que nos temen?

ALFREDO.   Sí, nos tienen miedo; no hay duda..., por eso son las dádivas, el dinero, las aclamaciones. Nos confunden con algo que para ellos es un fantasma medroso.

VOZ.   (*Lejos.*) ¡Viva España!

VOCES.   (*Ídem.*) ¡Vivaaa!

ALFREDO.   ¡Y conciencias concupiscentes y claudicadoras que infamó el delito quieren acallar el terror de verse castigadas con gritos de falso patriotismo.

PEPE.   ¡Es posible! ¡Sin duda es eso! El miedo, siempre el miedo... ¡La cobardía profanando, para disculparse, las reliquias sagradas de la Historia! ¡Cobardía, miedo, claudicación!... ¡Ah miserables!

VOZ.   (*Ya muy lejos.*) ¡Viva España!

PEPE.   Sí, ¡viva España! Pero ¡cómo va a vivir si no nos hacemos todos un poco mejores! Viva España; pero viva con un ideal cierto, seguro, firme, que acaba para siempre con los miedosos, con los claudicadores, con los cobardes... (*Sale al balcón.*) ¡Viva España! (*Le aclaman frenéticamente. La gente grita; le aplauden de los balcones del Casino. Estalla un cohete junto a él. Entrando.*) ¡Mi madre! (*Se cubre los ojos con las manos.*)

ALFREDO.   ¿Qué ha sido?

PEPE.   ¡Un cohete! ¡De poco me deja ciego! ¡Y me lo ha disparado el secretario! ¡Lo he visto! ¡Canalla! ¡Ladrón!

VOZ.   ¡Viva España!

VOCES.   ¡Vivaaa! (*Música, campanas, aplausos.*)

TELÓN

ACTO TERCERO

L A *misma decoración del acto segundo. Es de noche.*

ESCENA PRIMERA

PEPE OJEDA, DON RÉGULO y CAZORLA. *Al levantarse el telón, aparece* PEPE OJEDA *en el Casino. Está en pie, pronunciando un brindis a la cabecera de la mesa, donde acaban de celebrar un banquete. Se ven socios sentados cerca de él, que en las ocasiones que se indican le aplauden. En el cuarto de la fonda, que tiene las vidrieras de los dos balcones cerradas, razón por la cual se ve accionar a* PEPE OJEDA *sin que se le oiga, están* DON RÉGULO *y* CAZORLA. *Se hallan situados junto al balcón de la izquierda, mirando a través de las vidrieras, hacia el Casino.*

DON RÉGULO. (*Iracundo y exaltadísimo, apunta a* PEPE *con una "browning"*[107] *que tiene en la mano.*) ¡Sí, sí; déjeme usted, lo mato sin remedio! ¡Le mato en pleno discurso!

CAZORLA. (*Esforzándose por contenerle.*) ¡No, no, por Dios! ¡Sería una tragedia espantosa! ¡Sería una interrupción, que ni en el Congreso! Calma, mucha calma.

DON RÉGULO. ¿Pero no oye usted lo que dice? ¿No oye usted lo que grita ahora ese cínico? (*Quedan atentos,*

---

[107] Véase nota 57 de *La señorita de Trevélez*.

abren un poco la vidriera y entonces se oye a PEPE
OJEDA *hablando como un poco lejos y en tono oratorio.*)

PEPE.   Celebremos; sí, celebremos todas nuestras
conquistas, nuestras hermosas conquistas, para que nos
envidien aquellos que... (*Cierran. Se deja de oír, aunque
se le sigue viendo accionar.*)

DON RÉGULO.   ¡Ah miserable! ¡Que celebren sus
conquistas! ¡Y mírela usted, mi mujer se sonríe! ¡Oh!

CAZORLA.   ¡Qué cinismo! ¡Pobre amigo! (*Le abraza.*)

DON RÉGULO.   ¡Ah, no, no; yo no lo sufro! (*Apunta
de nuevo.*) ¡Déjeme usted que dispare!

CAZORLA.   (*Desviándole el brazo.*) ¡Sí, le sobra a
usted la razón por encima de los pelos; pero conten-
gase usted ahora! Sería producir una tragedia inútil.
¡No es éste el momento! Yo, don Régulo, que estimo
su honor como mi propio honor, le diré a usted que
realice su justa venganza cuando sea llegado el instante; ahora, no. (*Misteriosamente.*) Piense usted que
al disparar desde esta casa, no sólo se comprometería
usted, sino que comprometería a don Acisclo.
(*Entorna la puerta del balcón y deja de verse a* PEPE
OJEDA.)

DON RÉGULO.   ¡Sí; es verdad! ¡Eso te vale, villano!

CAZORLA.   A don Acisclo, que está ahí dentro
(*Señala la puerta primera derecha.*) haciendo, en complicidad con la Anastasia, un registro entre los papeles
de esos hombres; registro que puede ser nuestra salvación... ¡La salvación del pueblo!

DON RÉGULO.   Sí, sí; es cierto, amigo Cazorla; lo
comprendo todo; pero es que las leales revelaciones de
usted han despertado en mi corazón el demonio de los
celos...

CAZORLA.   Don Régulo, yo no podía consentir el
ridículo de un amigo entrañable.

DON RÉGULO.   ¡Sí; ha hecho usted bien, muy bien;
pero es que yo ya no puedo vivir sin una venganza terrible! ¡Y me vengaré; sí, me vengaré! (*Queda junto al balcón, mirando obstinadamente al Casino.*)

CAZORLA.   Sin embargo, calma; calma ahora.

ESCENA II

Dichos, Don Acisclo, Doña Cesárea y Anastasia,
por la primera derecha.

Don Acisclo.   (*Sale cautelosamente por la primera
derecha, seguido de* Doña Cesárea y Anastasia.) ¡Na,
asolutamente[108] na! ¡Ni un papel, ni un detalle! ¡Maldita
sea!

Cazorla.   (*Yendo a su encuentro.*) ¿No encontraron nada?

Don Acisclo.   ¡Naa; estoy que me muerdo! ¡Too
registrao y naa! Ni el nombramiento, pa haberlo roto; ni
cartas, ni credenciales, ni oficios...; ¡naa!

Cazorla.   ¡Pero no han encontrado ni siquiera...!

Anastasia.   Naa. ¿No lo oye usté? Cuatro calcetines con una de tomates, que ni una fábrica de conservas;
tres camisolas sin marcar, dos jerseises y unas silencio-
sas. Es too lo que tenía la maleta.

Doña Cesárea.   Y la mar de faturas. Zapatería de
no sé qué..., debe. Sastrería de no sé cuántos, debe.
Camisería... de quién sabe Dios..., debe. Ésos han dejao
a deber hasta el bautizo.

Anastasia.   Y también les hemos encontrao una
faztura de la sombrería, de cinco gorras. ¡Pásmese usté!

Don Acisclo.   Claro, cinco gorras. ¡Como que es su
uniforme!

Cazorla.   ¡No tener más, es inverosímil!

Doña Cesárea.   No lo duden ustés; esos hombres
son mu ladinos, y pa mí que han dejao el equipaje en el
cuartel de la Guardia Civil, pa que no pudieran tocarles
la documentación.

Cazorla.   Es muy posible.

Don Acisclo.   (*A* Anastasia.) ¿Y tú no les has
visto romper papeles u esconderlos?

---

[108] absolutamente > *asolutamente*. Véase M. Seco, *op. cit.*,
p. 57.

ANASTASIA.   ¡Digo, pues si yo lo hubiá visto! Ya los tendrían ustés en su poder. Les llevo una lista hasta de las veces que estornudan, conque usté verá. (*Yendo hacia el balcón.*) ¡Y todavía está hablando! Eso es un loro.

DON ACISCLO.   ¡Maldito sea! Pos yo no pueo hacer más pa quitámelos de encima, ya lo han visto ustés. Por las buenas, regalos, dinero, festejos... ¡Qué lástima fue lo del cohete! ¡Con el ingenio que tenía!

CAZORLA.   ¡Si estalla medio metro más abajo..., tiene que ir a curarse a Madrid!

DON ACISCLO.   Ya les dije a ustés que eso era un poco inocente. ¡Ahora hay que comenzar por las malas!

DOÑA CESÁREA.   Pero por las malas... de veras.

CAZORLA.   ¡Mi plan! Voy a seguir azuzando. (*Vase al balcón con* DON RÉGULO.)

DON ACISCLO.   Por de pronto, yo he metido en la cárcel hasta el Perniles y Garibaldi, pa que no les puan dar datos contra nosotros.

DOÑA CESÁREA.   Pero no basta, Acisclo; no basta. No seas infeliz, que tú eres un desgraciao. (*Hablando el resto de la escena en tono confidencial.*)

DON ACISCLO.   ¿Yo?

DOÑA CESÁREA.   ¡Tú! Ya lo ves. ¡Esos tíos t'han cogío el dinero y s'han reío de ti!

DON ACISCLO.   Pues mal año pa ellos, que el que se ríe de mí, llora a la postre.

DOÑA CESÁREA.   Siquiá[109] quítales las dos mil pesetas.

DON ACISCLO.   Déjalo, que de eso s'ha encargao Carlanca. Ha cogío la bufanda, el retaco... y dos amigos, y esos canallas se dejan en el pueblo los billetes, como se los dejó aquel recaudador de contribuciones... ¡Por éstas!

DOÑA CESÁREA.   Haces bien. Y a más, no consientas que a ti te quiten de mandar.

DON ACISCLO.   ¡Nunca!

---

[109] *siquiá*: siquiera.

Doña Cesárea. Tú ties en el pueblo too el poder; pos antes que soltar la tajá hay que dejarse en ella los dientes.

Don Acisclo. Descuida. No suelto las riendas. Treinta años mandando... ¡Con los enemigos que da eso! ¡Si me vian caído, me se comían!; estoy yo ya muy duro pa que me roan. No; yo te digo que no. Yo te digo que antes ¡le pegaba fuego al pueblo!

Doña Cesárea. (*Con entusiasmo.*) ¡Ese eres tú!

Don Acisclo. ¡Antes que verme pisao, too! ¿Lo oyes bien? (*Con gesto de ira feroz.*) ¡Too!

Doña Cesárea. ¡Acisclo, que me espantas!

Don Acisclo. (*Sonriendo.*) ¡Mujer!

Doña Cesárea. ¡Lo has dicho en un tono, que me s'han puesto de punta hasta los pelos del añadío!

Don Acisclo. (*Sigue sonriendo.*) No t'apures, ya me conoces. En el fondo soy un infeliz. Too le llamo yo a un sustejo de naa.

Doña Cesárea. ¡Pero ten cuidao con Carlanca, que ése es mu bruto!

Don Acisclo. ¡Bah, otro infeliz!... ¿Sabes quién va a hacerles el avío a los forasteros?

Doña Cesárea. ¿Quién?

Don Acisclo. Ese rebajuelete.

Doña Cesárea. ¡Cazorla!

Don Acisclo. Ése. Que mialo (*Riendo socarronamente.*), no s'arrima una vez a don Régulo, que no le encienda el coraje. (*Para cumplir la indicación del diálogo, un momento antes se ve a* Don Régulo, *inquieto, volver a su manía de dispararle a* Pepe Ojeda, *y a* Anastasia *y* Cazorla *que tratan de detenerlo.*)

Don Régulo. (*Exaltado de nuevo.*) Sí, sí; tiene usted razón; luego se irán a Madrid ufanándose de habernos burlado y habernos escarnecido..., y eso, no; de un caballero no se ríen esos... ¡Déjeme usted; lo mato!

Cazorla. ¡Sí, sí...; pero ahora, no!

Anastasia. (*Asustada.*) ¡Por la Virgen Santísima! ¡Caramba! ¡Calma!

Don Acisclo. ¿Pero qué le pasa a ese hombre?

Cazorla. ¡Por Dios, señor alcalde, intervenga usté; que le quiere disparar!

Don Acisclo. (*Va hacia él.*) ¡Pero qué va usté a hacer, so loco!... (*Le separa del balcón.*) Venga usté aquí.

Don Régulo. ¡Don Acisclo, mi honra peligra! ¡Estoy en un estado de excitación que, o mato a ese hombre o me muero de un berrinche, me muero!

Don Acisclo. Serenidad, don Régulo; que no semos creaturas. Ya conoce usté mis dotrinas;[110] brutos, pero a tiempo.

Cazorla. Eso le digo yo; quizá esta misma noche nos dará ocasión para todo.

Doña Cesárea. Seguro. Cuando le traigan ustés los libros del Ayuntamiento pa que los revise.

Don Acisclo. Espérese usté a entonces, y de que ponga tanto así de reparo en naa, le da usté el puñetazo acordao en sesión, y en seguía los padrinos, la cuestión de honor y lo que sea; que no será poco, siendo usté el atizante.

Don Régulo. No sé si tendré paciencia para esperar, señor alcalde. Yo aguanto pocas cosas, muy pocas; pero menos que ninguna que nadie levante los ojos hasta mi mujer, porque a ése lo mato.

Don Acisclo. ¡Hombre, no se ponga usté así! Después de too, aunque descubriese usté cualquier cosilla...

Don Régulo. ¡Ése muere!

Don Acisclo. (¿Sabrá lo mío?)

Doña Cesárea. Es que doña Eduarda es una mujer honrá, don Régulo.

Don Régulo. Pero le tolera a ese hombre excesivas galanterías, señora Cesárea.

Don Acisclo. Bueno...; no hay que olvidar tampoco que usté mismo la recomendó que estuviese amable con ese sujeto, y ella, quizá que por hacerle a usté caso...

---

[110] *dotrinas*: doctrinas.

DON RÉGULO.   Pero una cosa es que me haga caso a mí y otra que le haga caso a él. ¡Caramba!

CAZORLA.   Eso es bíblico.

DON RÉGULO.   Comprenderán ustedes mi deseo de venganza.

DON ACISCLO.   Bueno, calma; que too llegará. Y ahora, antes que acabe, al Casino. (*A* ANASTASIA.) Y tú de esto ni tanto así, porque te costaría...

ANASTASIA.   Quie usté callarse... Pasen pol gabinete y bajen por la escalera que da al callejón. (*Vanse todos por la segunda derecha.*)

ESCENA III

EDUARDA, CRISTINA y EUSTAQUIO, *por la primera dere-cha. Entran las dos acongojadas, con caras de angustia, precedidas del* CRIADO.

EUSTAQUIO.   ¿Pero qué les ocurre a ustés pa ese desasosiego y ese agobio?

EDUARDA.   Nada, Eustaquio; no te preocupes, no es nada. (Me sorberé las lágrimas.)

EUSTAQUIO.   (*Ofreciendo una silla a* CRISTINA.) Pero asiéntense ustés, que vienen que s'ahogan.

CRISTINA.   (*Que pasea agitada.*) No, no, gracias; yo no podría estarme quieta.

EDUARDA.   Mira, Eustaquio, hijo; lo que deseamos es que nos dejes solas.

EUSTAQUIO.   Pero ya saben ustés que esta habita-ción la ocupan...

EDUARDA.   Sí, sí...; lo sabemos todo; pero nos pre-cisa asomarnos a ese balcón un momento. Por eso veni-mos. Nada más. (*Saca una moneda, que le da.*) Toma y calla.

EUSTAQUIO.   (*Cogiéndola.*) ¡Dos reales!

EDUARDA.   Si eres discreto, no serán los últimos.

EUSTAQUIO.   (¡Gorda tie que ser la cosa!) (*Vase por la primera izquierda.*)

ESCENA IV

EDUARDA y CRISTINA.

EDUARDA. (*Dando rienda suelta a su dolor.*) ¡Ay Cristina de mi alma, estoy desolada, muerta de angustia!

CRISTINA. ¡Y yo, doña Eduarda, y yo! Mire usted cómo tiemblo desde que sorprendí entre mi tío y el secretario la conversación que he sorprendido.

EDUARDA. Es preciso que estos hombres conozcan el peligro en que están.

CRISTINA. Sí... Para que se vayan del pueblo, para que huyan a escape.

EDUARDA. ¡Sí, para que se vayan; pero también para que antes Ojeda me salve a mí, salve mi honor! ¡Ah, ese infame, ese canalla de Cazorla!

CRISTINA. Tiene la maldad del demonio.

EDUARDA. ¡Peor! ¡El demonio es un niño de primera comunión comparado con él!... ¡Ese miserable, haber sembrado el infortunio en mi hogar, hasta hoy dichoso!... ¡Ah! (*Llora.*)

CRISTINA. ¡Qué infamia! ¡Si parece mentira!... Habérsele ocurrido meter celos contra usted en el corazón de don Régulo para que mate al señor Ojeda y que el Ayuntamiento se vea libre de él. ¡Vamos, que no paga ni hecho trizas!

EDUARDA. ¡Y haberme infamado a mí, Cristina, a mí; que teniendo clavado en mi corazón el dardo que tengo, antes moriría cien veces que faltar a mi esposo!... (*Llora.*)

CRISTINA. ¿Pero usted cree que don Régulo le dará crédito a esa infamia?

EDUARDA. ¡Ya lo creo que le da crédito; pues eso es lo trágico! En unas cuantas horas mi marido es otro. Antes no tenía más que ojos para mirarme. Ahora busco su mirada y la encuentro en los calcetines, en la alacena, en el *Blanco y Negro,*[111] en cualquier parte

---

[111] Popular semanario fundado en 1891 por Torcuato Luca de Tena, que contó al propio Arniches entre sus colaboradores.

menos en mí. Estamos en la mesa, me habla, y lo hace en un tono tan glacial, que me enfría hasta la sopa. Y luego, él, de suyo tan amable siempre, tan cortés conmigo... ¡Ay, lo que me ha hecho hoy a los postres, Cristina! (*Llora.*)

CRISTINA.   ¿Qué le ha hecho?

EDUARDA.   Figúrate que yo, cuando una naranja me sale dulce, nunca me la como sin darle dos o tres cascos. Pues hoy, hoy como siempre se los di... (*Llorando amargamente.*) y me ha dado con los cascos en las narices... ¡Él, devolverme los cascos!

CRISTINA.   ¡Pues si con el carácter que tiene se pone furioso!...

EDUARDA.   ¡Figúrate qué tragedia! ¡Una mujer deshonrada, un hombre muerto!

CRISTINA.   Sí, sí. Pues no perdamos tiempo. Hay que ponerlos sobre aviso. Llámelos usté.

EDUARDA.   ¿Pero cómo?

CRISTINA.   Acerquémonos al balcón a ver si nos ven.

EDUARDA.   Sí; es lo mejor. Le haré una seña.

CRISTINA.   Dé usted en los cristales.

EDUARDA.   Calla, ya parece que mira. ¡Chis, chis! (PEPE OJEDA *mira; le hacen señas, que no entiende y que le obligan a poner cara de extrañeza, sin interrumpir por eso el discurso.*)

CRISTINA.   (*Abriendo el balcón.*) Que vengan.

EDUARDA.   (*Haciendo señas.*) Venid...

PEPE.   (*Como si continuara dirigiéndose al auditorio.*) ¿Qué decís?

CRISTINA.   Que vengan ustedes.

PEPE.   ¿Qué decís a esta afirmación que yo os hago?... (*Más señas.*) ¿Qué queréis decir?... ¡Ah señores!

EDUARDA.   ¡Que vengas, hombre!

PEPE.   ¿Yo? (*Le hacen señas que sí.*) Yo... Ya voy..., ya voy a terminar...

EDUARDA.   Pronto. (*Señas.*)

PEPE.   Voy a terminar y voy en seguida..., porque en este brindis creo haberos confirmado todo... (*Cierran y deja de oírse a* PEPE OJEDA.) cuanto en mi larga actuación...

CRISTINA.   Ya nos ha entendido.

EDUARDA.   Entonces no tardarán. Estoy deseando que lleguen.

CRISTINA.   ¿Y yo; qué hago yo, doña Eduarda, qué hago? ¿Qué le diré a mi Alfredo?... ¡Estoy inquieta, indecisa, no duermo, no vivo!

EDUARDA.   ¿Tú no le quieres, Cristina?

CRISTINA.   Con un cariño inmenso; ya lo sabe usted.

EDUARDA.   ¿Pues entonces?

CRISTINA.   Pero por otra parte le tengo miedo a mi tío; que si supiera que venían a quitarle mi fortuna, era capaz de hacer una brutalidad, y luego, Alfredo parece que me quiere; pero hace tan poco que le conozco...

EDUARDA.   Mira, Cristina. En amor sigue siempre el impulso de tu corazón. No vaciles, Tú, aunque lejanos, ¿no tienes unos parientes en Madrid?

CRISTINA.   Sí, señora.

EDUARDA.   Pues vete con ellos. Emancípate de la tutela de estos egoístas. Dichosa tú, que puedes abrir tus alitas de golondrina, tender el vuelo y hacer el nido en el alero de un tejado cortesano. ¡Ay de las que tenemos la jaula colgada en el clavo del deber, a la puerta de un corral!

CRISTINA.   Pero si yo me marchase, el pueblo..., la gente...; podrían decir...

EDUARDA.   ¿Serías tú capaz de algo indigno?

CRISTINA.   Antes me moriría; ya lo sabe usted.

EDUARDA.   Entonces...., ¿no te temes a ti misma y temes a los demás? No vaciles, Cristina...; vete a Madrid, cásate con Alfredo. Y ya ves que te lo digo yo, yo que cuando te vayas me quedaré sin tu tierno afecto y sin... (*Vacila.*) ¡Ay!... Pero la jaula, el clavo...; ¡qué remedio! Alegremos la vida de los que nos enjaularon y bendigamos a Dios hundiendo el pico en el alpiste cotidiano..., y perdona esta imagen pajarera y dolorida...

CRISTINA.   Usted me da ánimo, doña Eduarda.

EDUARDA.   ¡Calla; sí..., él sube!

ESCENA V

DICHOS y PEPE OJEDA, *por la puerta izquierda.*

PEPE. ¡Eduarda!

EDUARDA. ¡Pepe! (*Se estrechan la mano.*)

CRISTINA. ¿Y Alfredo?

PEPE. Ahora vendrá. Quedó con unos señores. Creo que querían regalarle un perro y le llevaron a que lo viese.

EDUARDA. ¿Un perro? ¡Qué cosa más rara!

CRISTINA. ¡Ay! Yo no estoy tranquila. ¡Si vieran ustedes que también he oído a Cazorla no sé qué de un perro!...

PEPE. Bueno, ¿y qué os ocurre?

EDUARDA. ¡Ay! Pues que yo deseaba por momentos hablar contigo. ¿Sabes ya con quién te confunden?

PEPE. Sí; al fin lo sé: con un Delegado del Gobierno.

CRISTINA. ¿Quién se lo ha dicho a ustedes?

PEPE. (*Muy confidencial.*) Pues el propio Delegado, que llegó esta tarde al pueblo y que se aloja en casa del sargento de la Guardia Civil.

LOS DOS. ¿Es posible?

PEPE. Se llama Abilio Monreal, y da la feliz coincidencia de que le conozco, por ser pariente de unos amigos míos. Le conté el objeto de nuestro viaje, la confusión de que éramos víctimas, y me prometió no presentarse hasta que yo le avise, para darnos tiempo a que Alfredo y tú resolváis lo que os convenga. De modo que por ese punto nuestra seguridad personal no corre peligro.

EDUARDA. ¡Ay, no; Pepe, no lo creas; tú estás en un error! ¡Tu vida corre más peligro que nunca!

PEPE. ¡Caracoles! ¿Qué dices, Eduarda?

CRISTINA. ¡Que está usted en un peligro terrible, señor Ojeda!

PEPE. ¿Yo?... ¡Caramba! ¿Pero por qué en un peligro?... Haced el favor de explicaros...

EDUARDA. ¡Sí, Pepe; es preciso que lo sepas todo!

Un canalla ha metido en el corazón de mi esposo el torcedor de los celos.

PEPE.   ¡Cuerno!... ¿Quién dices que ha metido el torcedor?

CRISTINA.   Un granuja.

PEPE.   ¿Pero quién ha sido ese sacacorchos?

EDUARDA.   El infame de Cazorla. (*Llora.*)

PEPE.   ¿El secretario?

CRISTINA.   Ese bandolero, que, suponiéndole el inspector que esperaban, le ha hecho creer a don Régulo que usted pretende a doña Eduarda.

PEPE.   ¡Canastos!

EDUARDA.   (*Llorando.*) Y que yo, ¡pobre de mí!, te correspondo; para que así mi esposo, ofendido, te rete a un duelo y te mate.

PEPE.   ¡Qué bestia!... Oye, tú: ¿ese facineroso ha hecho películas?

EDUARDA.   No; pero tiene un ingenio maléfico que espanta. (*Desconsolada.*) Y lo grave es que mi marido te reta.

PEPE.   (*Alarmado.*) ¿Tú crees?...

EDUARDA.   Te reta, sí; te reta y te mata.

PEPE.   (*Tratando de disimular el miedo.*) Mujer; eso no; me mata o le mato yo a él. Después de todo...

EDUARDA.   No, no; te mata, Pepe, te mata. Mi marido tira a la pistola de un modo que a veinte pasos le quita al canario el cañamón del pico.

PEPE.   (*Crece su alarma.*) ¡Caracoles!

CRISTINA.   ¡A veinte pasos; sí, señor!

PEPE.   ¿Pero esos blancos?

CRISTINA.   No le fallan.

PEPE.   Pues me habéis dejado el corazón que parece un despertador sin timbre. ¿Y dices que un cañamón?

EDUARDA.   Al canario.

PEPE.   (¡Canario!)

EDUARDA.   Además, boxea de un modo, que aunque no tuviese armas, si te coge y te tira un directo al estómago, te deja en *ocaut*.

PEPE.   ¿*Ocaut*?... ¿*Ocaut* a mí?... Oye: ¿la carretera

es saliendo de aquí a la izquierda? Porque a boxeo puede que me gane; pero en el último *cros country* he batido yo el *record* [112] de los cinco kilómetros con obstáculos. Me seguían dos sastres en motocicleta y no me vieron, no os digo más.

EDUARDA.   Pero es que tú no puedes abandonarme, Pepe.

PEPE.   ¿Que no puedo?

EDUARDA.   ¡No puedes, porque hay algo peor!

PEPE.   ¿Peor que el cañamón?

EDUARDA.   Que mi marido cree que te correspondo, y no me habla y me rechaza y me desprecia... Y vosotros, al fin, os iréis de aquí, os iréis para siempre; pero yo he de quedarme, ¿y cómo me quedo yo, infeliz de mí, si del corazón de mi esposo no se disipa la duda infamante?

PEPE.   ¿Y qué puedo hacer yo para disiparle esa ridiculez?

EDUARDA.   Que le hables, que reivindiques mi honor, que le jures que es una calumnia...

PEPE.   Oye, ¿y todo eso no se lo podría yo decir por escrito? Ya sabes que tengo una letra clarísima y que redacto con cierta soltura.

CRISTINA.   No; yo creo que sólo oyéndole a usted mismo se quedaría tranquilo.

PEPE.   Sí, Cristina; pero es que una persona tan exaltada y con esa puntería..., porque al canario le quita el cañamón y le estropea el almuerzo; pero a mí me quita el cráneo... y ¡adiós, Pepísimo!... Además, ¿cómo puede ese imbécil dudar de tu honra?

CRISTINA.   Es que es Otelo. [113]

PEPE.   ¡Aunque sea su padre, hija! Hay que tener sentido común y saber contar.

EDUARDA.   Saber contar, ¿qué?...

---

[112] Obsérvese la utilización de estos términos deportivos en inglés, algunos de ellos pronto castellanizados, como un ejemplo de la popularidad que por entonces comenzaba a disfrutar el deporte.

[113] Personaje de Shakespeare y paradigma del celoso.

PEPE.   Años.

EDUARDA.   Pepe.

PEPE.   ¡Lo digo por los míos!

EDUARDA.   ¡Ay, no me abandones, Pepe!

CRISTINA.   ¡No; no la abandone usted, señor Ojeda!

PEPE.   Bueno; no tengáis cuidado. No soy ningún Cid Campeador, para qué voy a engañaros, y sentiría que un ventajista o un loco me hiciera dejar en este villorrio el agradable pergamino que me envuelve y que tantos afanes me ha costado conservar; pero al cabo, más mérito tiene jugarse el tipo con el miedo que sin él. De modo que me quedo; le hablaré a tu marido.

EDUARDA.   Gracias, Pepe; muchas gracias. (CRISTINA *va al balcón a mirar.*)

PEPE.   Eso, sí; que yo le hablo a tu marido; pero el Cazorlita ese y el alcalde me las pagan, vaya si me las pagan. Lo que me contaste de que el alcalde te hace el amor[114] es cierto, ¿verdad?

EDUARDA.   ¡Cómo si no iba a decírtelo!

PEPE.   Basta.

EDUARDA.   ¿Qué intentas?

PEPE.   No; nada. A mí a agilidad intelectual no me sobrepasa ningún municipio, como diría ese mirlo legislativo. ¡Ya veréis!

CRISTINA.   (*Que entra del balcón.*) Alfredo, ya viene Alfredo... ¡Pero viene corriendo, como aterrado!...

PEPE.   ¿Aterrado? ¿Qué le pasará?

ESCENA VI

DICHOS y ALFREDO.

ALFREDO.   (*Que entra lívido, descompuesto, con la americana rota.*) ¡Ay tío, ay tío de mi alma!

CRISTINA.   (*Anhelante.*) ¡Alfredo!

PEPE.   ¿Qué te ocurre?

EDUARDA.   ¡Viene usted lívido!

[114] *Te hace el amor*: te galantea.

CRISTINA. ¡Tiemblas!

PEPE. ¿Qué te ha pasado?

ALFREDO. No; nada. ¿Se acuerda usted del perro que me querían regalar?

PEPE. Sí; un *seter*, un precioso *seter*.

ALFREDO. *Seter*, ¿eh? Pues mire usted la americana. (*La lleva desgarrada por detrás.*) ¡Mire usted qué *seter*!

EDUARDA. ¡Qué siete!

ALFREDO. El perrito, que estaba rabioso.

PEPE. ¿Qué dices?

ALFREDO. Absoluta y totalmente rabioso. Si no tengo la suerte de esquivarle, me destroza.

CRISTINA. ¡Qué infames!... ¡Ven ustedes lo que yo decía del perro?

EDUARDA. ¡Asesinos!

ALFREDO. ¡Ay, qué rato he pasado!

PEPE. Por lo que parece, estos cafres empiezan a tirar con bala.

CRISTINA. ¡Por algo temblaba yo de que no vinieras!

ALFREDO. Y, además, sospecho que nos preparan algo terrible. En ese callejón he visto un tío envuelto en una manta y con algo debajo, que si no es un trabuco es un pariente próximo.

CRISTINA. ¡Ay!... ¿Qué acecharán?

EDUARDA. ¡Debe ser el Carlanca, es un asesino!

PEPE. Ya, ya; uno de los que gritaban ¡viva la España del Dos de Mayo y de Covadonga!... ¡Y de las encrucijadas!... ¡Ladrones!... ¡Sois muchos y malos; pero no podréis conmigo, yo os lo prometo! ¡Ay, la partida que os voy a jugar!

ALFREDO. Ya lo oyes, Cristina; es imposible permanecer aquí sin grave riesgo. Es necesario que resuelvas pronto.

CRISTINA. ¿Y qué he de hacer yo?

ALFREDO. Decidirte, venirte a Madrid. Huir de estos canallas.

PEPE. Sí; hay que marchar esta misma noche.

CRISTINA. ¡Pero huir, irme con ustedes!...

ALFREDO. Fía en mi amor y en mi lealtad.

CRISTINA. Sí; en ti fío, Alfredo... Pero irme sola... ¡No; no me atrevo!

ALFREDO. Entonces me quedo yo también; ¡porque yo no te dejo en manos de estos energúmenos! Sea lo que Dios quiera.

CRISTINA. No; eso, no; tú vete, sálvate.

ESCENA VII

DICHOS y EUSTAQUIO, *por la primera izquierda.*

EUSTAQUIO. Excelentísimo señor.

PEPE. ¿Qué se te ofrece?

EUSTAQUIO. Dispénseme usté y que haiga entrao sin premiso; pero es que la cosa...

PEPE. ¿Qué pasa?

EUSTAQUIO. Don Sabino, el médico, que viene llorando que da compasión, con su hija de la mano y un lío de ropa; que ice que tie precisión de hablar con usté; que por Dios y que si pue usté recibilo.

PEPE. ¿Que lo reciba yo?... ¿Al médico?... ¿Pero qué desea?

EUSTAQUIO. Yo no sé; pero está el pobre que su alma se la parten.

EDUARDA. ¡Pobre don Sabino! ¿Qué le ocurrirá?

PEPE. En fin, dile que pase. Vosotros mientras entrad ahí y resolver con urgencia lo que nos conviene a todos. Pero pronto, antes que nos corten la retirada. (*Entran* EDUARDA, CRISTINA y ALFREDO *por la segunda derecha.*)

ESCENA VIII

PEPE OJEDA, DON SABINO y MARÍA TERESA, *por la primera izquierda.*

DON SABINO. (*Entra rápido, desolado, seguido de* MARÍA TERESA *y en actitud suplicante.*) ¡Caballero, caballero; por piedad, ampárenos!

PEPE.   ¿Qué le ocurre a usted, señor mío?

DON SABINO.   Ampárenos, vengo huyendo, lleno de temor y zozobra.

PEPE.   ¿Pero qué le pasa? ¿Qué es lo que teme?

DON SABINO.   Que cometan conmigo la más infame de las iniquidades. Sospecho que me persiguen, que me quieren encarcelar.

PEPE.   ¿Pero por qué causa?

DON SABINO.   Por nada en realidad. El alcalde, que pretexta un ridículo desacato. ¡Son unos miserables! Pero a mí lo que me importa sobre todo es salvar a mi hija. ¡A mi hija!... No tengo otra cosa en el mundo... ¡Por Dios, caballero!

MARÍA TERESA.   (*Suplicante.*) ¡Piedad, señor!

PEPE.   Cálmese usted, señorita; cálmense ustedes; siéntense y tengan la bondad de decirme cuáles son sus desdichas y cómo puedo yo remediarlas. (*Se sientan.*)

DON SABINO.   Caballero, soy el médico de este pueblo; me deben sus honorarios de siete años. Ayer mañana fui con otros dos hombres de bien a elevar una protesta a casa de ese fariseo. Mis compañeros ya están en la cárcel, yo temo correr la misma suerte. Por eso vengo a implorar auxilio y protección de usted, que en estos instantes es aquí autoridad suprema como Delegado del Gobierno.

PEPE.   (¡Caracoles! ¿Y cómo le digo yo a este pobre señor...?) (*Alto.*) ¿Pero usted es realmente enemigo del alcalde?

DON SABINO.   ¡Yo qué he de ser!... Yo no soy enemigo de nadie, señor; pero como yo no he tolerado que mi asistencia a los enfermos esté mediatizada por los caprichos políticos de un bárbaro, me llama su enemigo y me persigue, y no me paga, y quiere hundirme en la miseria y en la desesperación, o quizá lanzarme al crimen... Por eso solicito el auxilio de usted. Tengo miedo. Quiero irme, irme pronto. Antes que permanecer aquí prefiero morir de hambre en la cuneta de una carretera. Después de todo, esto coronaría gloriosamente el martirio de una vida consagrada a la Humanidad y a la Ciencia en un país de ingratos. (*Llora.*)

MARÍA TERESA.   ¡No llores, papá!

PEPE.   ¿Pero tanta infamia es posible?...

DON SABINO.   ¡Qué saben ustedes, los que viven lejos de estos rincones!... Treinta y cinco años, señor, me he pasado de médico titular, de médico rural, luchando siempre contra el odioso caciquismo; contra un caciquismo bárbaro, agresivo, torturador; contra un caciquismo que despoja, que aniquila, que envilece... y que vive agarrado a estos pueblos como la hiedra a las ruinas... Yo he luchado heroicamente contra él con mi rebeldía, con mis predicaciones; porque yo, que la conozco, estoy seguro de que en esta iniquidad consentida a la política rural está el origen de la ruina de España.

PEPE.   Ah, sí; tiene usted razón, señor mío, y lo grave es que esa tremenda iniquidad de que usted habla no desaparece porque en ella tienen su fundamento las tradicionales oligarquías de nuestra vieja política.

DON SABINO.   Exacto, exacto...

PEPE.   (*Sigue con exaltación oratoria.*) Por eso este mal es tan hondo y tan permanente, porque es base de muchos intereses creados, raíz sustentadora de muchos poderes constituidos.

DON SABINO.   ¿Y será tal nuestra desgracia, señor, que esta vileza no tenga remedio?

PEPE.   ¡Cómo no!... Abandonemos valientemente este árbol añoso y carcomido de la política caciquil y plantemos otro joven, sano y fuerte que absorba para sí la savia fecunda y seque al otro y dé con él en tierra; porque sólo en las ramas de ese árbol nuevo podrá cantar el pájaro de nuestra aurora... (¡Ojeda, que te pones cursi!)

DON SABINO.   ¿Y usted que lo sabe y que lo dice, por qué no va a Madrid y lucha para lograrlo, y trabaja?...

PEPE.   (*Vivamente y con disgusto.*) ¡Ah, no; trabajar, no!... A mí pedidme verbo, no acción. Yo soy un apóstol, los apóstoles no han trabajado nunca. Además, yo, que me parezco un poco a los políticos españoles, soy como un libro de cocina: tengo recetas para todo; pero..., pero hay que buscar la cocinera.

DON SABINO. Pero si la cocinera no aparece, ¿qué vamos a hacer políticamente los españoles?

PEPE. Pues lo que venimos haciendo, ¡comer de fiambre!... Pero usted, mi pobre amigo, no ceje en su generosa lucha.

DON SABINO. ¿Y cómo no cejar? ¿No ve usted el resultado de mi rebeldía? La niña y yo hemos sufrido miseria, nos morimos de hambre, de hambre, ¡señor mío!..., y cuando voy a implorar como una limosna mi sueldo no quieren pagarme, me dicen que el Ayuntamiento no tiene dinero..., ¡no tiene dinero!...

PEPE. (*Exaltado.*) ¿Que el Ayuntamiento no tiene dinero?... ¡Canallas!... ¡Y me dan a mí todo esto para que no los lleve a la cárcel!... ¡Don Sabino, tome usted! (*Le entrega los billetes que ha sacado del bolsillo.*)

DON SABINO. (*Asombrado.*) ¿Qué es esto?

PEPE. Dos mil pesetas.

DON SABINO. ¡Señor!...

PEPE. Guárdeselas. No le humillo con el oprobio de una limosna, no. Ese dinero es del Ayuntamiento. ¿No es usted su acreedor?... Pues guárdeselo sin escrúpulo.

DON SABINO. Pero...

PEPE. ¿No le deben a usted siete años? Pues uno menos.

DON SABINO. ¿Y cómo le pagaría yo a usted, señor delegado...?

PEPE. A mí no me llame usted delegado, ¡por lo que más quiera!

DON SABINO. Pero ¿por qué?

PEPE. Pues... porque no lo soy.

DON SABINO. ¿Qué dice usted?

PEPE. La verdad.

DON SABINO. ¿Entonces usted ha venido aquí...?

PEPE. A una cosa muy distinta de la que suponen, y para la cual usted podría hacerme ahora un favor inmenso.

DON SABINO. Usted dirá.

PEPE. ¡Mi sobrino y la sobrina del alcalde se aman!

DON SABINO. ¡Cielos! ¿Cristinita?

PEPE. Es preciso que esa muchacha salga para Madrid esta misma noche. ¿Usted tendría inconveniente en acompañarla?

DON SABINO. ¡Con alma y vida! Si ella quiere... Precisamente a Madrid vamos nosotros.

PEPE. ¿A qué hora sale el tren?

DON SABINO. A las diez y cuarto.

PEPE. Todavía queda media hora; sobra tiempo. Usted y su hija se llevan a Cristina, esperan en la estación y toman los billetes. Nosotros no tardaremos.

DON SABINO. ¡Pero cómo podrá usted salir del pueblo, porque yo he sabido que quieren coaccionarle, que le tienen cercado!

PEPE. No importa. Me iré.

DON SABINO. Además, esos bribones no tardarán en venir con los libros... ¡y con la murga!

PEPE. ¿Con la murga? ¿Para qué?

DON SABINO. Es la costumbre del alcalde. En cuanto tiene que rendir cuentas de cualquier cosa, lleva la murga, para que en cuanto le pidan una aclaración toque el pasodoble de Joselito[115] y no haya modo de entenderse.

PEPE. No está mal. Ahora que a mí, como si me quiere traer la Sinfónica. Contra todos puedo. Yo le doy a usted mi palabra, que no sólo no han de tocarme el pelo de la ropa, sino que hasta alguno de ellos puede que me acompañe a la estación.

DON SABINO. ¡Pero usted es el demonio!

PEPE. Peor. Soy el hombre que ha vivido sin dinero.

ESCENA IX

DICHOS y EUSTAQUIO.

EUSTAQUIO. ¿Da usté su premiso?

PEPE. Pasa.

---

[115] *Joselito*: José Gómez Ortega. Véase nota 77.

EUSTAQUIO. El señó alcalde, el secretario y don Régulo; que si puen pasar a saludarle a usté.

DON SABINO. (Ahí están.)

PEPE. Sí; pero que tengan la bondad de aguardar un instante.

EUSTAQUIO. Está bien.

PEPE. Dales el recado y vuelve, que he de hacerte un encargo.

EUSTAQUIO. Volando. (*Vase.*)

DON SABINO. ¡Ellos aquí!...

PEPE. Calma. Tenga la bondad de hacerme un recibo de las dos mil pesetas.

DON SABINO. Con mucho gusto; sí, señor.

PEPE. Mientras escribiré yo unas líneas. (*Los dos se sientan y escriben rápidamente.*) A mí, Carlancas y Régulos... ¡Ya veréis la que os preparo!

DON SABINO. (*Entregándoselo.*) El recibo.

PEPE. Muy bien. Pues ahora, sin perder minuto, entre en esa habitación y explique a Cristina, a mi sobrino y a doña Eduarda, que están en ella, cuanto hemos convenido. Salgan al marcharse, usted y su hija, con Cristina y mi sobrino, por la puerta que da a esa calleja y a la estación. Dígale a doña Eduarda que espere mi aviso. Gracias por todo y hasta luego.

DON SABINO. Vamos, hija.

MARÍA TERESA. ¡Caballero! (*Vanse por la segunda derecha.*)

EUSTAQUIO. (*Entrando.*) Usté mandará.

PEPE. Toma esta carta y llévala a casa del sargento de la Guardia Civil.

EUSTAQUIO. Sí, señor.

PEPE. Si no la llevas te mando fusilar.

EUSTAQUIO. No, señor.

PEPE. A escape.

EUSTAQUIO. Sí, señor.

PEPE. No tardes.

EUSTAQUIO. No, señor.

PEPE. Y a esos señores, que pasen.

EUSTAQUIO. Sí, señor.

PEPE.   Ahora, Dios mío, inspiración y desenvoltura para acabar con estos reptiles. Es una villanía la que voy a hacer; pero con fulleros no es cosa de jugar limpio.

ESCENA X

PEPE OJEDA, DON ACISCLO, CAZORLA y DON RÉGULO, *por la izquierda.*

DON ACISCLO.   ¡Excelentísimo señor!...

CAZORLA.   Señor Ojeda. (DON RÉGULO *sólo una grave reverencia. Lleva un garrote enorme.*)

PEPE.   ¡Señores! (Vaya una carita que trae el del cañamón.) (*Alto.*) ¿Quiere usted dejar el junquito?...

DON RÉGULO.   Gracias. (*No lo suelta.*) Es comodidad.

DON ACISCLO.   Qué, ¿y qué tal y cómo les pinta a ustés por este pueblo, señor Ojeda?

PEPE.   Pues nos pinta que ni Zurbarán,[116] señor alcalde. Esto es tan pintoresco como paradisíaco. ¡Un vergel!

DON ACISCLO.   Aquí otra cosa no tendremos, pero buena voluntá...

PEPE.   ¡Calle usted, hombre; una gloria!

DON ACISCLO.   Porque el accidente del cohete..., si viera usté que m'ha quitao a mí el sueño.

CAZORLA.   Aquello ya comprendería el señor que fue un accidente meramente fortuito.

PEPE.   Fortuito y que si me da en el ojo, pues para sacarme la niña a paseo; ¡pero nada más!... Y a ustedes, señores, ¿qué les trae por esta su fonda?

DON ACISCLO.   Pues con permiso de usté, y aunque la hora no sea muy allá que digamos, pues por salir de esto, le traemos a usté los libros; naa... Cuatro cuentejas... Aquí se puen llevar las cuentas por los deos...; naa. Usté nos pone el visto bueno...

---

[116] Francisco de Zurbarán, una de las grandes figuras de la pintura española del siglo XVII.

PEPE.   Bueno.

DON ACISCLO.   Amos, pa que uno pueda responder el día de mañana, y naa...

CAZORLA.   Esta contabilidad es tan sencilla que no hace falta tenedor.

PEPE.   Pues si no hace falta tenedor, con los dedos, como dice el alcalde.

DON ACISCLO.   De forma que si usté quiere dar un vistacillo...

PEPE.   Con alma y vida...; pero antes, señores, si yo me atreviese, les pidiría un favor inmenso.

DON ACISCLO.   ¿Cómo favor? Toos criaos de usté. Usté es el que manda. ¿Qué hay que hacer?

PEPE.   Pues nada; el asunto es que me han sorprendido ustedes de visita con una persona que tengo en esa habitación.

DON ACISCLO.   ¡Carape!

PEPE.   La cosa que ha venido a tratar es grave y urgente. Si ustedes me permitiesen, yo reanudaría el *pour parler*[117] y en seguida a sus gratas órdenes.

DON ACISCLO.   Sí, señor; como usté mande. No faltaba más.

PEPE.   Pues pasen por aquí; aguarden y perdonen unos minutos. (*Invitándolos a pasar.*) Don Régulo...

DON RÉGULO.   (¡No sé cómo puedo contenerme!)

DON ACISCLO.   (¿Qué será esto?)

CAZORLA.   (Observaremos.) (*Entran por la primera derecha.*)

ESCENA XI

PEPE OJEDA y EDUARDA, *por la segunda derecha; luego, los otros, al paño.*

PEPE.   (Audacia, Ojeda.) (*Abre la puerta segunda derecha. Alto.*) Tenga la bondad, señora.

---

[117] *pour parler*: coloquio, entrevista.

EDUARDA. (*Saliendo.*) Pero...

PEPE. (*A* EDUARDA.) (Nos oyen; discreción.) (*Le ofrece una silla de espaldas a primera derecha.*)

EDUARDA. (*A* PEPE OJEDA.) (¿Quién?)

PEPE. (¡Tu marido!)

EDUARDA. ¡Ah!...

PEPE. (Silencio. Va a quedar tu honor como las propias rosas. Calma.) (*Se sienta también. Alto.*) Pues nada, señora; perdone esta pequeña e involuntaria interrupción en nuestra conferencia, que estaba deseando reanudar, y estaba deseando reanudarla, porque la honra de una señora tan digna como usted me interesa como mi propia honra.

DON RÉGULO. (*Por entre las cortinillas.*) ¡Ella!

EDUARDA. ¡Muchísimas gracias, señor mío!...

PEPE. Y claro está que yo, como usted me exige, le diré a su esposo, dándole cuantas pruebas estime justas, que es usted víctima de una calumnia incalificable.

EDUARDA. ¡Más que incalificable, artera!

PEPE. Fementida. Pero le añadiré que él, sin sospecharlo, también es víctima de una villanía inmunda.

EDUARDA. ¡De una trama diabólica!

PEPE. Es preciso que le digamos que no soy yo, ¡pobre de mí!, que he llegado hace cuarenta y ocho horas a este pueblo, el que le hace a usted el amor, no; que el que la hace a usted el amor, hace más de seis años; el que la viene a usted asediando con cartas y la atropella y la pellizca bárbara y villanamente, por rincones y pasillos, que no soy yo, que no soy yo...; ¡que es el señor alcalde! ¡El señor alcalde! ¿No es esto verdad, señora? (*Se han ido asomando poco a poco* DON ACISCLO *y* CAZORLA, *por el montante;* DON RÉGULO, *por entre las cortinas.*)

EDUARDA. ¡No ha de serlo! ¡Pruebas mil puedo dar!

PEPE. Es preciso que su esposo sepa también que el que me inculpa a mí es el canalla de Cazorla.

EDUARDA. Sí, señor; ese zorro consistorial y académico.

PEPE. Que quiere que su esposo me finiquite para que una vez yo en la huesa y don Régulo en presidio, echarla a usted en brazos del alcalde. ¿No es verdad todo esto, doña Eduarda; no es verdad?

EDUARDA.   Tan verdad como el Evangelio. Lo juro por la sagrada memoria de mi padre. (*Se oyen en la habitación primera derecha estacazos, ayes, golpes, gritos de socorro.*) ¿Pero qué sucede ahí dentro?

PEPE.   Parece que están jugando a carambolas. (*Más golpes.*)

EDUARDA.   ¡Jesús!

PEPE.   ¡Pues a palos! (*Salen, lívidos, descompuestos, con los pelos en desorden,* DON ACISCLO *y* CAZORLA *huyendo de* DON RÉGULO, *que los persigue frenético, y al que no queda ya del bastón más que una viruta.*)

DON ACISCLO.   ¡Socorro!

CAZORLA.   ¡Auxilio!... ¡Por Dios, don Régulo!... ¡Falso, impostura!...

DON RÉGULO.   ¡Canallas! ¡Miserables!

DON ACISCLO.   ¡Sujetarlo, que es una calumnia! ¡Sujetarlo!

EDUARDA.   ¡Pero estaban los tres!

PEPE.   ¡Pues no, que se juega!

DON RÉGULO.   ¿Pero es de veras lo que he oído, Eduarda?

EDUARDA.   Yo ignoraba que estuvieses con ellos, pero sí, lo que ha dicho este señor es la verdad ¡Mi honor ante todo!

DON ACISCLO.   Yo no fue sino que le gasté unas bromas.

PEPE.   ¡Silencio!

DON RÉGULO.   ¿De modo que todos aquellos cardenales...?

PEPE.   De ese *papa*. (*Señala a* DON ACISCLO.)

DON RÉGULO.   ¡Déjame que los mate!...

EDUARDA.   No, por Dios, vámonos... No te pierdas por esos bribones...

DON RÉGULO.   ¡Granujas..., bandidos!

EDUARDA.   ¡Y mañana nos vamos del pueblo!

DON RÉGULO.   ¡Me darán ustedes una satisfacción!...

PEPE.   ¿Qué más satisfacción?... Ha venido usted con una carga de leña y se va con una viruta, conque no sé...

EDUARDA.   ¡Cálmate, Régulo, cálmate! (*Se lo lleva.*)

DON ACISCLO.   (*Amenazador.*) ¡Y usté jugarnos esta encerrona!

PEPE.   ¿Y la que me preparaban ustedes a mí, señor Arrambla?

CAZORLA.   ¡Me ha hecho pedazos!

PEPE.   ¡Ya le volverá a usted a pegar! ¡No se apure!

DON ACISCLO.   ¡Ha sido una infamia!

CAZORLA.   ¡Meternos en una ratonera!

PEPE.   ¿Pues qué quería usted, zarandearme la masa pilosa y que yo permaneciese estático?

CAZORLA.   ¡Qué traición!

PEPE.   ¡Cada uno tiene su manera de exterminar insectos acrobáticos, mi cultiparlante amigo!

DON ACISCLO.   Vámonos, vámonos, y yo le juro...

ESCENA XII

DICHOS, ALFREDO y MONREAL, *que aparecen por la izquierda.*

PEPE.   No, calma, un poco de calma, señor Alcalde. No hemos terminado.

ALFREDO.   Tío, aquí está el señor Monreal.

PEPE.   Adelante, mi querido amigo.

MONREAL.   Señor Ojeda. (*Se estrechan la mano.*)

PEPE.   Pase usted, pase usted... Tengo el honor de presentarle a don Acisclo Arrambla Pael, alcalde, dueño y señor de este pueblo insigne, y a su digno secretario...

MONREAL.   (*Reverencia.*) Señores... ¿Pero qué les ha ocurrido, les observo una agitación?...

PEPE.   Nada..., un ligero *macht*[118] de boxeo. Señor alcalde, presento a usted al señor delegado del Gobierno, que es el que viene a ajustarles a ustedes las cuentas.

---

[118] *macht*: combate.

DON ACISCLO. (*Asombrado.*) ¿Eh?... ¿Cómo?...

MONREAL. Aquí traigo mis credenciales.

DON ACISCLO. Entonces, ¿ustedes han venido?...

ALFREDO. (*Que ha salido con la maleta y la manta.*) Por su sobrina de usted, que ya está en la estación.

DON ACISCLO. (*Asombrado.*) ¿Pero qué dicen?

ALFREDO. ¡Detalles, por correo!

PEPE. Conque aquí le dejo a usted, señor Monreal, con un alcalde de pronóstico, los libros, dos kilómetros de longaniza, varios jamones, el Carlanca, un recibo de dos mil pesetas y un perro rabioso... Y usted, apreciable y exiguo filósofo, tendrá la exquisitez de acompañarnos.

CAZORLA. ¿Yo?

PEPE. Hasta el propio *sleeping,*[119] y debemos advertirle que como en la vía pública cualquier cofrade trate de agredirnos, le alojo a usted en la deforme pelota que está haciendo pasar por cráneo, un esferoide plúmbeo. (*Le apunta con la "browning".*)

CAZORLA. Pero...

PEPE. Dale la maleta. (ALFREDO *se la da.*) Andando. (*A* DON ACISCLO.) ¡Y a este señor es al que deben ustedes tocarle el pasodoble de Joselito! ¡Que sigan ustedes bien!... (*Volviendo.*) ¡Ah, y que conste que los españoles no podremos gritar con alegría "¡Viva España!", hasta que hayamos matado para siempre el caciquismo! (*Vase. Telón.*)

FIN

---

[119] *sleeping*: coche cama. En la edición de 1920: *sliping*.

ÍNDICE DE LÁMINAS

ESTE LIBRO
SE TERMINÓ DE IMPRIMIR
EL DÍA 18 DE ABRIL DE 1997.

ÚLTIMOS TÍTULOS PUBLICADOS